QualiCidades®

Poder Local e Qualidade na Administração Pública

Em entrevista a Carlos Pousa, Ricardo Murce e Ciça Guedes

Luiz Paulo Vellozo Lucas

QUALICIDADES®

Poder Local e Qualidade na Administração Pública

Em entrevista a Carlos Pousa, Ricardo Murce e Ciça Guedes

Coordenação Editorial
Ricardo Murce e Carlos Pousa

Contribuição Técnica e Revisão
Antonio Fernando Doria Porto

PROJETO QualiCidades

Direção Editorial
SAIDUL RAHMAN MAHOMED
editor@qualitymark.com.br

Produção Editorial
EQUIPE QUALITYMARK

Capa
WILSON COTRIM

Editoração Eletrônica
QUALITYMARK

Foto de capa: Vitor Nogueira

CIP-Brasil. Catalogação-na-fonte
Sindicato Nacional dos Editores de Livros, RJ

L966q

Lucas, Luiz Paulo Vellozo
Qualicidades : poder local e qualidade na administração pública / Luiz Paulo Vellozo Lucas. – Rio de Janeiro : Qualitymark, 2006
232p.

Apêndice
ISBN 85-7303-669-9

1. Administração local – Vitória (ES). 2. Crescimento urbano – Brasil. 3. Planejamento urbano – Brasil. 4. Políticas públicas – Brasil. 5. Qualidade de vida. I. Título. II. Título: Poder local e qualidade na administração pública.

06-3393.

CDD 352.081
CDU 352(81)

2006
IMPRESSO NO BRASIL

Qualitymark Editora Ltda.
Rua Teixeira Júnior, 441
São Cristóvão
20921-400 – Rio de Janeiro – RJ
Tel.: (0XX21) 3094-8400

Fax: (0XX21) 3094-8424
www.qualitymark.com.br
E-Mail: quality@qualitymark.com.br
QualityPhone: 0800-263311

Dedicatória

Laércio e Mariazinha, meus pais.
André, Laura e Rafael, meus filhos.
Sueli, minha mulher.

Agradecimentos

O Projeto Qualicidades, um estudo de um ano sobre o desenvolvimento brasileiro pela ótica das cidades, só foi possível graças ao apoio que tive do governador Paulo Hartung e do reitor da Universidade Federal do Espírito Santo (Ufes), Rubens Rasseli. Agradeço também ao Bandes - Banco de Desenvolvimento do Espírito Santo, através do seu presidente, Haroldo Corrêa da Rocha, e de seu assessor José de Carvalho de Azevedo, o Zequinha

Meus agradecimentos também à diretoria do BNDES, particularmente à área de planejamento, do diretor Antonio Barros de Castro, do superintendente Aluysio Asti e de sua assessora Mariza Giannini. Aos colegas Terezinha Moreira, Marcelo Nardin, Nelson Pfeffer, Yolanda Ramalho, João Sharinger, Rosana Lamothe e às secretárias Márcia e Margareth.

Aos amigos que contribuíram nos seminários e reuniões temáticas:

André Urani
Arlindo Vilaschi
Artur Carlos Gerhardt Santos
Aspásia Camargo
Bernadete Aguirre
Cezar Vasquez
Jarbas Assis Ribeiro
João Gualberto
José Eli da Veiga
Luiz Felipe
Michel Minassa Júnior
Miriam Cardoso
Roberto Garcia Simões
Sandra Berredo
Sérgio Besserman
Vicente Trevas
Willian Galvão
Xico Graziano

A todos os participantes do Projeto Qualicidades:

André Gomyde Porto
Antonio Fernando Doria Porto
Arnaldo de Oliveira Castor
Lilia Maria Figueiredo Mello
Luciene Maria Becacici Esteves Viana
Ricardo Murce
Suely Marilac de Melo Gomes
Terezinha Moreira
Wania Malheiros Alves

Estagiários:

Franciane Tonon Nascimento
Frederico Prati Neto

Site Qualicidades:

Marcio Gomes
Walmir Campagnaro

Aos participantes do Projeto Qualicidades Capixaba:

Ricardo Ferraço, Wolmar Roque Loss, Enio Bergoli, Gilmar Dadalto, Ludovico José Maso, Luiz Augusto L. Freitas e Arthur W. Neves (Secretaria de Agricultura)

João Guerrino Balestrassi e Diane Mara Rangel (Amunes, Ass. dos municípios do Espírito Santo)

Lucas Izoton Vieira (Findes)

Antônio Luiz Caus, Heloisa Helena Nogueira da Silva (IJSN – Instituto Jones dos Santos Neves)

Elizeu Moreira, Ana Márcia Erler (SEPES), Fábio Tancredi, Ademir Pavão, Isabel Mendonça (Rede Sim) Fernando Pignaton (Flex-consult), Elizete Siqueira (ALES), Paulo Sérgio de Mello Barbosa, Ivani Zechinelli e Pedro Canal.

Agradeço também o apoio recebido nas viagens internacionais:

- Lidia Thomé Cabral (Embaixada do Brasil em Portugal)
- Enrique Castiblanques (empresas Águas de Portugal)
- Diogo de Abreu (Centro de Estudos Geográficos Universidade de Lisboa)
- João Biancar Cruz (Depto. do Ordenamento do Território e Desenvolvimento Urbano de Portugal)
- José Marcus Vinicios de Souza (Consulado Brasileiro em Barcelona)
- Eduard Conti e Gabriel Barros (Metrópolis – Associação Mundial das Grandes Metrópoles – Barcelona)
- Eduardo Bilsky (União Internacional de Cidades e Autoridades Locais – Barcelona)
- Laura Prat (Cideu – Centro Iberoamericano de Desenvolvimento Urbano – Barcelona)
- Dominique Vidal e Licia Valladares (Universidade de Lille – França)
- Embaixada da França no Brasil

Por fim, meu muito obrigado aos amigos e às instituições que colaboraram com este livro: Antonio Santos Maciel Neto, Carlos Salles, Cia. Vale do Rio Doce, Findes, César Romero (foto contra-capa), Prefeitura de Vitória (arquivo de fotos) e IJSN (arquivo de fotos).

Apresentação

No Brasil, geralmente, as coisas acontecem num compasso e numa velocidade que não guardam muita semelhança com o que se verificou na maioria dos países em cuja história costumamos buscar inspiração para atacar os nossos desafios. Nas sociedades da Europa Ocidental, por exemplo, a urbanização se processou lentamente, ao longo de vários séculos. E, na América do Norte, mercê de uma colonização inspirada pela determinação de construir uma nova pátria e orientada para a ocupação de vastos territórios entre dois oceanos, brotaram milhares de prósperos aglomerados urbanos, provedores de serviços para a atividade agropastoril no seu entorno.

Comparemos isto com as realidades do quadro que marcou a formação da nação brasileira. Definida, pelos descobridores, como terra de extração de riquezas naturais, o Brasil atraía quase exclusivamente aventureiros, desejosos de enriquecimento rápido, sem nenhuma intenção de aqui se estabelecerem. Exceção feita aos projetos de colonização alemã e italiana no final do século XIX, a movimentação para o interior, durante mais de três séculos, era basicamente resultado da atração das minas de ouro, não de um processo natural de ocupação territorial. Pela absoluta falta de uma mínima infra-estrutura, o Brasil, até o final da década de 1950, concentrava em pouquíssimas cidades os serviços característicos da civilização, enquanto cerca de 80% da nossa população estavam dispersos pela área rural, isolados, sem escolas, sem energia elétrica, sem transporte e sem saneamento, dizimados pelas endemias.

A partir daí, por força de um agressivo projeto de industrialização, o país experimenta formidável desenvolvimento que, infelizmente, beneficiou quase unicamente as populações urbanas e não desconcentrou os benefícios da infraestrutura básica. Um extraordinário fluxo migratório interno teve lugar e, ao apagar das luzes do século XX, a taxa de urbanização havia subido para 80%. Invertera-se, portanto, o tradicional quadro demográfico brasileiro.

A conseqüência foi o inchaço desordenado das nossas cidades, invariavelmente cercadas por anéis de favelas. O resto da história todos conhecemos: condições sub-humanas de habitação, sistema de transporte público ineficiente, derrocada dos sistemas públicos de saúde e educação, criminalidade e toda uma série de outras mazelas. Diante de quadro tão dramático, a autoridade pública desorientada, incapaz de equacionar soluções estruturais, geralmente cede à tentação da ação demagógica, clientelista, imediatista, em que nada se remedia.

Houve momentos em que muitas pessoas responsáveis, porém em estado de desânimo total, proclamaram que tal situação era irreversível. O colossal desafio representado pelas cidades brasileiras com mais de 100 mil habitantes parecia maior que o país, superior à capacidade de agir da sociedade.

Felizmente, sempre existem as pessoas que, renunciando ao conformismo, se lançam à tarefa de buscar soluções para os grandes problemas. Não poderia ser outra a atitude de Luiz Paulo Vellozo Lucas, cujo currículo, entre outros destaques, inclui participação decisiva na criação, em 1991, do Programa Brasileiro de Qualidade e Competitividade, marco divisório entre o Brasil do empirismo e o Brasil da abordagem técnica. Dominando integralmente os postulados e as ferramentas da chamada gestão de excelência, durante dois mandatos consecutivos como prefeito da cidade de Vitória, Luiz Paulo surpreendeu e encantou os observadores e os cidadãos. Ao contrariar a tendência geral de desenhar soluções para depois indagar em que problemas elas cabem, Luiz Paulo partiu de um diagnóstico de situação, definiu os alvos a alcançar, fez planos de ação e os implementou de forma exemplar, agindo como os líderes e os profetas, que se fazem seguir com entusiasmo. Desmentindo a crença generalizada de que a administração pública está condenada à ineficiência, cercou-se de uma equipe técnica invejável, valorizando e motivando o corpo de funcionários.

Neste livro, Luiz Paulo compartilha com o leitor não apenas as suas crenças, mas, sobretudo, a sua própria experiência no enfrentamento corajoso e exitoso daquele que é, seguramente, um dos mais formidáveis desafios brasileiros, o reordenamento das grandes concentrações urbanas para lhes conferir a tão sonhada qualidade de vida. Não estamos diante de um teórico que, *ex catedra*, divide conosco apenas o ensinamento dos estudiosos de laboratório. Ao contrário, ele nos brinda com o seu relato de sucesso, mas, acima de tudo, com a sua mensagem de esperança, quando nos afiança, com toda a autoridade que conquistou, que o caos urbano brasileiro tem solução.

A leitura deste livro nos devolve a disposição para enfrentar os grandes problemas estruturais do nosso país, ao tempo em que nos recorda que na excelência da gestão está o caminho pelo qual os setores público e privado levarão o Brasil à posição que desejamos vê-lo ocupar. Leitura obrigatória para candidatos a administrador público, "Qualicidades" ensina, de forma simples e descomplicada, que é bem mais fácil do que parece dar a solução certa para o problema certo. Apenas um pré-requisito: mente aberta.

Carlos A. Salles
Capixaba, ex-presidente da Xerox do Brasil, hoje consultor de empresas e presidente do Conselho Superior do Movimento Brasil Competitivo (MBC).

Sumário

A Construção de Cidades com QUALIDADE DE VIDA

Atualmente, quando sou convidado para dar palestras em faculdades ou em eventos no Brasil e em outros países, costumo me apresentar como coordenador do Projeto Qualicidades. Mas sou conhecido como político e me orgulho da minha carreira política.

Minha experiência de 27 anos na administração pública foi fundamental para o trabalho de pesquisador que passei a desenvolver com o Projeto Qualicidades. Sou funcionário do Banco Nacional de Desenvolvimento Econômico e Social (BNDES) há 25 anos – a maior parte desse tempo na área de Planejamento. Fui Diretor do Departamento de Indústria e Comércio do Ministério da Economia, Fazenda e Planejamento (1990-1992), Secretário de Acompanhamento Econômico do Ministério da Fazenda (1995-1996) e titular das secretarias de Agricultura e Planejamento do governo do Espírito Santo. Fui ainda assessor e secretário de Planejamento do então prefeito de Vitória, Paulo Hartung (1993-1996) e prefeito de Vitória por duas gestões consecutivas (1997-2000 e 2001-2004). Entre 2002 e 2003, presidi a Frente Nacional de Prefeitos (FNP).

O Projeto Qualicidades nasceu após a realização de dois seminários internacionais promovidos pela Prefeitura de Vitória e pelo Inmetro – Instituto Nacional de Metrologia, Normalização e Qualidade Industrial – em 2000 e 2002, quando eu era o prefeito da capital capixaba. Com esses seminários, nossa intenção era despertar a consciência para a importância do poder local como elemento fundamental para o sucesso das cidades, mesmo reconhecendo a influência de políticas nacionais e até mesmo de fatores internacionais. Queríamos buscar conhecimento teórico e prático que ajudasse a compreender a realidade das cidades brasileiras e fornecesse instrumental para que as barreiras ao desenvolvimento dos municípios fossem derrubadas.

Todo o processo de discussão, iniciado ainda durante a gestão de Hartung e aprofundado em minha gestão frente à Prefeitura de Vitória, resultou num conjunto de conceitos e práticas que utilizamos ao longo dos oito anos à frente da Prefeitura e que permitiu à cidade dar um salto em termos de qualidade de vida.

Já em 2000 surgiam os primeiros resultados. Vitória alcançou o posto de terceira capital em qualidade de vida, segundo o ranking do IDH-M (Índice de Desenvolvimento Humano dos Municípios), do Programa das Nações Unidas para o Desenvolvimento (Pnud), juntamente com Curitiba e atrás somente de Florianópolis e Porto Alegre.

Em 2001, o Unicef apontou Vitória como a melhor capital do Brasil em educação para crianças de 0 a 6 anos. Segundo dados do Ministério da Saúde divulgados em 2002, a cidade tinha uma das menores taxas de mortalidade infantil (8,33 por mil nascidos vivos) entre as capitais brasileiras. O Projeto Terra – Programa Integrado de Desenvolvimento Social, Urbano e de Preservação Ambiental em Áreas Ocupadas por População de Baixa Renda, que concentrou nossas ações de enfrentamento da pobreza urbana – obteve destaque entre as melhores práticas do país, apresentadas na Conferência Habitat da ONU em 2002, realizada em Joanesburgo. As ações do Projeto Terra também receberam o Prêmio Melhores Práticas em Gestão Local da Caixa Econômica Federal, em 2001.

Uma pesquisa da Fundação Getúlio Vargas (FGV) mostrou que a cidade apresentava os mais altos índices de satisfação com os serviços públicos do país e era a segunda em termos de inclusão digital da população. Em 2002, o Instituto Brasileiro de Administração Municipal (Ibam) e a Eletrobrás deram a Vitória o Prêmio Cidade Eficiente em Energia Elétrica. Em 2004, a revista Você S/A classificou a cidade como a terceira melhor capital para se trabalhar no Brasil, atrás apenas de São Paulo e Rio de Janeiro.

Em 2005, buscando desenvolver o Projeto Qualicidades com o objetivo de aprofundar o conhecimento teórico e prático que ajudasse a compreender melhor a realidade das cidades brasileiras, apresentei essa idéia ao Governo do Estado do Espírito Santo e ao Banco de Desenvolvimento Econômico e Social – BNDES. Aprovado pela diretoria do Banco e pelo Governo do Estado, juntaram-se à iniciativa o Banco de Desenvolvimento do Espírito Santo (Bandes) e a Universidade Federal do Espírito Santo (Ufes). Durante 12 meses, realizamos seminários temáticos, entrevistas e estudos de caso. Este livro traz as principais conclusões de nossos estudos, desde conceitos e formulações para auxiliar os prefeitos na tarefa de encontrar a vocação de suas cidades para torná-las lugares melhores para os que nela vivem, até a criação do Índice Qualicidades de Dinamismo, através do qual classificamos as cidades brasileiras de sete estados de acordo com o seu dinamismo.

Os que desejarem se aprofundar nos vários temas que estudamos ao longo desse um ano e conhecer melhor o Projeto Qualicidades, seus integrantes, pesquisadores e coordenadores, além de ter acesso aos estudos, podem fazê-lo através do site www.qualicidades.com.br.

Mas como surgiu o nome Qualicidades?

Esse termo foi inventado na equipe de Planejamento da Prefeitura de Vitória, e fundiu as duas palavras que expressam as principais influências da minha trajetória profissional: qualidade e cidade. Sou engenheiro de produção, terreno no qual a qualidade total se desenvolveu, rompendo o paradigma da divisão entre o trabalho intelectual e o trabalho braçal, da divisão das tarefas operacionais da linha de montagem que, de certa maneira, pressupunha a retirada de qualquer conteúdo criativo no trabalho.

Esse era o paradigma fordista, taylorista, rompido principalmente a partir dos trabalhos de Willian Edwards Deming e de seus sucessores. O que nos anos 1970 poderia ser apenas uma das possíveis teorias de administração da produção transformou-se num novo paradigma, e hoje ninguém trabalha senão dentro desse novo paradigma. Não se trabalha mais com uma divisão completa entre trabalho intelectual e braçal. Não existe a preocupação da retirada de conteúdo criativo, cognitivo e informacional do trabalho. Um ascensorista de um prédio de uma grande empresa é treinado como um relações públicas. Ele sabe como a empresa funciona, é capaz de prestar informações, de recepcionar, capaz até de falar mais de uma língua se a empresa costumeiramente receber visitantes estrangeiros.

A qualidade total veio a se tornar um paradigma justamente no período em que eu estava estudando engenharia. Levei esses conceitos para meu trabalho no BNDES, na área de política industrial, e a palavra qualidade marcou profundamente minha vida profissional.

No BNDES, participei da equipe do planejamento estratégico que consagrou o conceito de "integração competitiva" da economia brasileira à economia mundial, de defesa de uma nova estratégia para o desenvolvimento brasileiro que não fosse a substituição de importação. Definimos que integração competitiva era a capacidade de produzir mercadorias e serviços com padrões internacionais de preço e qualidade. Onde fomos buscar os conceitos de qualidade? Numa empresa brasileira, num lugar no Brasil no qual essas técnicas modernas de gerenciamento estavam mais desenvolvidas: na Petrobras.

A Petrobras teve que fazer a substituição de importação acelerada para as plataformas no início dos anos 1980. Teve que desenvolver fornecedores para essas plataformas que tivessem capacidade de produção com padrões internacionais de preço e qualidade. Não dá para ensaiar uma bomba funcionando a 400 metros de profundidade. A Petrobras foi uma escola para as empresas de bens de capital no Brasil nessa área e formou profissionais de qualidade.

Foi assim que houve a fusão dos técnicos da equipe do BNDES com os técnicos da equipe da Petrobras, nos anos 1990, e criou-se o Programa Brasileiro de Qualidade e Produtividade (PBQP), junto com a abertura da economia, que trazia um ambiente mais exigente para as empresas, forçando o desenvolvimento de habilidades inclusive para que elas sobrevivessem. Por outro lado, o PBQP era uma ferramenta para que as empresas pudessem ascender na escalada de capacitação, para que adquirissem a capacidade de funcionar com qualidade, de fornecer produtos e serviços com padrões internacionais de preço e qualidade.

Assim, nos anos 1980 e 1990, trabalhei na área de políticas industriais e políticas de desenvolvimento, e o conceito da qualidade esteve sempre extremamente presente. Em 1992, quando me tornei secretário de Planejamento do Espírito Santo, o PBQP estava no segundo ano. Fizemos um programa de qualidade e produtividade no estado para as empresas privadas e para a área de governo. Esse sempre foi o foco da minha atuação.

Mesmo antes de me tornar secretário de Planejamento da Prefeitura de Vitória, ainda como assessor do prefeito Paulo Hartung, todo meu trabalho foi vender a idéia de que era preciso levar para a administração da cidade a mesma mentalidade de qualidade que estávamos brigando para que as empresas brasileiras adquirissem. O setor público também tinha que se adequar, a administração municipal tinha que se adequar.

Em 2004, quando o Tribunal Superior Eleitoral (TSE) decidiu reduzir o número de vereadores em alguns municípios brasileiros, a sociedade foi levada a se perguntar: qual número ideal de vereadores? De cara, achei a pergunta mal colocada. Estávamos engajados na discussão da situação das cidades brasileiras, e havíamos feito uma primeira reunião plenária do nosso grupo de trabalho, com vistas à apresentação do Projeto Qualicidades ao BNDES. E naquele momento eu e a equipe tivemos a certeza de que, daquela maneira, não se iria chegar à resposta adequada para resolver os problemas das cidades brasileiras. A pergunta não estava correta – e quando não se faz a pergunta certa, não se obtém a resposta certa. A pergunta deveria ser: que estrutura as cidades brasileiras deveriam ter?

Cidades sem dinamismo econômico deveriam ter a mesma estrutura, as mesmas instituições e as mesmas responsabilidades de cidades com dinamismo econômico? Quantas são as cidades brasileiras que têm dinamismo econômico? Ou dinamismo populacional? Ou fiscal? Quais são as cidades que conseguem investir em si mesmas com recursos próprios? Como está o perfil da migração em direção às cidades que têm dinamismo econômico hoje no Brasil?

Apresentamos o Projeto ao BNDES em 2005 para dar continuidade a essas reflexões, tendo por base os seminários, as experiências, a transformação da cidade de Vitória. O Projeto Qualicidades é um estudo sobre o investimento e o desenvolvimento das cidades, sob as óticas econômica, social, política, institucional. Um estudo sobre as cidades brasileiras, pensando o desenvolvimento do Brasil pela ótica das cidades, buscando identificar quais são os obstáculos para que as cidades se desenvolvam e o que se pode fazer para alavancar esse desenvolvimento.

Precisamos completar o processo de urbanização do Brasil, e talvez seja esta a maior tarefa posta para o investimento do setor público no país nos próximos anos. O Estado brasileiro é grande demais, pesado demais, caro demais e, no entanto, carece de capilaridade. Mas os municípios são também, por sua vez, estruturas pesadas demais para a maioria das cidades que estão estagnadas, e insuficientes para as que são dinâmicas e atraem população.

Eu estou plenamente convencido de que é necessário rediscutir o pacto federativo, redefinindo o papel do poder local, e que a estratégia de enfrentamento da crise urbana – pobreza, criminalidade, desemprego, déficit habitacional – que se acumulou nas grandes cidades brasileiras exige necessariamente que os papéis e o relacionamento de municípios, estados e União seja revisto.

Minha principal tese é que as localidades são as principais protagonistas nas transformações de que o país precisa. Elas somente avançarão se adotarem estratégias que as levem a realizar várias coisas ao mesmo tempo, porém não todas de uma vez.

É necessário um projeto de longo prazo multissetorial. Assim, não é só atuar no setor de habitação ou de saneamento, transporte, escolas ou unidades de saúde. É implantar tudo ao mesmo tempo e tudo ao mesmo tempo quer dizer enfrentar todas as dimensões da pobreza urbana ou da carência de infra-estrutura. Não é tudo de uma vez, porque não há dinheiro para se fazer tudo de uma vez.

Dividi meu livro em três capítulos.

O primeiro capítulo trata da formação e da organização do poder local. Analiso o poder local como protagonista no século XXI, mostrando que existe uma tendência muito clara para o fortalecimento e a autonomia do poder local, além da necessidade da criação de novos organismos internacionais de fomento que privilegiem diretamente o desenvolvimento das cidades. Destaco a necessidade de reformas no Estado brasileiro através de um novo pacto federativo que tenha como principal foco as cidades, cujo papel será, em seu conjunto, construir uma nova nação. Para isso, mostro a ineficiência do modelo institucional atual dos municípios brasileiros e proponho um novo papel para os orçamentos de investimento nos três níveis: federal, estadual e municipal.

Mostro a experiência da cidade de Vitória na implantação de seu planejamento estratégico de longo prazo coordenado pela prefeitura e com a participação de todos os segmentos organizados responsáveis pelo crescimento da cidade – o Projeto Vitória do Futuro, nossa Agenda 21 Local – e sua principal realização, o Projeto Terra, que possibilitou a diminuição das desigualdades de qualidade de vida entre as classes mais ricas e mais pobres de Vitória e a construção de uma prática de cidadania uniforme em toda a cidade.

Termino o primeiro capítulo com colocações sobre como deve ser a qualidade na política e a participação popular nos destinos das cidades, destacando os ensinamentos de Carlos Matus, o ministro de Planejamento do governo de Salvador Allende no Chile, principal teórico dos últimos tempos sobre planejamento estratégico na área pública.

O segundo capítulo cuida do enfrentamento da crise urbana e as políticas públicas locais. Trata, num primeiro momento, da urbanização no Brasil e do dinamismo das cidades. Classificamos esse dinamismo utilizando três dimensões: o crescimento populacional, o crescimento do Produto Interno Bruto (PIB) das cidades e o crescimento do número de edificações. Com as duas primeiras dimensões, criamos o Índice Qualicidades de Dinamismo (IQD). Com isso, procuramos dividir os municípios brasileiros em três categorias: os com alto dinamismo, os com dinamismo urbano nos setores da indústria e de serviços, e os agropecuários. Para os municípios agropecuários, que são a grande maioria no Brasil e para os quais propomos a criação do Estatuto da Cidade Rural, subdividimos em quatro categorias: os com agricultura e pecuária de mercado, os com agricultura de subsistência, os que despertaram para uma vocação industrial e/ou viraram pólos de serviços, e os que têm atividades turísticas.

A seguir, tratamos da pobreza urbana e como enfrentá-la com eficácia, destacando o exemplo da cidade de Vitória com a implantação do Projeto Terra, onde a questão foi atacada através da execução de projetos multissetoriais (habitação, saneamento básico, escolas, unidades de saúde, geração de trabalho e renda, praças, vias de acesso aos morros, construção e prática de cidadania). Mostramos, ainda, a experiência em Vitória com a educação infantil e o ensino fundamental, a revolução na saúde preventiva através do SUS e a assistência social com a criação do Rede Criança.

Abordamos, nesse capítulo, a questão fundiária e a importância de se começar um novo pacto federativo por ela. Ressaltamos a precariedade do direito de propriedade no Brasil e o abismo entre a teoria e a prática no planejamento urbano das cidades brasileiras.

Terminamos o segundo capítulo com a questão da segurança pública, o maior desafio atualmente enfrentado pelo Brasil, ressaltando a importância da integração dos municípios à segurança e a implantação do Sistema Único de Segurança Pública – Susp.

O terceiro capítulo trata da economia das cidades e sua infra-estrutura, iniciado pelas teorias acerca dos aglomerados urbanos: as que tratam as localidades pelo seu dinamismo, as que analisam pela geografia econômica, e a terceira, que considero a mais útil para os administradores dos municípios, que é a linha do marketing de cidades. Destaco a importância de se buscar a identidade cultural das cidades como fator alavancador de seu dinamismo.

Também mostro a importância do planejamento, da gestão e da gerência para que as cidades tenham equilíbrio fiscal e possam adquirir capacidade de investimento com recursos próprios. Ressalto que alavancar essa capacidade de investimento com operações de crédito de longo prazo é fundamental para o crescimento saudável das cidades, o que hoje é inibido no Brasil pelo fato de o governo federal contabilizar a dívida do setor público como um todo, somando as dívidas da União, dos estados, das estatais e dos municípios.

Proponho que se estabeleça uma nova Lei Orçamentária que possa integrar os orçamentos de investimentos da União, dos estados e dos municípios e que sejam criados governos multimunicipais com articulação de seus orçamentos de investimentos. A criação do Estatuto das Cidades Rurais poderia prever a possibilidade de governos regionais para os pequenos municípios brasileiros.

Outro tema tratado nesse capítulo é a questão da água e do esgoto no Brasil, na qual mostro os problemas enfrentados pelas cidades causados pelo modelo adotado, o Plano Nacional de Saneamento – Planasa, dos anos 1960, e a necessidade de se colocar o município como protagonista, criando um novo marco regulatório que organize os três níveis da federação.

Completo o capítulo analisando a questão ambiental e os resíduos sólidos, mostrando como atuamos na cidade de Vitória e os resultados que obtivemos.

Na conclusão, abordo o futuro do Projeto Qualicidades, que queremos transformar num instituto, para garantir a continuidade da discussão com a manutenção do site, uma publicação anual e o trabalho de formação de gestores de cidades.

Espero que o livro possa servir como um roteiro para auxiliar os gestores de cidades do Brasil na tarefa de transformá-las em lugares nas quais os moradores se sintam felizes e vislumbrem a possibilidade de construir ali seu próprio futuro. Espero, também, que possa ser útil tanto para estudantes de diferentes áreas como para todos os que se interessam pela construção de um país melhor.

Capítulo I

Foto Vitor Nogueira

Formação e Organização do Poder Local

Vista aérea panorâmica da Ilha de Vitória

> *Neste novo milênio, a Humanidade vai construindo uma institucionalidade mundial e, ao mesmo tempo, há um crescimento muito importante do poder local, principalmente nos países e nos continentes em desenvolvimento ou subdesenvolvidos.*
>
> *O século XXI assistirá a um processo de fortalecimento e de autonomia do poder local para operar políticas públicas enquanto, no mesmo processo, os organismos internacionais terão que, com freqüência e intensidade crescentes, lidar mais diretamente com a cidade.*

O Poder Local como Protagonista no Século XXI

O século XXI vem desenhando o fortalecimento dos governos locais e do poder das localidades como uma contrapartida às perdas de autonomia dos governos nacionais, além de aprofundar um crescente desejo por uma nova institucionalidade internacional.

A economia é globalizada, constrói-se uma cultura globalizada, mas as atuais instituições internacionais são fracas para dar conta da normatização, da regulação da vida econômica e da própria questão da segurança mundial. Os blocos regionais – União Européia, Mercosul, Nafta, Alca – até têm certo ciclo, certa euforia, mas as instituições internacionais têm baixa capacidade de normatizar. Há uma demanda por novas instituições internacionais que dêem conta daquelas questões, porém não se sabe como atendê-la, e existem países que reagem a essa demanda, como a Inglaterra, que não aceitou o euro. Os republicanos dos Estados Unidos – na verdade, creio que com o apoio do público em geral do país – reagem em relação às contribuições de natureza política e financeira que eles têm que fazer junto à ONU e a outros organismos internacionais.

É um novo mundo que surge neste novo milênio. A Humanidade vai buscando uma institucionalidade mundial enquanto, paralelamente, cresce de forma notável o poder local, em especial nos países e nos continentes em desenvolvimento ou subdesenvolvidos. Assim, o século XXI vai construindo um processo de fortalecimento e de autonomia do poder local para operar políticas públicas, ao mesmo tempo que os organismos internacionais, com freqüência e intensidade crescentes, terão que lidar mais diretamente com o poder local, prática na qual temos insistido há muitos anos. Atualmente, tanto o Banco Mundial (Bird) quanto o Banco Interamericano de Desenvolvimento (BID) se aparelham para fazer operações financeiras diretamente com os municípios. Bogotá, que se tornou o que era Curitiba anos atrás, *benchmark* do transporte coletivo, é exemplo disso. Grande parte do projeto da capital colombiana, chamado Transmilênio, foi financiada pela União Européia (UE). Dessa forma, a UE, que é uma nova instituição internacional, vai na linha da operação direta com os poderes locais.

Conhecimento: a ponte entre o local e o global

Transitar ou não por essa ponte é a verdadeira escolha das cidades do mundo

*Sérgio Besserman Vianna**

Há alguns anos, conversando com meu amigo e companheiro de muitas jornadas Luiz Paulo Vellozo Lucas, então prefeito de Vitória, concluímos que uma frase clássica dos anos 1970 — pensar global, agir local *— necessitava, no século XXI, de uma complementação fundamental que seria:* e pensar local, agir global.

Um excelente exemplo desse novo mundo em que local e global são uma única realidade é o aquecimento global. Tanto faz se a molécula que vai para a atmosfera aumentar o efeito estufa decorre de uma fábrica no Japão, em Detroit, se são indianos pobres queimando lenha, dinamarqueses andando de carro ou agricultura familiar desmatando florestas nativas. Tanto faz. As conseqüências serão globais (perda da biodiversidade, desertificação, queda da produtividade agrícola na África etc.) e locais (desaparecimento de praias no Espírito Santo, perda de infra-estrutura na cidade do Rio de Janeiro, enchentes devastadoras em Moçambique, mais furacões graves no Caribe etc.). O enfrentamento do problema terá que ser, necessariamente, global e local.

Nesse novo mundo, o que podemos entender por desenvolvimento urbano regional? Parece-me que, antes de tudo, devemos abrir nossas mentes com relação aos três termos dessa expressão. O psicanalista francês André Green dizia le mailleur de la question, c'est la response. *Não existem respostas automáticas e produtivas sobre o tema, mas as questões são excelentes: o que é desenvolvimento? O que é urbano? O que é regional? O que é, então, desenvolvimento urbano regional?*

Comecemos pelo que parece mais simples. O que é urbano? No passado, era mais fácil: do lado de dentro da muralha era urbano; do lado de fora, rural. Em Siena, na Itália, ainda é um pouco assim. Está ali dentro é urbano, está ali fora, colhendo aspargos ou morango, é rural. Mas isso acabou completamente. Sequer as estatísticas existentes conseguem refletir essa realidade, que é muito mais complexa. O Cebrap – Centro Brasileiro de Análise e Planejamento – tem um estudo mostrando que de 40% a 50% da renda rural aferida na Pnad provêm da renda rural no sentido de que o pesquisador fez a pesquisa domiciliar em área rural, mas a renda é proveniente de serviços prestados na cidade.

Para o Censo 2000 do IBGE, 80% da população estão em área urbana. Que urbano é esse que o IBGE aponta como sendo 80% da população e que o professor José Eli da Veiga, do Departamento de Economia da USP, problematiza? É o urbano legal-administrativo. Todo município brasileiro tem uma Lei Orgânica que define o que é urbano e o que é rural. O professor José Eli da Veiga sugere outros critérios, envolvendo densidade demográfica e outros parâmetros, chegando a 67% de população urbana no ano 2000. É uma diferença bem grande, envolvendo 20 milhões de pessoas. Normalmente, como o valor de uma estatística cresce muito com a comparabilidade, procura-se utilizar os padrões definidos globalmente, como as estatísticas da ONU, OIT, FAO.

No caso de urbanização, não creio que seja possível um padrão global. Será que a urbanização na Bélgica quer dizer a mesma coisa que na Índia ou no Brasil? Possivelmente, não. E, para complicar, se já é assim hoje, como será o urbano de amanhã? Porque a informática e as telecomunicações deram a todas as cidades transmissão de informações com a velocidade da luz. A informação está em todo lugar ao mesmo tempo. Como vivemos na sociedade da informação e do conhecimento, inclusive do ponto de vista produtivo, como será o impacto dessa transformação radical na questão urbana? Quem é mais urbano: um professor conectado na internet em Pedra Azul, no interior de Minas Gerais, ou um analfabeto habitante da periferia de Belo Horizonte?

A mesma problematização pode ser aplicada à noção de regional, que hoje já escapa inteiramente às divisões administrativas e começa a se descolar até mesmo da continuidade territorial.

O que são os estados brasileiros? Com todo o respeito à federação, são apenas resquícios de capitanias hereditárias. Não somos federação no sentido norte-americano. Nossa história é outra. O regional, que no passado era um território que escapava do administrativo e obtinha organicidade, hoje se complicou. Em primeiro lugar, porque muitas vezes essa organicidade, em termos de conteúdo, é encontrada reduzindo-se a escala. Devemos buscá-la no Rio de Janeiro com ações locais, arranjos locais, Agenda 21 local, a questão da centralidade histórica da cidade, a centralidade dos bairros.

Sabemos que o porto, na área central, é fundamental para a centralidade do Rio de Janeiro. Só que o Rio tem seis milhões de pessoas e seria ilegítimo para a Zona Oeste ficar sem qualquer centralidade. Será legítimo dizer que a centralidade da Zona Oeste tem que ser o Porto do Rio? Ou seria melhor afirmar centralidades mais locais nos sentidos urbanístico, cultural etc.?

Por outro lado, numa direção oposta à focalização no local, é inteiramente legítimo perguntar: de um ponto de vista regional para o Rio de Janeiro, o que é mais importante: Itaperuna ou São Paulo? Magé ou o Porto do Roterdã? Ou, ocasionalmente, Barcelona, Paris? Há uma revolução em andamento. O mundo está mudando dramaticamente.

O mercado de trabalho está-se globalizando sem que as pessoas precisem mudar de território, como destacou o jornalista Thomas Friedman, em seu livro "O mundo é plano". É o caso do contador de Seattle. Ele recolhe o Imposto de Renda das pessoas e manda para Bangladesh. Na Índia, tem gente que fala inglês, conhece as regras do Imposto de Renda (IR) norte-americano perfeitamente, inclusive com as características estaduais. Esses indianos preparam o IR para todo mundo e mandam para o contador em Seattle. No McDonald's, em Minnesotta, as pessoas param no drive-thru *e fazem o pedido. Os pedidos desses norte-americanos vão para a Índia. Lá, são processados e enviados de volta para a cozinha norte-americana e depois os funcionários os entregam. Os vôos da British Airways têm o seu controle operacional na Índia, sai-se de Londres a Manchester com esse controle.*

Nesse contexto, o que baliza a definição do regional? As divisões administrativas? Ou as sinergias na economia do conhecimento? Logística de infra-estrutura? Certamente todos esses e vários outros vetores. Há muitas regiões possíveis, dependendo do ângulo do olhar, do interesse da análise, da natureza do processo econômico, social e político.

Por mais estranho que possa parecer, também a noção de desenvolvimento deve ser questionada. No século XX, a professora Joan Robinson, discípula de Keynes, disse que o desenvolvimento econômico era como um elefante, difícil descrever, mas fácil de reconhecer.

Hoje, contudo, a questão ficou muito mais complexa. Já nos anos 1980 o professor Amartya Sen, Prêmio Nobel de Economia, escreveu sobre a necessidade de substituir a perspectiva do crescimento econômico pela noção de desenvolvimento humano, o que mais tarde deu origem ao conhecido Indicador de Desenvolvimento Humano, o IDH do Programa de Desenvolvimento das Nações Unidas (Pnud).

Com a crescente compreensão da dimensão da crise ambiental global, ao desenvolvimento tornou-se indispensável acrescentar 'sustentável'. Seria longo demais para este artigo problematizar tanto as limitações do conceito de desenvolvimento humano como as imensas dificuldades existentes para dar maior concretude à idéia de sustentabilidade. Desenvolvimento sustentável é um processo em construção teórica e histórica.

Como lembrou Jean Claude Carrière, roteirista de alguns dos melhores filmes de Buñuel, em várias línguas a palavra nos lembra o seu verdadeiro significado: (des) envolvimento, "desfazer" o que está envolvido; development *ou* devellopment, *"desfazer" o que está envelopado;* desarrollar, *"desfazer" o que está* arrollado. *Desenvolvimento é, portanto, realizar um potencial histórico desejável que se encontra impedido.*

Nesse sentido, desenvolvimento urbano regional, mais do que fórmulas de diferentes tipos, é uma busca de realização das potencialidades das cidades no contexto de redes diversas, territorialmente definidas ou não. Entre o local e o global, pode existir uma ponte: o conhecimento. Transitar ou não por essa ponte é a verdadeira escolha das cidades do mundo.

** Sérgio Besserman Vianna é economista do BNDES, presidente do Instituto Municipal de Urbanismo Pereira Passos e ex-presidente do IBGE.*

As Reformas do Estado pela Ótica das Cidades: Um Novo Pacto Federativo Brasileiro

Como em outros países, também aqui no Brasil as cidades e o poder local passam a ter importância crescente e, por isso, o aperfeiçoamento do pacto federativo é uma questão-chave do Projeto Qualicidades. O desenvolvimento de nossas cidades exige a redefinição de responsabilidades entre os entes da federação (União, estados e municípios) e uma profunda revisão do modelo institucional dos municípios. Um ponto fundamental nesse debate são os orçamentos de investimento das cidades, estados e da União, que não possuem conexão entre si, na maioria das vezes. O artigo 23 da Constituição brasileira dá competências comuns à União, estados e municípios e estabelece que as normas para a cooperação entre eles deverão ser fixadas em lei complementar, tendo em vista o equilíbrio do desenvolvimento e do bem-estar em âmbito nacional. A regulamentação do artigo 23 da Constituição poderá ser um bom começo para que o país faça essas alterações.

O federalismo brasileiro é extremamente pouco funcional. Nossos três níveis – União, estados e municípios – possuem responsabilidades superpostas e áreas onde ninguém é responsável por nada. Além disso, os poderes executivos podem praticamente tudo, podem pensar sobre qualquer coisa. Se um município recebe muitos *royalties* do petróleo e quer montar uma universidade pública gratuita, pode. Se quiser montar uma estatal do petróleo municipal, também pode. Claro que sempre será necessária uma negociação com a Câmara de Vereadores, mas em princípio pode tudo. Se o governo federal resolver colocar no Orçamento da União que vai fazer uma ponte no distrito de uma cidade do interior de um determinado estado, também pode.

Quando fui prefeito de Vitória, achava sem propósito as verbas que estavam no Orçamento da União para fazer quadras cobertas nas cidades. O Orçamento de Vitória é de R$ 700 milhões/ano. Ter nele um gasto direto da União para repassar via convênio, a fundo perdido, R$ 25 mil para fazer uma quadra coberta numa escola não fazia sentido, e ainda precisava seguir uma grande burocracia para conseguir os recursos e prestar contas desse tipo de convênio. Não há planejamento, não há visão de futuro sobre as cidades que desejamos ter, sobre o país que desejamos ter. Os três níveis da federação não trabalham de forma organizada, com responsabilidades bem definidas.

O atual pacto federativo brasileiro funciona mal. Melhorar sua funcionalidade é uma precondição para enfrentar os problemas nos mais variados setores, porque ele funciona mal por igual em todos eles.

A crise atual do pacto federativo brasileiro tem suas origens no fato de que o Brasil começou com um governo central, que subdividiu o país em capitanias hereditárias. Posteriormente, viraram províncias e, finalmente, estados, ao contrário dos países da Europa e, particularmente, dos Estados Unidos onde as cidades vieram primeiro, seguiram-se as colônias, depois vieram os estados federados, que se uniram para fazer um governo central.

No caso brasileiro, a formação do nosso federalismo deu origem a uma disfunção muito grande, com aberrações. Com a Constituição de 1988, os municípios tornaram-se entes da federação, independentes, iguais aos estados. Não há subordinação nem divisão clara de responsabilidades. Na prática, o que há é uma enorme submissão, determinada pelo sistema político. Ocorrem situações nas quais o bom prefeito é aquele amigo do governador, o bom governador é aquele amigo do presidente. A relação dos Executivos com os Legislativos se dá da mesma forma que a situação de governança do presidencialismo no Brasil e sua relação com os estados federados e os municípios. Os Legislativos são trampolins para os Executivos. Basta verificar o número de deputados estaduais e federais que são candidatos a prefeito e a governador. Além disso, todos querem agir como prefeito. O presidente quer, o governador quer, o deputado quer e o vereador quer. Não há articulação nessa relação, nessa teia.

Essa estrutura distorcida do federalismo nos leva a situações dramáticas, como no caso do saneamento básico, com a disputa da titularidade entre as capitais e as companhias estaduais. Aconteceu no Rio de Janeiro, na disputa da Cedae, a Companhia Estadual de Águas e Esgotos, com a municipalidade, em São Paulo, com a Sabesp – Companhia de Saneamento Básico do Estado de São Paulo –, que é a segunda maior empresa de saneamento do mundo, e no Espírito Santo, em Vitória, com a Cesan – Companhia Espírito Santense de Saneamento, que atualmente vive um bom momento porque tem capacidade de investimento. Nota-se que existe um claro conflito federativo. Outro exemplo contundente é o da inexistência de responsabilidade da União e dos municípios na área de segurança pública. A questão tributária – como as autonomias e a repartição dos tributos – e a guerra fiscal também têm a ver com o problema causado pelo atual pacto federativo. O país não pode fazer reforma tributária, reforma política, reforma do Judiciário, antes da reforma do sistema federativo brasileiro. O novo pacto federativo é a mãe de todas as reformas. A partir da reforma do pacto federativo, poderemos mudar o funcionamento dos demais sistemas.

Penso o funcionamento da federação brasileira um pouco como apartamentos dentro de um prédio que, por sua vez, estivesse dentro de um conjunto de prédios, formando um condomínio. Teríamos que primeiro estabelecer o funcionamento dos apartamentos. Todos eles terão banheiros? Quantos? Vai ter uma piscina para atender o prédio inteiro, ou o condomínio inteiro? Cada prédio terá um balanço para as crianças ou existirá um só no condomínio? O que cada unidade vai fazer separadamente? Antes de começar cada sistema, tenho que estabelecer o seu melhor funcionamento.

É possível começar a fazer isso com a regulamentação do artigo 23 da Constituição Federal citado anteriormente, que dispõe sobre o funcionamento da federação. O governo Lula, impulsionado pela Frente Nacional dos Prefeitos (FNP), fez um projeto e aprovou uma lei sobre os consórcios de municípios, a Lei 11.107, de 2005. Essa lei aponta na direção correta – ou seja, a criação de mecanismos e instrumentos que permitam a coordenação, a cooperação e um pacto entre a União, os estados e os municípios – mas foi mal feita, ficando com a feição de que se pretendia criar um quarto ente federativo.

Ineficiência do Modelo Institucional Atual dos Municípios Brasileiros

Na verdade, temos que olhar a questão da federação como um todo. Para isso, é preciso discutir alguns pontos. O primeiro é a questão do modelo institucional do município, que é péssimo. Muito ruim tanto para a maioria dos municípios brasileiros que têm características marcadamente agropecuárias e baixo dinamismo – cerca de 4.400 de acordo com os estudos que fizemos no Projeto Qualicidades – quanto para os 250 que têm alto dinamismo (esta classificação está detalhada no Capítulo II, em que tratamos do enfrentamento da crise urbana).

No caso dos municípios agropecuários, o modelo é ruim porque a estrutura do município é caríssima. É feita à imagem e à semelhança da União: o prefeito é o presidente, os secretários são os ministros, as câmaras municipais legislam e fiscalizam.

Para os municípios que têm alto dinamismo, o atual modelo é ruim porque não dá conta da resolução do estoque de problemas acumulados por essas cidades. Num pequeno período de tempo – da primeira metade da década de 1970 até a última década do século passado – as cidades registraram um processo violento de crescimento que requeria enormes investimentos e ação descentralizada, e tendo a mesma estrutura que os municípios agropecuários.

Assim, pequenas cidades do interior e megalópoles como São Paulo e Rio de Janeiro têm exatamente a mesma estrutura de poder, inclusive com as câmaras e seu papel fiscalizador, com vereadores assalariados, gabinetes, assessores e responsabilidades legislativas.

Ora, na maioria das estruturas do poder público local no mundo a Câmara de Vereadores não é legislativa nem fiscalizadora. É o conselho da cidade. O governo da cidade é um colegiado. O *city council* americano é um conselho da cidade, o prefeito normalmente é o presidente dele. Nos Estados Unidos, no Canadá, em Portugal, não existe um Legislativo municipal para elaborar leis municipais. Nos Estados Unidos, nas cidades com até 150 mil habitantes, os legisladores não são assalariados, e o poder local é muito mais baseado em voluntariado. Portugal tem três tipos de cidades diferentes: as vilas, as aldeias e as cidades. Todas têm a Câmara de Vereadores. O prefeito é o presidente da Câmara ou, então, é um dos vereadores eleito pelo voto em lista do partido que fez a maioria. A Câmara é quem governa. Não tem essa dicotomia entre a Câmara e o Executivo. As grandes cidades portuguesas têm as freguesias, que têm um conselho e um presidente. A presidência da freguesia não é um cargo assalariado, mas tem poder.

No Brasil, temos hoje 5.563 municípios mais o Distrito Federal. A França, que é do tamanho de Minas Gerais, tem cerca de 36 mil municípios. Os Estados Unidos, entre cidades e condados, tem cerca de 60 mil. Mas nesses países, o que acontece? Todos os núcleos de aglomeração acabam tendo um governo, porém esse governo local é leve, mais barato. Tem um prefeito, uma Câmara, mas não tem um secretariado que parece um ministério. Nos Estados Unidos, tem a figura do *city manager*. Na maioria absoluta das cidades americanas, o prefeito é eleito, a Câmara é eleita, mas contratam um administrador para administrar uma cidade de até 150 mil habitantes. Não é preciso que seja um profissional altamente especializado em administração, um superadvogado. Pode ser um profissional generalista que cuide de todos esses aspectos, um administrador de cidades, enfim, um profissional competente. Além disso, as Câmaras Municipais não legislam.

Da mesma maneira, no Brasil, as cidades não devem ter poderes para legislar, principalmente as pequenas cidades, o que poderia eliminar grande parte das ineficiências do atual modelo institucional dos municípios. Essa figura da lei municipal é uma invenção brasileira. Legislar? Lei municipal? Quais são as leis importantes na cidade? O Plano Diretor Urbano (PDU), a Lei de Meios (Lei Orçamentária) e o Planejamento Plurianual (PPA) não são propriamente leis, não são interpretadas por um juiz. Coloquialmente, dizemos que tem que ter lei municipal para pôr nome em rua. Mas não é lei. O Código de Posturas, o Código de Obras, o PDU, a Planta Genérica de Valores para cobrar o IPTU são um conjunto de normas administrativas municipais, que se refaz de tempos em tempos.

Defendo que haja Câmaras, mas não legislativas e nem fiscalizadoras, e sim executivas, eleitas num sistema distrital, podendo inclusive ter candidato avulso. E não precisa ser o mesmo sistema em todas as cidades.

O segundo ponto a ser discutido – forte argumento a favor da revisão do modelo institucional do município – é a necessidade de se dar mais capilaridade no sistema brasileiro de constituição dos municípios. Há estados grandes com um distrito que está a 500 quilômetros da sede e não tem governo local nenhum. Ele não quer se emancipar porque a emancipação aumenta o custo administrativo e a responsabilidade. Por isso, corretamente, os economistas e os administradores não gostam de emancipação de municípios.

Nesse caso, é preferível a existência do governo multimunicipal, como os condados nos Estados Unidos. Os condados foram criados em razão da necessidade de as cidades se juntarem para fazer uma série de serviços. Não dá para fazer um aterro sanitário para cada um dos municípios. Um tem 10 mil habitantes, outro tem 5 mil, um terceiro tem população de 12 mil pessoas. Nos Estados Unidos, esse grupo de municípios tem um distrito sanitário e compartilha o aterro sanitário que vai ficar num deles.

No Espírito Santo, por exemplo, há uma discussão sobre em que município se coloca um presídio. Em São Paulo também. É um inferno! Mas por quê? Porque os estados e a União não compartilham a decisão com o poder local. O correto seria reunir um grupo de municípios e decidir com eles onde ficará o presídio, o aterro sanitário e outras questões de interesse dessas cidades.

O distrito distante que não quer se emancipar poderia ter alguma coisa como uma prefeitura comunitária. Usei esse nome num artigo que escrevi, não é o que mais gosto, mas expressa o conceito de uma estrutura de poder local que não é igual àquela que o município brasileiro tem hoje. O poder local não pode ser sinônimo da estrutura de poder prevista no modelo institucional atual dos municípios brasileiros.

A cidade de Dores do Rio Preto, no Espírito Santo, que tem 5 mil habitantes, é um ente da federação como São Paulo. Dores tem uma delegacia, um delegado, os investigadores, uma companhia da Polícia Militar, Fórum, juiz, promotor, oficial de Justiça. Qualquer bairro de Vitória do tamanho de Dores do Rio Preto tem mais ocorrências policiais em um mês do que em Dores em um ano. Ou seja, a distribuição desses recursos de governo, desses recursos de poder – e não estamos falando aqui apenas do aspecto financeiro – está errada, não faz sentido.

Linhares, o maior município em área do Espírito Santo, luta desesperadamente para que seus distritos não se emancipem. São nove distritos, grandes. Alguns distritos de Linhares têm mais vida econômica, são mais cidades do que algumas cidades que conseguiram se emancipar. O Espírito Santo, de modo geral, conseguiu segurar muito a emancipação. Diferentemente de Minas Gerais, onde quase todos os distritos viraram cidades. Minas tem hoje 853 municípios. No Espírito Santo, que tem 78 municípios, a decisão de frear a emancipação se deu por uma questão de poder político e de lógica administrativa.

Já na Grande Vitória, que reúne seis cidades além da capital – Guarapari, Vila Velha, Viana, Cariacica, Serra e Fundão – há uma divisão de municípios hoje que não corresponde à nucleação urbana real. Localidades como Manguinhos, Jacaraípe, Barra do Jucu e Campo Grande, hoje bairros, são cidades de fato. Já Cariacica e Vila Velha são uma cidade só. A região da Grande Vitória deveria ser redefinida. Em vez de seis municípios, ela poderia conter, talvez, 15 prefeituras comunitárias. Em São Paulo, são 33 subprefeituras. Cada uma delas e mais outras tantas poderiam ser prefeituras comunitárias, ou freguesias como em Portugal, com estrutura de poder local e autonomia para resolver questões locais. E haveria o governo multicidades. O governo metropolitano da cidade do Rio de Janeiro, por exemplo, abrangeria a Baixada Fluminense. Haveria governos sub-regionais, uma instância entre o que hoje é o município e o estado. Eventualmente, o estado poderia ter a função de coordenar esses governos regionais.

Vejamos o caso do estado do Espírito Santo onde há, claramente, seis regiões. O modelo poderia ser, então, seis regiões com um governador que teria representantes que coordenariam os prefeitos de cada uma dessas regiões. Assim, não se esvaziaria completamente o poder do governo do estado, que no caso brasileiro tem razões históricas muito profundas.

No governo Fernando Henrique, quando Aspásia Camargo ocupava o cargo de subsecretária de Assuntos Federativos da Casa Civil, foi realizado um seminário internacional sobre estruturas de governo subnacionais. Aspásia trouxe para o Brasil uma governadora americana que mostrou como funcionava nos Estados Unidos. Trouxe também gente do Canadá. Foi a primeira vez que vi o assunto sendo tratado de maneira mais organizada no governo federal. Aspásia falava muito sobre a questão da regulamentação do artigo 23 da Constituição brasileira e da criação do condado, dos grupos de cidades, do governo regional. Quando fui presidente da Frente Nacional de Prefeitos, fizemos um seminário em Aracaju sobre a questão federativa, trouxemos palestrantes de outros países, vimos como funciona em outros lugares.

A Questão do Poder Local e seu Papel: Uma Discussão Mundial

A Inglaterra, recentemente, mudou seu estatuto de poder local. Eles não tinham prefeito eleito, passaram a ter. Mexeram nas estruturas de poder local e tributária, completamente. A França tenta fazer a aglutinação de municípios desde o governo de Charles De Gaulle (1958-1969). O país tem 36 mil prefeitos. Isso vem da Revolução Francesa, quando foi criada uma cidade e uma estrutura de poder local junto a cada paróquia, porque onde havia um padre, havia um foco de resistência à República. Por isso, onde havia um padre, colocaram ao lado dele um prefeito republicano. Na Revolução, substituíram a Igreja romana pela Igreja francesa, não subordinada a Roma, e criaram um clero próprio, revolucionário. Depois, Napoleão fez um acordo com o Papa e a Igreja francesa voltou a se subordinar a Roma.

Bem, mas as 36 mil cidades acabaram não tendo funcionalidade. Era cada uma por si, uma confusão. De Gaulle tentou aglutiná-las, mas não conseguiu. Em 1988, foi feita a primeira modificação na tentativa de dar racionalidade às cidades.

Na França, o prefeito é o *maire*, mas tem o *préfet*, o delegado do poder central para dialogar com o grupo de prefeitos de uma determinada região. Seria como se no governo do Espírito Santo tivesse na Grande Vitória o secretário de Assuntos Metropolitanos, indicado pelo governador, que teria a função de ser o articulador entre as cidades daquela área.

Na França, é exatamente assim. O *préfet* se relaciona com um grupo de cidades, que são *Communautés des Communes.*

As *Communautés des Communes* são de três tipos: até 50 mil habitantes têm uma estrutura; de 50 mil a 500 mil, a estrutura é outra, e acima de 500 mil são as metrópoles. E as metrópoles têm seus *arrondissements.* Quer dizer, não contentes com as 36 mil cidades, eles ainda têm os *arrondissements* nas cidades grandes, que são subdivisões delas.

Mas o que eles fazem nas *Communautés des Communes*? Decidem o orçamento de investimentos daquele grupo de municípios e o *préfet de région* articula a negociação. Isso é assinado e contratado como um contrato de gestão para os projetos estruturantes daquele grupo de cidades – galeria de esgotos, drenagem, sistematização de uma várzea, recuperação de um sítio histórico.

Estive em cidades incluídas nas três subdivisões de grupos de municípios na França: uma do grupo de até 50 mil habitantes, outra do que congrega as que têm entre 50 mil e 500 mil, e mais de 500 mil. Fui a Lunel, pequenininha, no sul da França, com cerca de 20 mil habitantes. Lá, eles têm um plano desse grupo de pequenas cidades, um conselho, o prefeito dessa *Communautés des Communes,* que era o prefeito de uma dessas cidades. Há um orçamento de investimentos, cada cidade contribui com um percentual bem pequeno porque tem uma economia fraca. Mas eles tinham um projeto grande, a transformação em parque de uma área de muitos quilômetros de uma via romana, do tempo da ocupação romana. Uma via de paralelepípedos, impressionante, com os sulcos formados pelos carros romanos, que tinham rodas de ferro. Havia um rio, teriam que acertar a várzea, fazer duas pontes e eles queriam fazer um parque temático para desenvolver a visitabilidade na região de Lunel, que só tem aquele vinho doce, muscat, vinho de sobremesa. É a única coisa em que são melhores que os outros. Era esse o projeto estruturante que eles tinham, de milhões de euros, e precisavam brigar para acrescentá-lo ao orçamento do governo central francês e da União Européia. O orçamento da União Européia é a soma dos orçamentos de todos os países da Europa. Não há cinco, três orçamentos, é um só. O *préfet* assina, depois de aprovado se transforma em contrato. A União Européia coloca a parte dela, a *Communautés des Communes* e seu *préfet* vão atrás de bancos privados para arranjar financiamento e dão garantias.

Já Montpellier é maior, uma cidade interessantíssima, orgulhosa da tradição de sua faculdade de medicina, tem bairros novos, um metrô de superfície que levou 15 anos para ficar pronto. O prefeito de Montpellier, que é socialista, é prefeito da cidade urbana, e o mecanismo é o mesmo: há um plano de investimentos para um grupo de cidades, cada uma tem seus prefeitos, mas tem o prefeito dos prefeitos que coordena o grupo. Fui a Marselha, como chamamos Marseille, que é uma comunidade metropolitana, com mais de 500 mil habitantes. Aí, é uma outra estrutura, mas também tem o governo multicidades.

Mas não acho que essa experiência ou qualquer outra deva ser simplesmente seguida aqui no Brasil. O que cabe é verificar os problemas que eles tinham e como os resolveram. Não há receita a ser copiada, porque precisamos considerar nossos elementos históricos. O papel do estado brasileiro é muito forte. Veio da província, da capitania hereditária. O sentido de estado do Brasil é uma coisa muito forte. Acho que devemos estabelecer um papel nobre para o estado. Por outro lado, precisamos ter mais poder local, mais cidades, para ter mais capilaridade.

Um novo pacto federativo deve dotar as cidades de uma estrutura de poder mais leve, que dê mais capilaridade ao estado, a um custo menor. Inclusive com possibilidade de transformar alguns municípios, que hoje são municípios por adesão, numa estrutura mais leve, através de um mecanismo de atração. A autonomia política continuará existindo, a cidade continuará a ter prefeito, mas só terá acesso a benefícios se aderir, por exemplo, a um Estatuto da Cidade Rural – um conjunto de medidas que teria o objetivo de impulsionar o desenvolvimento da maioria dos municípios brasileiros cuja lógica e dinâmica econômica estão ligadas à agropecuária, e sobre o qual falaremos mais adiante neste livro – e vai se permitir que grupos de municípios se consorciem num governo regional.

Essa poderia ser uma tarefa dos governos estaduais. Santa Catarina tentou fazer isso, com o governador Luiz Henrique. O Maranhão tentou fazer no governo da Roseana Sarney. Há experiências no Brasil sobre essa questão da regionalização. Em Minas Gerais, também foi feito. Criaram os *governadorezinhos regionais* em Minas, mas não deu muito certo porque foram nomeados deputados estaduais não-eleitos e houve problema político. Mas há boas experiências.

Se o governo federal liderar junto com o Congresso esse processo de reforma do pacto federativo, de regulamentação do artigo 23 da Constituição, não será necessária uma grande revolução. Inclusive porque essa discussão não estará madura em todos os lugares ao mesmo tempo. A implantação dos condados nos Estados Unidos não se deu da noite para o dia. E terá que haver flexibilidade para implementar essa mudança, porque, mudando as vocações econômicas, haverá alteração da mancha urbana e das suas características.

Um Novo Papel nos Orçamentos de Investimento

Um ponto central nessa discussão é o orçamento de investimento. A relação entre os níveis – União, estados e municípios – fazendo com que os três orçamentos de investimentos possam "conversar" uns com os outros. Nada impede na legislação atual que seja assim, é basicamente uma questão política. Os governos, de certa maneira, compram governabilidade a partir dessa negociação, dessa política de baixa qualidade. Isso precisa ser enfrentado. Se não enfrentarmos isso, não vamos enfrentar o problema do gasto público. Sem enfrentar a questão da qualidade do gasto público, não haverá reforma tributária. Para reduzir a carga tributária, tem que melhorar a qualidade do gasto. Por isso, acho que mexer no pacto federativo é mexer no sistema tributário.

É necessário organizar o orçamento de investimento, que é a mãe e o pai da política de baixa qualidade. Talvez o pai sejam as nomeações. Mas a mãe é o orçamento de investimento, a maneira como o Congresso se envolve no processo de alocação de recursos. Para que serve deputado federal? Para ir buscar em Brasília o dinheiro, os recursos para desenvolver seu município? Isso é um horror, e é completamente falso. No entanto, toda a institucionalidade está posta para dizer que isso é verdadeiro. Há uma pantomima política de baixa qualidade, que substitui as relações autônomas entre entes da federação autônomos.

Quando se discute a reforma política, não se fala nisso. Mas tinha que falar. Uma das piores coisas, que mais atrapalha o funcionamento do sistema político brasileiro, que deveria dar funcionalidade à estrutura da federação, é essa relação política de baixa qualidade. As pessoas do município querem saber quem é o candidato do governador para votar no candidato do governador. Por quê? Para o governador pagar esse apoio em obras no município, em nomeações.

No federalismo brasileiro, há os estados e, neles, os cargos federais. E os estados têm os cargos estaduais nos municípios. De modo que não há relações saudáveis, mas relações de submissão. Se os municípios fossem formalmente subordinados, talvez fossem menos submissos. Assim como os estados. Tenho que ser bonzinho com o presidente, elogiá-lo, porque preciso que o governo federal me ajude. O governo federal ajuda os estados, o estado ajuda os municípios. Não é uma relação de poder, de governo, republicana. São relações monárquicas. O aperfeiçoamento do pacto federativo brasileiro é precondição para enfrentar o problema da qualidade do gasto, é precondição para articular e harmonizar os orçamentos de investimento, para dar visão de médio e longo prazos a esses orçamentos. E é precondição para as reformas do Judiciário, tributária e política.

Mas, perde-se tempo discutindo a reforma política em Brasília, o funcionamento do Congresso, a cláusula de barreira, o voto em lista ou não. Primeiro, deveríamos organizar a base do sistema político, que é na cidade, que começa com o líder comunitário, o vereador, a Câmara de Vereadores.

No Brasil, curiosamente, as Câmaras de Vereadores são ainda mais desmoralizadas que o Congresso Nacional. As pessoas têm a visão de que o poder local não serve para nada, a idéia de que o poder é acesso a privilégios: quem está no poder tem acesso a uma relação privilegiada, ao emprego público, ao dinheiro público. O que foi o Antigo Regime senão o primado do privilégio? Eu sou o dono, você não é; eu não trabalho, você trabalha. Precisamos implementar no Brasil os valores e as práticas essenciais da República.

E, no entanto, num aparente paradoxo, temos bem debaixo de nossos narizes um exemplo a ser seguido, inclusive na questão da segurança pública, nosso maior e mais dramático desafio atual, de como os entes da federação podem dividir responsabilidades e construir a espinha dorsal dos sistemas: o SUS, o Sistema Único de Saúde.

No SUS, existe uma distribuição entre a União, estados e municípios. A Constituição de 1988 definiu que os cidadãos brasileiros têm direito à saúde universal – até se pode discutir que essa é uma promessa impossível de ser cumprida – e, para atingir esse objetivo, foi estabelecida uma divisão de responsabilidades entre os entes da federação para prover o atendimento. Os procedimentos de saúde em níveis de alta e média complexidade competem, respectivamente, à União e aos estados. A assistência básica e a prevenção ficam a cargo dos municípios. Na base, no município, há o Piso de Atenção Básica (PAB), o Programa de Saúde da Família (PSF), as unidades de saúde.

O SUS, no entanto, é criticado porque sua base é ainda hospitalar, não preventiva como deveria ser. Em Vitória, quando começamos a investir pesadamente na área de saúde, vimos que mais de 60% das pessoas que procuravam os hospitais – que, mesmo estando na capital, são do governo do estado – poderiam ter resolvido seus problemas na unidade básica. Daí a importância do PSF, cuja evolução se deu no período em que José Serra era ministro da Saúde. Foi ele quem viabilizou o programa, com a emenda que obriga os municípios a investirem 15% em saúde. Com a padronização do PSF em nível nacional, os municípios foram montando suas equipes, treinadas pelo Ministério da Saúde Brasil afora. O dinheiro para esse programa sai da União, que o repassa segundo critérios técnicos. Não são critérios de avaliação subjetiva, são critérios impessoais, permanentes.

Os especialistas na média complexidade estão no nível estadual, a alta complexidade fica com a União e a porta de entrada é única: nos municípios. Se for identificado por alguma equipe do PSF, numa unidade de saúde em qualquer município, um paciente que precise de transplante de fígado, de uma operação do coração, ele pode ir ao Instituto do Coração, em São Paulo, ou para outro centro especializado numa grande cidade. O SUS ainda tem um conjunto de problemas, mas é onde a federação brasileira funciona melhor.

Planejamento Estratégico e Agenda 21 Local: Uma História de Vitória

Mesmo antes de me tornar secretário de Planejamento da Prefeitura de Vitória, ainda como assessor informal do prefeito Paulo Hartung, no início da década de 1990, todo meu trabalho foi vender a idéia de que era preciso levar para a administração da cidade a mesma mentalidade de qualidade que o grupo de trabalho que se formou, com técnicos da Petrobras e do BNDES, para implementar os conceitos de qualidade total com o Programa Brasileiro de Qualidade e Produtividade (PBQP). Brigava para que as empresas brasileiras adquirissem mais qualidade. Eu acreditava que o setor público também tinha que se adequar, que a administração municipal tinha que se adequar.

Na Prefeitura de Vitória, formou-se uma equipe imbuída da idéia de buscar padrões internacionais de gestão municipal. Pesquisamos onde estavam as cidades que funcionavam, quais eram as cidades de sucesso, e por que o alcançaram. Perguntávamos a nós mesmos: por que umas têm sucesso e outras não?

Assim, iniciou-se meu aprendizado na Prefeitura de Vitória. Foram 12 anos: quatro na gestão de Paulo Hartung (1992-1996), de quem também fui secretário de Planejamento, durante um período, e oito anos como prefeito. Também fui presidente da Frente Nacional de Prefeitos (FNP). Essa minha atuação na área da administração municipal levou à fusão da qualidade com a cidade. Qualicidades foi a palavra que encontramos para descrever esse nosso esforço de construir uma cidade com qualidade, em governar uma cidade pensando em aumentar a qualidade sua como organismo, como ambiente externo para o mundo das empresas, para o mundo dos negócios, para o mundo das famílias, para o mundo das pessoas. Foi daí que surgiu a palavra Qualicidades.

Quem criou esse termo foi Cezar Vásquez, também engenheiro de produção, com uma trajetória parecida com a minha, que foi da minha equipe na Prefeitura de Vitória. Ele foi o coordenador do I Seminário Qualicidades, um seminário internacional sobre a gestão de cidades com qualidade, que organizamos no ano 2000, em Vitória. Depois, fizemos o II Seminário Qualicidades em 2002.

Mas a busca de qualidade nas cidades começou bem antes do seminário. E da mesma maneira como começa o processo nas empresas que buscam implementar os conceitos de qualidade total. A primeira coisa que uma empresa faz quando vai buscar padrões de preço e qualidade é *benchmark*: qual é a melhor empresa do mundo? Qual a melhor empresa do Brasil? Perguntamos também no início da administração de Paulo Hartung: quais são as melhores experiências do mundo em gestão de cidades?

Fomos bater com os costados no Ted Gaebler, que escreveu com David Osborne o livro que ainda é referência obrigatória das administrações públicas inovadoras, o "Reinventando o governo". David Osborne era assessor de imprensa do Albert Gore, vice-presidente na gestão de Bill Clinton (1993-1997 e 1997-2001). No primeiro mandato de Clinton, eles fizeram um grande trabalho de renovação, de reformas administrativas na máquina pública norte-americana, voltado justamente para os princípios de reengenharia, de gestão moderna, de redução de desperdício; coisas que fazem parte da cultura da qualidade total.

Levamos Ted Gaebler a Vitória. Na verdade, ele esteve duas vezes em Vitória: uma na administração do Paulo Hartung e uma na minha administração. Assim, conhecemos a maneira como os americanos lidam com a administração municipal e com a profissão dos gestores de cidades, os *city managers*. O trabalho de profissionalização da gestão das cidades americanas se dá, principalmente, a partir dos anos 1950, quando se incentiva fortemente, sobretudo as pequenas cidades, a contratarem profissionais de gestão. Existe um alto nível de profissionalização por causa desse profissional, o *city manager*.

A partir da palestra do Ted Gaebler, do estudo do livro dele e de outras atividades, fizemos um Programa de Qualidade da Prefeitura de Vitória. Treinamos quase todos os funcionários, implantamos um planejamento estratégico primeiramente interno, na administração municipal, e depois criamos o plano estratégico da cidade, o Projeto Vitória do Futuro. Vimos que as cidades de sucesso do mundo eram cidades que tinham um plano de médio e longo prazos. Isso foi em 1996.

O diferencial em Vitória foi o envolvimento do prefeito com o planejamento estratégico da cidade, que era o eixo, a espinha dorsal do trabalho do governo municipal. Nesse sentido, a Conferência Internacional para o Desenvolvimento e Meio Ambiente da Organização das Nações Unidas (ONU) em 1992, a Rio 92, foi fundamental para disseminar esse conceito no Brasil e no mundo. Nessa conferência, consolidaram-se como marcos de referência pelo menos três dimensões fundamentais do desafio do desenvolvimento do mundo contemporâneo: a sustentabilidade, conceito que harmoniza o crescimento econômico com a conservação dos recursos naturais e a preservação do meio ambiente; o agir local, como a grande contrapartida da globalização da produção, dos mercados e do próprio pensar o desenvolvimento; e a Agenda 21, que integra e articula os desafios do desenvolvimento num conjunto sistêmico formado por elementos interdependentes, sem divisão setorial ou etapas.

A partir daí, surgiu o conceito de Agenda 21 Local, que vem a ser o planejamento estratégico da cidade para um período maior que o período de um governo, necessariamente com a participação da sociedade, das empresas, das lideranças civis. O planejamento estratégico de Vitória foi escolhido pelo Ministério do Meio Ambiente como exemplo para difusão. Os resultados sem dúvida são dos melhores. Há outros exemplos no Brasil e no mundo, mas o exemplo de Vitória faz parte do banco de casos de sucesso de todos os especialistas em gestão de cidades.

Em 1996, portanto, tínhamos o Projeto Vitória do Futuro, nome fantasia que adotamos para o planejamento estratégico da cidade. Levamos para a capital capixaba, para a nossa administração, o que vimos de melhor na experiência internacional. Vimos a experiência de Barcelona, que aproveitou as Olimpíadas de 1992 para fazer um plano estratégico de médio e longo prazos. Barcelona virou *benchmark*, referencial do mundo, como uma cidade que se transformou a partir de uma visão de evolução, com projetos estruturantes, numa organização entre o setor público e o privado para alavancá-los.

No I Seminário Qualicidades, em 2000, trouxemos também a experiência do Canadá com o Peter Hall, um especialista em economia da cidade, cuja teoria sobre os arranjos produtivos locais mostra que o ativismo governamental pró-desenvolvimento é mais eficaz no plano local que no plano dos governos nacionais. Um país cujo PIB cresce 3%, 4% ao ano pode ter uma cidade que cresce 15% e outra que decresce 8%. É uma visão de desenvolvimento econômico pela ótica da cidade.

No II Qualicidades, em 2002, foi a vez de conhecer a experiência de Bilbao, do país basco. Havíamos levado um grupo de Vitória a Bilbao e, no seminário Qualicidades, veio um grupo de 40 pessoas de lá, entre empresários e dirigentes. Bilbao era uma cidade decadente que, depois da Guerra Civil Espanhola, ficou esquecida, perdida no meio da luta separatista do país basco. Era uma cidade cortada por um rio poluído, com fábricas abandonadas, cortiços. Uma cidade realmente sem nenhum atrativo. Bilbao se transformou a partir de um plano estratégico de médio prazo, que começou por iniciativa dos empresários. Depois, o Estado de Biscaia abraçou o plano estratégico de Bilbao. Eles fizeram projetos estruturantes, transformaram a cidade. Despoluíram os rios, fábricas abandonadas tornaram-se shoppings, a orla do rio que atravessa a cidade foi recuperada, os transportes coletivos foram reformulados, criaram novos bairros para que o crescimento da cidade fosse moderado, revitalizaram o centro histórico, os museus – o projeto mais conhecido é o Museu Guggenheim – e toda a parte cultural da cidade. Para esses projetos, eles foram buscar fontes de financiamento do governo espanhol, do governo da União Européia e do setor privado. E a cidade se transformou.

O exemplo de Bilbao é muito bom porque é difícil encontrar um lugar em que as condições iniciais fossem tão ruins, tão adversas. É sempre complicado contar a história de um caso de sucesso. Muitas pessoas podem achar que aconteceu lá porque era mais fácil. Podem pensar que foi fácil em Vitória, porque a cidade é muito rica, tem as pessoas interessadas, é uma cidade pequena. Ou pode ainda parecer que quem protagonizou aquele sucesso é um super-homem, uma pessoa mais bem dotada que os outros. É preciso cuidado para fazer *benchmarking* para que as pessoas não fiquem se achando miseráveis, pensando: "Olha, como eles são bons, como eles são feras. São Primeiro Mundo, nós não podemos nem sonhar com isso. Somos pobres, ignorantes, não temos os meios. Os políticos são corruptos; os empresários, egoístas. Isso nunca vai acontecer aqui".

A mudança de atitude diante da construção de um sucesso é muito importante, faz parte da pedagogia do sucesso. É quase que uma dimensão de abordagem que está presente nos casos de sucesso tanto de empresas privadas quanto de empresas públicas. Romper com essa atitude, mostrar que o sucesso está ao alcance de quem quer que trabalhe com a estratégia correta, com as ferramentas corretas, com persistência, com continuidade, durante o tempo necessário para que as transformações estruturais sejam feitas. Nenhuma transformação estrutural se faz da noite para o dia, com medidas de impacto. Necessariamente, as transformações estruturais se fazem ao longo de um processo, são construções em que se põem tijolinhos todos os dias. Isso é da natureza da transformação de um organismo complexo, como é o caso de uma cidade. Ou de uma grande empresa. Por isso, muitas das ferramentas de gerenciamento de qualidade total das empresas se aplicam às cidades, como é o caso do planejamento estratégico.

No II Seminário Qualicidades, também trouxemos o sociólogo italiano Domenico De Masi, autor de "O Ócio Criativo". Queríamos dar uma dimensão mais sociológica ao problema do sucesso das cidades. Uma cidade de sucesso é aquela que oferece as melhores condições para que as pessoas possam ser felizes. A felicidade é uma coisa que depende essencialmente de cada um, cada um constrói sua própria felicidade. Mas por que em algumas cidades as pessoas são mais felizes? De Masi fez um ensaio sobre isso, e o apresentou em Vitória pela primeira vez.

Isso se juntou a outros textos, como os de Jane Jacobs, uma autora americana do chamado Novo Urbanismo. Seu livro "A Vida e a Morte das Grandes Cidades", publicado nos anos 1960, é um clássico. Ela faz uma crítica a Le Corbusier e aos urbanistas das cidades espraiadas. No livro, mostra a importância das cidades vivas, das calçadas, das janelas abertas para as calçadas, de não se especializar os bairros; mostra como é ruim morar num bairro que não tem uma floricultura, não tem uma loja de frutas, não tem comércio, não tem essa interação. A Jane era uma crítica ferrenha desse urbanismo de especialização, de cidades espetaculares, principalmente de uma linha urbanística norte-americana de cidades dos automóveis, grandes jardins, dos deslocamentos de carro para os shoppings e conjuntos habitacionais, tudo muito longe, grande, com gramados enormes.

Há pesquisas de pessoas que se identificam com esse pensamento e chegaram a medir o índice de felicidade dos moradores. Esses pesquisadores descobriram que as pessoas são mais felizes quando encontram com amigos no seu dia-a-dia, se moram perto de onde trabalham, se podem se deslocar a pé, de ônibus ou metrô; se fazem as compras nos mesmos lugares, ficam amigas de outras pessoas, conhecem os vizinhos, conhecem os pais dos colegas dos seus filhos. Mesmo numa megacidade, dependendo de como ela se estrutura, é possível viver assim. Na Inglaterra, esse pensamento cresceu muito.

O economista e cientista social Eduardo Gianetti aborda essa questão, inclusive com pesquisa que quantifica o número de contatos que as pessoas fazem por dia com pessoas amigas. Se todos os contatos que faço são com pessoas que não conheço, desenvolvo hostilidade, desconhecimento, pouca afetividade, porque todos são estranhos. O Gianetti esteve no seminário do Qualicidades debatendo esse aspecto da sociologia das cidades.

Isso tudo foi ficando nas nossas cabeças, esteve em nosso pensamento e em nossas ações em Vitória. O plano estratégico da cidade de Vitória, o Projeto Vitória do Futuro, foi seguido como linha de ação do governo com dois cenários para a cidade, com um conselho que envolveu mais de 800 pessoas.

O Salto do Marlim Azul

O Projeto Vitória do Futuro, feito em 1996, foi revisto em 2002. Ele foi a base dos meus oito anos de governo, e foi o primeiro plano estratégico de cidade no Brasil que passou por um processo de revisão. Em 2002, perguntamos a nós mesmos: o que aconteceu nesse período? Onde avançamos?

Foto Carlos Antolini

Criamos dois cenários para o Projeto Vitória do Futuro. O cenário inercial seria não fazer nada – o que aconteceria com Vitória em 15 anos? Analisamos as ameaças e as oportunidades para o ambiente externo. Analisamos os pontos fortes e fracos do ambiente interno. As perguntas eram: o que vai acontecer se não fizermos nada, se prevalecerem os pontos fracos, se não os consertarmos? E se não aproveitarmos as oportunidades, se não fizermos nada para contornar as ameaças? O que vai acontecer com a cidade? Batizamos esse cenário de Caminhar do Caranguejo. O caranguejo anda de lado, tem gente que acha que ele anda para trás. Ele é o símbolo do fracasso ou da imobilidade, daquela psicologia de achar que o sucesso é inatingível. Existe uma história popular no Espírito Santo sobre o fato de não ser necessário tampar o cesto no qual os caranguejos são guardados, porque sempre que um caranguejo tenta fugir, os outros o puxam para baixo. Parece que a idéia do caranguejo é puxar para baixo quem tenta fugir. Então, se alguém está fazendo sucesso, vou descobrir algum defeito nesse cara. É uma marca da cultura provinciana. Uma coisa contra a qual Tom Jobim se insurgiu muito.

Tom Jobim dizia que no Brasil fazer sucesso é uma ofensa pessoal. Quando perguntaram a ele o que achava de "Garota de Ipanema" ser a segunda música mais tocada no mundo, ele perguntou: "Qual a primeira?" Quando soube que era "Yesterday", dos Beatles, respondeu: "Bom, mas eles eram quatro e cantavam em inglês". Ele estava tão cônscio da sua própria importância que lidava com isso com muita naturalidade. A ele incomodava que as pessoas não se orgulhassem do sucesso mundial que ele fazia.

O Caminhar do Caranguejo, essa história do cesto, virou o nome do livro do Carlos Salles, ex-presidente da Xerox – "A Síndrome do Caranguejo". Ele, inclusive, dá o crédito ao plano estratégico de Vitória. O livro do Salles aborda a necessidade de romper a síndrome do caranguejo, do puxar para baixo, do não dar valor, do ditado popular "santo de casa não faz milagres". É mais fácil explicar o próprio fracasso diante do fracasso geral, do que justificar o sucesso alheio. É como a história da vizinha: "Ah, a filha da vizinha passou no vestibular. Mas, também, fez colégio particular, só pensa em estudar, é feia, não namora". O sucesso é auto-explicativo, tem essa vantagem. Ele brilha, incomoda. Teima em desmentir, em se impor sobre a cultura do caranguejo.

No planejamento estratégico de Vitória, fazíamos o contraponto do Caminhar do Caranguejo com o Salto do Marlim Azul. Houve uma enorme discussão no conselho do plano da cidade porque alguns ambientalistas diziam que a pesca do marlim é predatória. Os pescadores diziam que não, que era pesca amadora e que predadora é a feita com os espinhéis de quilômetros que matam 50, 100 marlins. A pesca do marlim no Espírito Santo agora é esportiva: o peixe é fisgado, fotografado e devolvido ao mar. E há várias regras, não se pode pescar peixe com menos de um determinado peso, por exemplo. Bem, mas, de qualquer maneira, o contraponto ao caranguejo que não sai e não deixa sair do cesto era o belíssimo Salto do Marlim Azul. O marlim luta ferozmente pela liberdade. Ele é extremamente competitivo, é símbolo de competitividade, de luta pela liberdade, de força. Além do mais, foi em Vitória que se pescou o maior marlim azul do mundo. A cidade tem o recorde mundial. Foi um peixe de 646 quilos, pescado por Paulo Amorim, pescador do Iate Clube de Vitória. Tem outros recordes também de marlim branco, outras categorias. Mas o maior marlim azul, reconhecido pela *World Fishing Association*, é um recorde mundial.

Se você detém o recorde mundial em alguma coisa, esse é seu símbolo de sucesso. Pode-se argumentar que a pesca do marlim azul é elitista, poucos a fazem. Mas o que importa é que ele é carregado de simbolismo, e ser o melhor do mundo em alguma coisa é muito importante.

No *bodyboard* , a capixaba Neymara Carvalho foi campeã mundial. Ela morava em Vila Velha, num pequeno sítio, mas nós acreditamos nela desde o início e a Prefeitura de Vitória a patrocinou. Se você é o melhor do mundo, mesmo que seja em bolinha de gude, é importante. Valorizar, incentivar quem é o melhor do mundo é bom para a auto-estima da cidade. O Frank Brown, filho de um engenheiro aposentado da Companhia Vale do Rio Doce, foi campeão mundial de pára-pente. Então, levamos a Vitória provas internacionais do esporte. Qual a importância do pára-pente? Pouca gente faz, mas ter um campeão mundial é uma coisa importante, distingue, dá uma marca.

É preciso ir em busca daquilo que caracteriza o local, a cidade. Isso fez com que buscássemos as nossas marcas em Vitória. E tudo isso está dentro do plano estratégico que seguimos.

Vitória é um município-arquipélago. Após décadas de aterro, restaram 34 ilhas das 50 originais. Sede do município de Vitória, a maior ilha do arquipélago concentra a maioria da população. Assim, o aspecto náutico, o esforço para fazer com que a cidade se voltasse de fato para o mar, foi muito importante. Ter uma orla, um *waterfront,* é uma riqueza. Eu encontrei uma associação mundial de cidades que têm *waterfront.* A Cidade do Cabo, na África do Sul, transformou-se completamente a partir da sua orla. Tinha um porto antigo, foi feito o projeto de um shopping junto a ele. Se você for à África do Sul, além de safáris, dos grandes animais, vai ouvir falar do *waterfront.* E especialmente do *waterfront* da cidade de Cape Town. Em Pretória, eles pegaram uma mina antiga, construíram um lago artificial, um *waterfront* falso, e um shopping muito bonito.

No Brasil, temos uma grande concentração de cidades na costa e não valorizamos o *waterfront.* Levei a Vitória o arquiteto que fez o *waterfront* de Cape Town, David Hall, que integra essa associação mundial de cidades com orla. Com isso, tiramos uma linha estratégica para o desenvolvimento urbanístico da cidade. Fizemos a cidade se voltar para o mar, construindo piers, atracadouros para barcos. Nos bairros pobres, refizemos as casas que davam as costas para o mar, que recebia esgoto *in natura.* Fizemos a captação do esgoto, construímos decks de madeira e fizemos com que essas casas de famílias de baixa renda voltassem suas fachadas principais para o mar.

Além do visual novo, da valorização da orla, valorizamos também a atividade de inúmeras famílias que vivem da pesca artesanal, vivem do mangue, de catar caranguejo, ostra, sururu. A culinária típica da cidade é de peixes, de frutos do mar – a moqueca capixaba, a torta capixaba, a panela de barro, que tem uma tradição de 300 anos, uma tradição indígena, e é um bem cultural tombado pela Unesco. Tudo está valorizado, a partir dessa ação, posta como diretriz estratégica do Projeto Vitória do Futuro.

O aspecto da valorização cultural também foi contemplado no projeto. O ritmo local é o congo, um ritmo folclórico. Mas bandas de congo estavam morrendo em Vitória. Procuramos, então, fortalecer e ensinar os grupos folclóricos. Surgiu um movimento de fusão do congo com o reggae, do congo com o rock; surgiram bandas locais. Reapareceu a casaca, um reco-reco de madeira com uma cara esculpida que é uma coisa que só tem lá no Espírito Santo.

O plano estratégico Vitória do Futuro pôs tudo isso como ingredientes da valorização. Seis anos depois, fizemos um balanço. O que aconteceu nesses últimos seis anos? Nos aproximamos do Salto do Marlim Azul ou do Caminhar do Caranguejo? Vimos, então, que em alguns elementos estávamos muito mais parecidos com o Salto do Marlim Azul, como na auto-estima da cidade, no orgulho das pessoas, nos indicadores de crescimento econômico, de qualidade de vida, de mortalidade infantil.

Havíamos estabelecido metas quantitativas para todos esses indicadores. Algumas conseguimos num prazo mais curto. O melhor exemplo é o das habitações subnormais. Eram pequenas casas sem banheiro e, nas poucas que os tinham, não estavam ligados à rede de esgoto. Habitação subnormal é um conceito do Banco Mundial, usado também pela Caixa Econômica Federal. Em Vitória, tínhamos um terço da cidade morando em habitações subnormais. Fizemos então o Projeto Terra – Programa Integrado de Desenvolvimento Social, Urbano e de Preservação Ambiental em Áreas Ocupadas por População de Baixa Renda – de urbanização dessas áreas.

O Projeto Terra, que tinha como objetivo enfrentar essas condições, foi o principal dentre os 130 projetos que constavam do planejamento estratégico da cidade. Dividimos a cidade em 15 poligonais, nas quais moravam aproximadamente 80 mil pessoas em habitações subnormais. Levamos a essas áreas urbanização, saneamento básico, contenção de encostas, novas moradias, qualificação que permitisse a geração de trabalho e renda, educação sanitária e ambiental, serviços de saúde e educação, melhorando a qualidade de vida dos moradores dos morros e áreas de expansão desordenada de Vitória. Foram eliminadas todas as palafitas ainda existentes na orla da ilha.

Mapa da Região Metropolitana de Vitória

As Poligonais

Ilhas de privação: 15 regiões da cidade receberam melhorias para transformação social, econômica, urbanística, cultural e ambiental.

Avançamos muito. Em Vitória, não tem mais nenhuma palafita, nem bairro de palafitas. Havia mais de 600 famílias morando nesse tipo de habitação. Não tem mais nenhuma casa que não tenha banheiro. Não há mais sequer um bairro que não tenha acessibilidade a transporte coletivo, mesmo nos morros, que têm estradas pelas quais podem trafegar o ônibus, a ambulância, o carro de polícia, o carro de material de construção. Dessa forma, conseguimos assegurar que os bairros com ocupação desordenada não virassem favelas. O que temos são bairros pobres, mas não são degradados. E a ocupação desordenada está delimitada principalmente por essas estradas que foram construídas na parte mais alta para que o ônibus, o material de construção e a polícia pudessem chegar.

A experiência do Projeto Terra ganhou reconhecimento nacional em 2001, com o Prêmio Melhores Práticas em Gestão Local, concedido pela Caixa Econômica Federal. A instituição premiou, especificamente, o conjunto de obras no bairro Jaburu, uma das áreas mais carentes de Vitória. O projeto foi eleito, entre 138 concorrentes, um dos dez mais importantes em todo o país pelo incentivo dado às áreas de habitação, saneamento básico, infra-estrutura e geração de emprego e renda. Em 2002, o Projeto Terra foi destaque entre as melhores práticas do país: apresentado na Conferência Habitat da ONU, ficou entre os dez melhores projetos sociais do Brasil e um dos cem melhores do mundo.

Em 12 anos, a cidade evoluiu. O índice de mortalidade infantil era de 33 óbitos por mil nascidos vivos. Tínhamos a meta de chegar a um dígito em 15 anos. Em seis anos, já tínhamos chegado a um dígito. Chegamos a isso com muito trabalho. Em 100% dos bairros, principalmente os de mais baixa renda, há cobertura do Programa Saúde da Família (PSF). Toda a rede de unidades básicas de saúde foi construída com prioridade para a saúde preventiva e a atenção básica. Vitória não entrou na onda de fazer hospital municipal. Até porque o centro da capital tem hospitais. Há uma crise hospitalar, mas essa crise decorre principalmente de os municípios não terem a rede ambulatorial básica, não terem a prevenção. Essa linha do SUS foi totalmente assumida pela municipalidade. A cidade tem hoje 29 unidades resolutivas, com o PSF implantado, com todas as metas superadas. Na atenção à saúde materno-infantil, por exemplo, o mínimo preconizado pela Organização Mundial de Saúde (OMS) são quatro consultas pré-natais. Em Vitória, 100% das gestantes fazem quatro pré-natais, mas a média chega a sete. Se tivermos 200 partos por mês, a mãe grávida chega ao parto com a equipe do PSF sabendo se aquele é um parto de risco, se é uma gravidez indesejada, se a mãe tem pouca instrução, se é adolescente.

A atenção integrada atua na prevenção da neomortalidade, o óbito de recém-nascidos que ocorre até 30 dias do nascimento, e da mortalidade, o óbito que ocorre até um ano após o nascimento. Com esse monitoramento, com a equipe da Secretaria de Saúde junto com as equipes dos bairros, conseguimos esses dados. Vitória é a capital do Brasil com a menor mortalidade infantil. Naturalmente, pelo tamanho da cidade, há oscilações. Há anos que o índice vai a 11%, depois desce para 9%, 8,5%. O importante é que chegamos a um dígito. E é muito mais difícil sair de patamares de 16%, 17% para índice de um dígito. Quando se está com 60%, chega-se a 35%, 33%, com cuidados de higiene básica. Para baixar mais, tem que dar atenção a doenças congênitas, tem que ter UTI neonatal.

Em 1996, Vitória escreveu seus sonhos de cidade ideal no Projeto Vitória do Futuro. Ali estavam as expectativas da capital capixaba para os anos de transição entre os milênios, e a ação político-administrativa foi capaz de transformar aspirações em realizações, sonhos em realidade. Um governo empreendedor foi possível, entre outras razões, graças ao planejamento estratégico, à visão sistêmica e totalizante da realidade socioeconômica da cidade, com gestão integrada e compartilhada e investimentos no capital humano.

Qualidade na Política, Cidadania e Participação Popular

Muito se fala no Brasil no problema da descontinuidade administrativa. O político que se elege desfaz o que o antecessor fez na tentativa de imprimir sua marca política ao governo. Em Vitória, tivemos 12 anos de administração com continuidade. Ganhei a eleição em 1996 com o *slogan* "Avança Vitória", com a idéia de levar avante um processo, que vinha da gestão de Paulo Hartung (1992-1996). Ganhei com 60% dos votos no primeiro turno contra Rita Camata, a candidata favorita, que é uma boa política, uma boa pessoa, muito respeitada. No ano 2000, fui reeleito com 70% dos votos, com o *slogan* "Pra Gente Ser Mais Feliz", sempre na lógica da continuidade. Em 2004, meu candidato perdeu a eleição para a oposição, que fez um discurso exagerando os defeitos da cidade, inventando defeitos onde não existia. Sem contar que dentro do nosso grupo houve uma disputa muito grande para decidir quem seria o candidato. Acabamos nos apresentando mais fragilizados perante o eleitorado, que resolveu testar uma mudança, mas não a queriam para pior. Perdemos a eleição num segundo turno bem disputado.

Mas o governo do petista João Coser está sendo essencialmente de continuidade. Houve uma transição muito civilizada. Minha relação com o atual prefeito é muito cordial. Todos os seus projetos prioritários são do Projeto Vitória do Futuro, do plano estratégico. Ele vai mudar alguns detalhes, como, por exemplo, a urbanização da orla que estava pelo meio, vai fazer um quiosque arquitetonicamente diferente. Vai ficar bonito, e, se ficar mais bonito do que havia sido decidido anteriormente, serei o primeiro a aplaudir.

Coser acabou com as administrações regionais, que davam grande capilaridade à cidade. As pessoas reclamam muito do fim das regionais. Ele acabou com os prefeitinhos, supostamente para valorizar os vereadores. A cidade não gostou disso, não gostou mesmo. Mas é uma questão política, de marca, para criar uma marca do PT.

Quando se faz uma administração de qualidade, assegura-se um patamar de continuidade. A continuidade administrativa não é um pressuposto, mas uma conseqüência. Cidades com qualidade, que se mantêm numa rota de evolução, podem viver alternância de poder. Mesmo uma administração de muito sucesso não vai chegar ao ponto de dizer que todos os problemas estão resolvidos, que todas as oportunidades estão satisfeitas. Ou seja, sempre há a oportunidade de se fazer um contraponto. A política, a democracia e a alternância de poder oxigenam os processos de períodos longos como a transformação de uma cidade. Não sou tecnocrático, absolutamente. Nesses processos de períodos longos, planta-se uma filosofia.

Em Porto Alegre, governada pelo PT por 16 anos, com orçamento participativo, com uma série de iniciativas que eram uma marca da administração petista, o partido acabou perdendo a eleição para uma frente com um discurso mais gerencial. Existia uma fa-diga de material. Agora, o prefeito José Fogaça contratou uma equipe, que considero *top* no Brasil, de gestores estratégicos. É o pessoal que está assessorando as federações das indústrias, a Confederação Nacional da Indústria (CNI), sobre estratégia para o Brasil. Vamos ver o que eles conseguirão além. É um ciclo.

A cidade de Barcelona, que tem quase 25 anos de plano estratégico, criou uma organização não-governamental para gerenciá-lo. Já houve mudança de partido no comando de Barcelona, mas as diretrizes básicas do plano continuam. Charles McNeely, um administrador americano de cidades que esteve em Vitória no II Seminário Qualicidades, em 2002, é administrador de Reno, Nevada, uma mini Las Vegas, que fica perto de Carson City, a capital do estado. Ele é um gestor de cidades de governantes democratas e republicanos, e a cidade mudou de prioridades aqui e ali, mas existe um eixo básico. O prefeito do PT que me sucedeu está fazendo, por exemplo, gestões junto ao governo federal para fazer o aeroporto. O novo aeroporto de Vitória, que agora será construído, e o centro de convenções, que também deve ser construído, estavam no plano estratégico que fizemos.

Os americanos, que são mais pragmáticos, separam um pouco o líder político do administrador. Se você elege um prefeito que tem uma visão da cidade, é um líder da cidade, mas não é um gestor, ele não tem vergonha de contratar um *city manager*. Para ser um grande líder político, você não precisa ser um gestor. Mas tem que ter a humildade de contratar um. Um gestor de qualidade, preparado, é fundamental para que se tenha uma cidade com qualidade.

Na continuidade do Projeto Qualicidades vamos fazer um curso de gestor de cidades, inspirado num curso espanhol de uma organização chamado Centro Ibero-americano de Desenvolvimento Estratégico Urbano (Cideu). Será um curso de um ano, e devemos lançá-lo em 2007.

Agregar capital humano às administrações municipais, ter capital humano, é uma das linhas mais importantes. O caminho do desenvolvimento é o conhecimento, a informação, o capital humano. Mais até dinheiro! Como você agrega esse tipo de coisa às administrações municipais? Essa é uma das linhas, uma das conclusões mais importantes a que vamos chegar ao longo deste livro.

O Conselho Municipal que discutiu o plano estratégico de Vitória envolveu cerca de 800 pessoas, entre representantes da sociedade e especialistas. Não poderia ser diferente, uma vez que o projeto buscava representar a visão de futuro da cidade que queríamos – e queremos – para todos. Como vamos ver no segundo capítulo deste livro, ao abordarmos a questão do enfrentamento da pobreza urbana, além de ter uma estratégia de intervenção multissetorial para abordar o problema, é fundamental que se garanta a participação da população. Se as pessoas não forem mobilizadas para participar, discutir, estabelecer diretrizes conjuntamente com os técnicos, o resultado será uma reação muito grande aos planos. A pobreza tem sua própria cultura, há pessoas que enriquecem – ou se elegem – às custas da pobreza.

Um dos pontos fortes da Prefeitura de Vitória foi sua adequação aos princípios da gestão democrática, com a institucionalização de inúmeros canais de participação da população, ao longo da década de 1990. Hoje, existem dezenas de conselhos na cidade, vários programas que envolvem a participação ativa da comunidade e, desde a gestão Paulo Hartung até a minha administração, foram mais de dez anos de funcionamento ininterrupto do Orçamento Popular, dando à prefeitura ampla visibilidade.

Em alguns cursos de gestão, de administração pública, alguns professores, principalmente os ligados ao PT, dizem que existem duas escolas de gestão importantes no Brasil. Eles chamam de escola democrática popular e escola gerencial. Sou citado freqüentemente em livros como sendo um expoente da escola gerencial, em contraposição à escola democrática popular. Contesto veementemente essa classificação.

Eu poderia dizer: há a escola gerencial e a escola populista. Na escola gerencial não se prescinde da política, da boa política, da cidadania, da participação popular, tendo como referência os resultados a que a gestão se propõe. Os mecanismos técnicos de gestão facilitam a operação. O sucesso administrativo precisa da boa técnica e da boa política.

Essa contraposição do modelo democrático popular ao modelo gerencial, na verdade, esconde a natureza populista de grande parte das experiências administrativas do PT. O que caracteriza o populismo? O populismo é a prática de governo que desconhece as restrições e os *trade-offs* da realidade. Em economia, a principal restrição é a chamada restrição orçamentária. A realidade é cheia de *trade-offs*: ou isso ou aquilo. É muito comum dizer que em política dois e dois não são quatro, pode ser cinco, seis. Bom, na minha política dois e dois sempre vai dar quatro. Se der cinco, de onde veio esse um?

Alguém pagou, alguém pôs esse um ali. No populismo, não se levam em consideração as restrições da realidade, os *trade-offs*. Tem muito folclore sobre populismo no Brasil e na América Latina. Hoje, vivemos um momento efusivo, prolífero do populismo. Mas já tivemos o populismo do vereador que queria construir a ponte sem pilares e, ao ser informado de que a lei da gravidade impedia isso, quis revogá-la. Agora, tenta-se revogar os princípios da contabilidade. O débito tem que ser do tamanho do crédito.

O populismo é uma operação do poder de Estado que não leva em consideração as restrições da realidade. E acha que o interesse coletivo nada mais é do que a justaposição dos vários interesses particulares, tal como eles se enxergam.

Gosto do exemplo da eleição do síndico do condomínio de um prédio de apartamentos. O candidato populista vai a cada apartamento para ver o que o morador quer. Todo prédio tem apartamentos que têm criança, e outros que não têm. Os que têm crianças querem investimentos em *playground*, piscina. Os que não têm, não querem. Há apartamentos com velhinhos e velhinhas, têm medo de assalto, querem mais investimentos em segurança. Tem o pão-duro que quer reduzir a taxa do condomínio. Enfim, se o candidato a síndico for a cada apartamento desses e prometer contratar mais gente, cortar a taxa, pintar de roxo, fazer obra para crianças, proibir o cachorro, será eleito porque entendeu o conjunto das demandas. No entanto, fatalmente frustrará alguns dos moradores, porque não haverá dinheiro para tudo e não será possível fazer tudo.

O populismo geralmente joga com o tempo. Ele atende a um, depois ao outro, contradizendo o primeiro. Faz uma coisa numa direção, faz outra coisa na direção oposta. Parece que está sempre contemplando segmentos conflitantes.

Tem uma história muito boa, que dizem ser verdadeira, que me foi contada por Givaldo Siqueira, do comitê central do antigo Partido Comunista Brasileiro. Diz ele que no Morro da Mangueira o secretário-geral da base do PCB era chamado de Pafúncio, porque se parecia com o Pafúncio da Maroca, da velha história em quadrinhos. No Rio, debatia-se, na época, se o partido iria lançar vários candidatos a vereador ou um só. Era um partido clandestino. Uma ala queria lançar um, outra queria lançar vários, mesmo que não elegesse ninguém. Numa reunião, debateram esse assunto. Cada um ia dando a sua opinião, e o Pafúncio foi chamado a dar a dele:

– O camarada Queiroz tem toda razão. Realmente, somos clandestinos, poucos. É melhor a gente escolher um, tentar eleger esse um. Por outro lado, o camarada Almeida também argumenta que nada adianta um comunista na Câmara de Vereadores do Rio de Janeiro. Não vai adiantar nada em plena ditadura, vai se expor. É melhor a gente aproveitar a eleição e lançar vários. Eu poderia ser candidato da Mangueira.

O Givaldo, que estava presidindo a sessão, falou:

– Pafúncio, você está dizendo que o Queiroz e o Almeida têm razão, mas as posições são mutuamente excludentes. Sabe o que é isso?

– Não, sou ex-estivador, estudei só até o primeiro ano primário.

O Givaldo, então, explicou:

– Quer dizer que se o Queiroz tem toda razão, o Almeida não tem razão. Se o Almeida tem razão, o Queiroz não tem razão. Um dos dois terá toda razão, entendeu Pafúncio?

– E não é que o camarada Givaldo também tem toda a razão?

A história do Pafúncio é a melhor história do político populista para mim, mas tem outra muito boa, que ilustra bem. Um candidato a prefeito de uma cidade do interior tinha um assessor que se chamava Natanael. Na campanha, o Natanael comprou um caderno novo, espiral, grosso, e ia anotando os pedidos da população.

– Dona Maria, como vai a senhora? Do que a senhora está precisando? – perguntava o candidato a prefeito nas visitas.

– Ah, de um botijão de gás novo, estou cozinhando com lenha.

– Natanael, anota aí o botijão da dona Maria. Seu João, do que o senhor está precisando?

– Estou sem umas telhas, aquele vendaval da semana passada destelhou tudo. Está chovendo dentro de casa.

— Anota aí, Natanael, telhas para o seu João.

E assim ele ia, casa por casa. Natanael ia anotando, não falava nada. Um dia, o Natanael disse:

– Doutor! O caderno acabou!

E o candidato a prefeito, sem pestanejar:

– Ô homem sem iniciativa, joga fora esse e compra outro!

O que é a política de qualidade? O interesse coletivo é uma coisa abstrata. Concreto é o botijão da dona Maria, são as telhas do seu João, o emprego da filha da dona Ivone, o contrato de limpeza de lixo. Isso é interesse concreto.

O interesse coletivo é uma construção. É claro que os interesses particulares são legítimos, mas o que une a cidade onde o candidato assessorado pelo Natanael quer ser prefeito e que há muitas minas de granito não exploradas e é preciso organizar essa atividade para dar emprego à filha da dona Ivone, para a dona Maria vender marmita. É abstrato porque é um objetivo a alcançar que não está no horizonte de visualização das pessoas, com seus interesses específicos.

O bom político mistura ciência e arte. É ciência porque tem que ter a percepção de que a cidade está estagnada economicamente, mas tem potencial. E o bom político tem que saber disso dentro das restrições da realidade. Ele não vai prometer levar uma fábrica de automóveis para a cidadezinha do Natanael. É mentira. É conversa do caderno do Natanael.

Construir esse interesse comum é fazer com que a pessoa se sinta representada no interesse comum, que pense: "Atendendo a isso, está me atendendo". É sempre uma construção política. É claro que, para fazer as pessoas entenderem que aquele objetivo abstrato é do seu interesse, precisa ter efeitos parciais. Quando o povo brasileiro descobriu que o fim da inflação era seu principal interesse? Quando veio a mudança, quando houve um efeito distributivo imediato. A maioria das pessoas conseguia perceber, depois de anos, anos e anos de inflação, que a estabilidade era uma construção racional, da maior importância para todos os brasileiros. Tinha que acabar com a inflação. Para as pessoas que não perceberam do ponto de vista da racionalidade, perceberam no bolso, aquilo ficou forte.

Houve um momento no Brasil em que as pessoas deram prioridade ao fim da ditadura militar. Tudo mais ficou secundário. O mais importante era ter liberdade. Houve um momento em que José Sarney, Antonio Carlos Magalhães e Délio Jardim de Matos tinham algo em comum com Tancredo Neves, Ulysses Guimarães. Essa construção do ideal colocou 1 milhão na Candelária. Isso é uma construção abstrata. É do meu interesse maior que isso seja feito.

O próximo governo vai ter que discutir a reforma política, será impossível deixar essa discussão de lado. E aí voltamos ao que foi discutido na introdução deste livro, quando apresentamos o Projeto Qualicidades: tem que pensar tudo ao mesmo tempo, mas não tudo de uma vez. Tudo ao mesmo tempo porque uma mudança de fato no país exige que se mexa no sistema tributário, no Poder Judiciário, no pacto federativo, no modelo institucional dos municípios, mas não precisa ser tudo de uma vez. Por que em todos os lugares do Brasil deveria ser feito da mesma forma? Por que não fazer uma regra que permita o aperfeiçoamento gradual do sistema? Devemos estudar como funciona em outros países e trabalhar sempre no sentido de buscar mais capilaridade, mais transparência, mais racionalidade dos gastos públicos.

E me incomoda muito essa questão da profissionalização da política.

O Brasil profissionalizou as estruturas políticas de representação, profissionalizou todo o processo político. O vereador tem cabos eleitorais profissionais, o presidente da associação de moradores acabou por se tornar um cabo eleitoral profissional, remunerado pelo vereador, pelo deputado.

A montagem de um novo município requer um formalismo, uma enorme perda de tempo. O deputado estadual que é o mais votado num certo município vislumbra que, se aquele distrito virar um município, ele vai ser prefeito, ou alguém do grupo dele. O novo município vai receber o Fundo de Participação dos Municípios (FPM), vai ter dinheiro para gastar, gente para contratar. Há deputados que não se sentem no poder porque não contratam, não demitem e não gastam. Governar, imaginam, é contratar, demitir e gastar, ele não entende o trabalho dele como sendo governar porque ele depende de outros contratarem quem ele quer e aí ele vota a favor de quem "o ajuda". Estabelece-se, assim, uma política de baixa qualidade, sempre nesse sentido. A governança construída entre o Parlamento e o Executivo é sempre nesse sentido. O Parlamento tem poder, mas não tem responsabilidade sobre o resultado do governo, e aí ele vem com as demandas parciais, expressas quase sempre com a nomeação de cargos e gastos. É aquele negócio das emendas parlamentares, uma espécie de gasto do deputado, que brinca de ser prefeito porque aloca no Orçamento para o hospital de um município R$ 50 mil, R$ 100 mil. Essa é a lógica do Congresso ao município.

De qualquer maneira, precisamos de uma estrutura de poder menor e mais barata para atender às cidades rurais e para atender às subdivisões das metrópoles, uma estrutura que tivesse poder político, dotação orçamentária, baseada em voluntariado. Com isso, dar-se-ia capilaridade ao Estado brasileiro. E se combateria o processo de profissionalização da política.

O BID tem dinheiro para financiar projetos, temos *expertise* para fazê-los, tem sociologia, assistência social, tudo tem, só não acontece. Não acontece porque os canais estão destruídos pela relação política de baixa qualidade. A federação não funciona, os mecanismos não são indutores. O poder central tinha que compreender o que está acontecendo, incentivando, desobstruindo os canais. O papel do poder central é estimular, coordenar, fiscalizar.

Prêmios e Destaques da Cidade de Vitória (ES)

1998 Conquista a quarta posição entre as capitais brasileiras em qualidade de vida, de acordo com o Índice de Desenvolvimento Humano (IDH) da ONU.

2000 Passa a ocupar a terceira posição no ranking nacional de qualidade de vida, conquistando as primeiras posições nos quesitos coleta de lixo (99,56%) e abastecimento de água (99,33%) e é a quarta capital com melhor expectativa de vida ao nascer (70,74 anos).

2001 É a primeira cidade do Brasil em Índice de Desenvolvimento Infantil (IDI), indicador do Fundo das Nações Unidas para a Infância (Unicef) e é considerada a melhor capital para crianças de 0 a 6 anos viverem.

É classificada, segundo pesquisa da Revista Exame, entre as 15 melhores cidades do país para fazer investimentos.

Recebe o Prêmio Melhores Práticas em Gestão Local, concedido pela Caixa Econômica Federal ao Projeto Terra.

2002 Dados do Ministério da Saúde revelam que a cidade tem uma das menores taxas de mortalidade infantil (8,33 por mil nascidos vivos) entre as capitais.

Conquista o Prêmio Cidade Eficiente em Energia Elétrica concedido pelo Instituto Brasileiro de Administração Municipal (Ibam) e pela Eletrobrás.

O Projeto Terra obtém destaque entre as melhores práticas do país, apresentadas na Conferência Habitat da ONU, ficando entre os dez melhores projetos sociais do Brasil e os 100 melhores do mundo.

2004 A revista Você S/A, da Editora Abril, classifica a cidade como a terceira melhor capital do país para se trabalhar, atrás apenas de São Paulo e do Rio de Janeiro.

Capítulo II

Enfrentamento da Crise Urbana e Políticas Públicas Locais

Foto Kadidja Fernandes

As antigas palafitas, erradicadas em Vitória

O drama do adensamento desordenado que marca a urbanização brasileira é descrito pelo economista John Kenneth Galbraith como sendo "o mais caótico movimento migratório da história da Humanidade". Alguns municípios brasileiros cresceram muito rápido em pouco mais de 30 anos, da primeira metade do anos 1970 até os anos 1990.

O diagnóstico fartamente documentado e amplamente consensual é que o Brasil deixou de ser rural para ser um país urbano em menos de 40 anos, e essa urbanização, esse adensamento espacial, deu-se sem planejamento, sem infra-estrutura, o que gerou uma situação de desequilíbrio, com cidades que conseguem gerar emprego, renda e atrair população, e outras, a maioria, que se encontram estagnadas e esvaziadas.

Urbanização no Brasil e Situação Atual das Cidades – Classificação por Dinamismo: A Dinâmica do Crescimento das Cidades

Como se dá o fluxo de crescimento das cidades no Brasil? Quem determina, de fato, o mercado imobiliário no país? Tanto na alta renda quanto na baixa renda, é o mercado imobiliário que determina, seja de forma selvagem ou não, a expansão da cidade. Se for um mercado saudável, se a prefeitura funcionar um pouco melhor, então haverá alguma ordem. Se não, vai ser selvageria. O que se chama pejorativamente no Brasil de especulação imobiliária, nos países desenvolvidos é chamado de valorização imobiliária, que é uma coisa boa. Se o metro quadrado na minha cidade valia dez e hoje vale 30, significa que se valorizou. Se o metro quadrado de minha cidade valia dez e hoje vale 50, melhor para mim. A cidade se valorizou e eu fiquei mais rico.

É evidente que o empreendedor individual não tem a compreensão da valorização da cidade como um todo, do impacto do seu empreendimento na valorização da cidade. Isso é tarefa para o poder público. E a forma como o poder público faz isso, por meio de taxas e regras, deixa toda a iniciativa com o empreendedor. O poder público deve ter a visão do que será a cidade: futuramente vamos tombar aquele prédio ali, aqui vai ter um shopping, vamos criar um bairro acolá. Isso, naturalmente, discutindo com o próprio mercado imobiliário. Estamos precisando de mais habitações populares? A demanda por habitação popular está muito grande. Onde? Assim deveríamos pensar as cidades.

Vitória, por exemplo, é uma das poucas cidades que têm Secretaria Municipal de Habitação, criada na minha administração. Tínhamos a idéia de que isso resolveria o mercado. E por quê? Se não tiver oferta para a população de baixa renda, o mercado vai resolver. Como? Com invasão e mais invasão. E invasão vira favela.

Fizemos em Vitória, com a Caixa Econômica Federal, um empreendimento de 288 unidades de dois quartos, bonitos, para a faixa de renda três a seis salários mínimos. São vários pequenos prédios, no bairro de Santa Bárbara. O terreno era do estado. O preço do arrendamento era de R$ 160 por mês. Desafio quem quiser a alugar um apartamento de dois quartos, numa área pobre de Vitória, por menos de R$ 250, R$ 300. Não vai alugar! O subsídio foi dado pelo terreno do estado, e os imóveis foram destinados a funcionários públicos, principalmente policiais, porque fica perto do quartel-general da polícia. Mas, no geral, as cidades não têm um plano de expansão, o poder público fica numa posição defensiva. As cidades cresceram muito, num prazo curto e não damos a menor bola, não enfrentamos o estoque da crise urbana, as favelas e muito menos construímos ou administramos o fluxo de expansão futura das localidades.

No Projeto Qualicidades analisamos o dinamismo das cidades em três dimensões. A primeira dimensão é a populacional. O que é uma cidade? É um aglomerado de pessoas que compartilham o mesmo território. A segunda dimensão é a renda, a economia da cidade, medida por seu Produto Interno Bruto (PIB). Usamos para isso uma estatística muito boa, baseada no Valor Adicionado Fiscal (VAF) do IBGE. Assim podemos saber quais são as maiores e as menores cidades, e como elas estão crescendo. A idéia do dinamismo não é só uma questão do tamanho das cidades, mas também de como elas estão crescendo. A terceira dimensão, relacionada ao tamanho das cidades, é o número de edificações e o quanto elas crescem. Tivemos mais dificuldades para obter estatísticas nesse caso, porque gostaríamos de saber quantos metros quadrados de edificação por ano cada cidade brasileira está crescendo. Não conseguimos obter esses números, então trabalhamos com a quantidade de prédios. Posteriormente, abandonamos essa dimensão pela precariedade na comparabilidade dos dados existentes referentes a vários anos.

Seria recomendável que as instituições nacionais, estaduais e municipais responsáveis pelos levantamentos estatísticos sobre as cidades brasileiras privilegiassem a obtenção desse tipo de informação (metros quadrados de edificação por ano). Assim, criamos um índice com as duas primeiras dimensões: o Índice Qualicidades de Dinamismo (IQD)*, expresso na fórmula raiz quadrada do crescimento da população vezes o crescimento da economia. Esse indicador é interpretado sempre à luz de uma análise qualitativa estado por estado.

As Cidades com Alto Dinamismo

Com o IQD, encontramos cerca de 250 cidades que têm alto dinamismo, ou seja, apresentam crescimento combinado dessas duas dimensões. A maioria dessas 250 cidades brasileiras com alto dinamismo são as capitais dos estados, as que sediam uma atividade industrial importante ou algum tipo de atividade extrativa ou uma atividade econômica importante, os balneários e as cidades turísticas. Essas cidades mais dinâmicas têm uma característica em comum: elas cresceram muito num período muito curto, e esse crescimento foi desordenado. Essa é uma situação que pode ser encontrada em qualquer lugar do país.

As cidades maiores têm o que estamos chamando no Projeto Qualicidades de dinamismo endógeno ou dinamismo autônomo. A vida aglomerada – e não importa por que as pessoas se aglomeraram ali um dia – gera atividade econômica, demanda de negócios, gera mercado imobiliário. A oferta das edificações gera um mercado de alimentação, e a vida aglomerada por si só é um vetor de crescimento. De certa maneira, quanto maior a cidade, maior o retorno de dinamismo autônomo ou endógeno. O mercado interno daquele aglomerado dinamiza a atividade econômica.

Na Grande Vitória, por exemplo, havia menos de 200 mil habitantes no início dos anos 1970. Vila Velha tinha cerca de 20 mil habitantes. Hoje, a Grande Vitória tem mais de 1,4 milhão de habitantes, e Vila Velha é a maior cidade do Espírito Santo, com 396,3 mil habitantes. Esse crescimento se deu num período de 35 anos, com uma ocupação absolutamente desordenada, uma infra-estrutura escassa e tardia, excesso de

Para alguns estados, já foi aplicado o IQD, como demonstrado a partir da página 206.

invasões, crises no sistema de transporte, com expansão do mercado informal de habitações, descontrole da criminalidade, serviços públicos atendendo precariamente, problemas ambientais. Vamos chamar a isso, grosso modo, de crise urbana.

Esses 250 municípios com alto dinamismo abrangem quase 80% da população brasileira e, portanto, a maior parte do estoque da crise urbana. Em todo lugar que houve crescimento econômico num período curto no Brasil, acumulou-se um estoque de crise urbana. O poder local não estava preparado para esse crescimento, não tinha resolutividade. O poder local no Brasil é delegado do poder central, ao contrário, por exemplo, dos Estados Unidos, onde o poder central é que tem delegação dos estados que, por sua vez, têm delegação das cidades. É assim que funciona também na Europa, onde há cidades de cinco mil anos em países com pouco mais de 100 anos, como a França e a Itália.

Em Marselha, a primeira galeria de esgotos é do tempo da ocupação dos celtas, assim como as primeiras ruas. Marselha não é só um pedaço da França, é muito mais. A alma de Marselha, seus entornos, sua complexidade, é tudo muito próprio.

O fato de o poder local ser delegado é o grande drama do pacto federativo brasileiro, porque o bom prefeito é o mais amigo do governador, o bom governador é o mais amigo do presidente. Há a idéia de que troco subserviência por cargos e verbas. É uma questão da institucionalidade brasileira e também da cultura. Em determinadas circunstâncias, pode-se subverter essa lógica e fazer diferente, mas com a delimitação da institucionalidade. Então, não é só a institucionalidade e não é só a cultura, mas são as duas coisas.

Neste livro e no Projeto Qualicidades, todos os assuntos se referem a essa questão, porque essa é a tese central: o enfrentamento dos grandes problemas do Brasil, do próprio desenvolvimento do país, das questões sociais, tudo isso tem que ser visto pela ótica das cidades. E se visto pela ótica das cidades e do poder local, conseguiremos desatar esses nós. Depois, teremos a solução dos problemas do Brasil como resultante das ações nas cidades. Há ações que devem ser induzidas, mas teriam que ser operadas lá embaixo, no município.

A primeira iniciativa é se municiar de tudo o que as modernas técnicas de gestão oferecem. Todas as boas cidades do Brasil e do mundo têm planejamento estratégico. Esse é o primeiro passo: fazer o planejamento estratégico, diagnosticar a economia do município, entender como a cidade está funcionando, ver como a máquina administrativa está funcionando. Pensar o município, enfim. A economia está estagnada, decadente? A prefeitura é a única empregadora da cidade? O prefeito deve se transformar num desenvolvedor local, que deve decidir por onde o município vai-se desenvolver, deve-se enobrecer a agricultura para fazer a economia da cidade evoluir.

Mas qual é o grande problema dessas cidades com alto dinamismo? Elas têm favelas, o caos do trânsito, a violência, transporte deficiente e, ao mesmo tempo, têm que enfrentar tudo isso, têm que controlar o agravamento dessas condições. Ou seja, o grande drama das cidades altamente dinâmicas é que elas têm que enfrentar ao mesmo tempo seu estoque de crise urbana e controlar o fluxo de agravamento. Nenhuma das 250 cidades que cresceram e que crescem muito no Brasil está preparando o futuro. O Rio de Janeiro, por exemplo, que cresce em direção à Zona Oeste, é uma das cidades do país mais dotadas de informações, de planejamento. O Instituto Pereira Passos é o melhor instituto do Brasil sobre cidades, o Rio já foi capital federal, tem um estoque de competência que outros lugares não têm. O que se pode dizer das outras cidades, então? Em nenhuma delas há um plano.

Os planos diretores urbanos, o próprio Estatuto das Cidades, que levou dez anos para ser feito, são absolutamente defensivos em relação ao processo de crescimento das cidades. O Estatuto simplesmente diagnostica que as cidades cresceram demais num período muito curto, com um adensamento doentio. Mas o fato é que continuam a crescer. O Rio tem mais de 600 favelas, São Paulo tem muito mais. E continuam a crescer. Esse crescimento é ordenado? Estamos planejando para onde e como a cidade vai crescer? Quais serão os novos bairros? As cidades americanas, as canadenses, têm um plano de crescimento, planejam os novos bairros, bairros de classe média, bairros de habitação de interesse social, fazem a discussão da questão imobiliária. No Brasil, os empresários bolam seus empreendimentos, calculam se é rentável ou não, e o poder público impõe a eles uma corrida de obstáculos para que viabilizem seus projetos. E nem quer dizer que, se vencerem todos esses obstáculos, o empreendimento pode ser bom para a cidade.

Esse sistema é extremamente desarmônico, aposta no conflito. Só por acaso pode dar certo. As prefeituras e os planejamentos urbanos se contentam em atrapalhar os empreendimentos. Não há uma iniciativa deles, ninguém pergunta: de que empreendimento a cidade está precisando? Aqui é necessário mais um shopping?

Um bom exemplo é a construção, no Rio de Janeiro, de um novo shopping no Leblon. Virou uma enorme discussão. Os empresários acham que ali precisa. Se não acreditassem nisso não teriam posto dinheiro na compra de terrenos. O empreendimento oferece as vagas de garagem, faz tudo certo, mas a obra não anda porque há pessoas que são contra, há questões que não foram resolvidas antes. Numa cidade organizada jamais seria dessa maneira. A prefeitura coordenaria o empreendimento, ajudaria a desapropriar, pagaria com títulos. Haveria interação entre o planejador e o investidor. Mas essa não é a nossa prática, não é nossa cultura. Nossos planos diretores urbanos são regras de obstáculos, regras genéricas de uso e ocupação do solo.

Uma cidade com economia decadente no Brasil, estagnada, presta serviços públicos precários. A economia do poder público local depende da realidade econômica do município. Os planos para melhorar a varrição da rua, a creche, o posto de saúde, a coleta de esgoto, dependem em primeiro lugar da economia do município. O que o cidadão não pode resolver sozinho, quer que o governo resolva para ele, como a coleta de lixo, os serviços públicos em geral, e por isso é na cidade que se nota mais a necessidade de governo. Temos necessidade da cidade limpa, segura, com trânsito organizado, sinalização, calçada, sem esgoto desaguando na praia, no rio. Essas são as tarefas principais de um governo municipal. Mas o curioso é que, no Brasil, todo mundo quer ser prefeito. O presidente da República que ser prefeito, o governador quer ser prefeito. E ninguém deixa o prefeito ser prefeito, nem cobra do prefeito que ele seja prefeito!

O município legisla sobre uso e ocupação do solo. Isso quer dizer que o cidadão tem um terreno, mas não pode fazer o que quiser dele, em qualquer lugar da cidade. Vamos falar sobre essa questão de propriedade privada do solo em outro capítulo deste livro, que trata da questão fundiária, mas é importante analisar a problemática da cidade sob o ponto de vista de seu tamanho.

Abordagem Multissetorial e Plano Nacional

Temos mais experimentos de enfrentamento da crise urbana em seu estoque do que de administração do agravamento do fluxo. Há o Favela-Bairro no Rio, o Projeto Terra em Vitória e em São Paulo também existem boas experiências de urbanização de áreas de ocupação desordenada. Mas a problemática dos centros de alto dinamismo é enfrentar o estoque da crise ao mesmo tempo que administra o fluxo. É necessário um projeto de longo prazo, multidisciplinar, multissetorial. Não é só habitação, saneamento, transporte, educação ou saúde, é tudo ao mesmo tempo. Mas não é tudo de uma vez.

Tudo ao mesmo tempo quer dizer enfrentar todas as dimensões da pobreza urbana ou da carência de infra-estrutura. Não se pode dizer: "Agora vou fazer saneamento em todo lugar, depois faço a escola, depois as casas". Assim não adianta. É preciso fazer o saneamento, construir a escola, fazer a capacitação para o trabalho, atacar a falta de habitação, erradicar as unidades subnormais, construir a estrada para passar o ônibus, de acordo com as necessidades de cada local.

Não é tudo de uma vez porque não há dinheiro para fazer tudo de uma vez. É ao mesmo tempo no sentido de que a abordagem deve ser multissetorial. Quando se chega num espaço doente, com uma ocupação doente, para torná-lo saudável não dá para enfrentar só uma dimensão. Se você fizer só as obras físicas, que visem só a valorização imobiliária, quem estiver na ocupação vende o imóvel e vai ser pobre em outro lugar.

Assim, fazer tudo ao mesmo tempo quer dizer abordar todas as dimensões dos problemas simultaneamente. Não fazer tudo de uma vez porque o tamanho dos problemas é muito grande. Necessariamente o prazo para o enfrentamento desse estoque com resolutividade é muito longo.

Porém, pelo volume de dinheiro requerido para enfrentar com resolutividade os problemas dos 250 municípios que acumulam 80% da crise urbana no Brasil, certamente será necessário um plano nacional, mas operado pelos municípios. E é, desde já, uma prioridade nacional.

Então, o estoque da crise urbana nessas 250 cidades é um grande problema, o fluxo da crise urbana é um grande problema. E cadê os planos de expansão dessas regiões? Esse é um outro problema nacional.

Há discussões sobre o metrô de Recife, o saneamento de Salvador, mas na verdade a crise nessas 250 cidades não é num município só, mas num grupo de municípios. Isso vai nos levar a uma outra discussão, sobre o funcionamento do pacto federativo.

O fato de o poder local ter resolutividade, ser protagonista, não retira função do poder nacional, ao contrário. O poder nacional tem que querer ser poder nacional, e não querer ser prefeito, como acontece hoje. No Orçamento da União, há uma rubrica na qual o Ministério dos Esportes põe construção de quadras cobertas. Sobraram para Vitória, por uma distribuição absolutamente maluca, cinco quadras cobertas. Havia dinheiro para isso, bastava fazer um convênio. Vitória tem um orçamento de R$ 700 milhões por ano, a prefeitura pode fazer quantas quadras cobertas quiser. Mas a dotação estava lá, pouco mais de R$ 25 mil para fazer uma quadra coberta.

O Orçamento da União é um absurdo, é uma afronta à inteligência e à racionalidade da alocação de recursos públicos. Vamos falar mais sobre isso num outro capítulo.

Municípios Brasileiros com Dinamismo Urbano

Somam-se àqueles 250 municípios cerca de 1.000 municípios que têm dinamismo no setor urbano da atividade econômica – indústria e serviços – que fazem com que tenham arrecadação própria de impostos municipais, IPTU, ITBI e ISS. Entre 1.200 e 1.300 municípios no Brasil só arrecadam ISS e ITBI. Esse é um critério, não o único, mas é um critério que podemos usar para separar municípios com dinamismo urbano e municípios sem dinamismo urbano. Os que recolhem ISS, IPTU e ITBI e, em seu conjunto, representam mais que 5% da receita total, são os municípios urbanos. Isso dá em torno de 1.000 municípios.

Esses municípios têm alguma crise urbana de estoque, mas esse não é o maior problema deles. O tamanho, a proporção dessa crise é muito menor que a acumulada nos 250 municípios com alto dinamismo. A Grande Vitória, por exemplo, tem cerca de 40% da população em área de ocupação desordenada, que representam 50% da população do estado. Uma cidade como Colatina, interior do Espírito Santo, tem problemas? Tem. Tem crise urbana? Tem. Mas bem menor em tamanho e proporção. Por essa razão, entre esses 1.000 municípios estão as melhores cidades do Brasil.

A estrutura institucional do município brasileiro não é razoável. Para as 250 cidades com alto dinamismo, o município é um horror. Elas não têm a autonomia que deveriam ter, estão conturbadas, têm problemas na região metropolitana, têm um conjunto enorme de problemas. As 1.000 cidades com dinamismo urbano normalmente estão fora de regiões metropolitanas. No Espírito Santo, alguns exemplos são Linhares, Cachoeiro do Itapemirim, São Mateus. No Rio, seriam Resende, Campos, Volta Redonda.

Esse tipo de município é mais equilibrado, os problemas relativos à crise urbana, ao controle do fluxo, de desenvolvimento econômico estão presentes, mas não são dramáticos. Também têm problemas com o modelo institucional do pacto federativo, mas são onde o Brasil funciona melhor.

No caso do Espírito Santo, minha cidade favorita é Linhares. O serviço de água e esgoto é municipal, tem agricultura, indústria e serviços quase do mesmo tamanho, os três com dinamismo. É o maior município do Espírito Santo em área. Pode desenvolver-se, espraiar-se, não está se verticalizando. No Estado de São Paulo, alguns desses mil municípios estão nas regiões de Ribeirão Preto e São José do Rio Preto. Também se encaixam nessa definição cidades do interior de Santa Catarina, como Joinville, Criciúma, Blumenau, e várias do Rio Grande do Sul, como Caxias do Sul, para citar alguns exemplos.

Brasília, que tem o melhor indicador de qualidade de vida das capitais, não tem o problema federativo que as outras cidades têm, funciona como um estado. Na verdade, Brasília tinha que ser um estado de fato.

Municípios Brasileiros Agropecuários

Depois, vamos chegar às cerca de 4.400 cidades brasileiras sem dinamismo urbano, nos quais a economia depende essencialmente da agropecuária. Essas cidades apresentam atividades que variam da agropecuária desenvolvida, dinâmica, à de subsistência. Entre essas cidades, há desde o município com economia agropecuária de baixo rendimento até os que têm agropecuária verdadeiramente capitalista.

O que é economia de baixo rendimento? Aquela que produz de R$ 300 a R$ 1 mil por hectare/ano. Esse é um indicador de renda da terra. Os municípios que têm agropecuária capitalista, de mercado, produzem de R$ 15 mil a R$ 20 mil por hectare/ano. É uma atividade que gera riqueza. Só que a agropecuária gera riqueza, mas não gera valor adicionado fiscal, não gera tributo. O município agropecuário tem um poder local pobre. As famílias podem ser ricas, mas o município é pobre. Só deixará de ser pobre se tiver atividades urbanas que gerem tributos. Uma padaria gera mais imposto do que cinco hectares de tomate, embora cinco hectares de tomate gerem mais riqueza do que uma padaria. Por quê? Por causa do sistema tributário brasileiro.

Fizemos uma amostra do estudo para o Espírito Santo na qual classificamos as cidades em que o PIB agropecuário é maior que 10% do PIB global da cidade e as chamamos de cidades agropecuárias. Dos 78 municípios do Espírito Santo, 61 têm o PIB agropecuário maior que 10%. Se você fizer esse corte pelo lado fiscal, se considerar ISS, IPTU e ITB, chega-se à mesma conclusão. Nessas 61 cidades, a participação dos impostos próprios do município – ISS, IPTU e ITBI – é muito baixa no cômputo global. Por quê? Porque a atividade agropecuária pode gerar riqueza, mas não gera valor adicionado fiscal.

Essas cidades agropecuárias, rurais, põem-nos diante de uma discussão muito importante, uma das mais importantes de todo o Projeto Qualicidades. Costumamos dizer que hoje o Brasil é um país urbano, uma vez que 82% dos brasileiros moram nas cidades. Ora, isso é verdade por um lado. Mas é preciso notar que boa parte desse contingente mora numa dessas 4.400 cidades cuja urbanização não está completa. São cidades com um poder local ainda mais pobre, ainda menos executivo, onde o fardo de ser município é enorme – Câmara de Vereadores, secretariado, o Fórum para o Tribunal de Justiça. O único empregador é o setor público. A discussão do setor público nessas 4.400 cidades é absoluta, porque ele é hipertrofiado, e não deveria ser.

Há cidades no Espírito Santo com 5 mil habitantes que têm companhia da Polícia Militar, uma delegacia de polícia, um Fórum, o juiz, o promotor, o oficial de Justiça. Para quê? O último assassinato que aconteceu lá foi há mais de 15 anos. Um sujeito matou o vizinho que tinha uma sociedade não permitida com a mulher dele. Aí alguém diz: "Ah, mas tem as transferências do governo federal". Transferências, mas não tem cota-parte de ICMS. A cota-parte do ICMS depende do Valor Adicionado Fiscal (VAF) da cidade, se ela tem serviços e indústria. A cota-parte do ICMS que depende só da agricultura é baixíssima. Essa cidade nunca terá um índice de ICMS que possa competir com um lugar que tenha indústria e serviços. A cota-parte do ICMS de Vitória é 22%, em Nova Venécia é 0,8%, porque esta não tem atividade que gere valor adicional fiscal.

Mas para mexer nessa regra é preciso uma profunda discussão. Uma parte importante do imposto fica onde ele é arrecadado, e não pode ser de outra maneira. Seria necessário um status diferente para o município rural, como é na Europa. Essa é uma boa discussão para o Congresso, a criação do Estatuto da Cidade Rural, que discutiremos no último capítulo deste livro. A cidade rural, por melhor administrada que seja, nunca terá capacidade de investimentos com recursos próprios, capaz de fazer frente ao menor programa de investimento, o menos ambicioso programa de investimentos que se possa imaginar. Não vai ter dinheiro para fazer escolas, unidades de saúde, para asfaltar rua e fazer rede de drenagem, sistema de tratamento de esgoto. Por mais que não gaste, por mais que a Câmara de Vereadores não gaste.

A tese do Projeto Qualicidades, minha tese, é que o investimento urbano das cidades rurais deveria ser bancado, obrigatória e solidariamente, pela União e pelos estados, através de um programa de investimento. Esse ponto será discutido mais adiante, quando abordamos a economia das cidades. No caso desses municípios, eles são estagnados ou decadentes do ponto de vista do dinamismo urbano, mas muitos podem ter um alto dinamismo agropecuário e isso pode gerar inclusive dinamismo populacional, demográfico.

Por exemplo: entre os dez municípios que mais crescem no Espírito Santo, dois, Venda Nova do Imigrante e Vargem Alta, que estão no sexto e no sétimo lugares, são municípios agropecuários. E estão entre os dez que mais crescem em população. Não são dos maiores, mas são os que mais crescem. Por quê? Porque eles têm uma agricultura de alta rentabilidade, que mobiliza trabalhadores temporários. Vargem Alta é hoje a capital do Sudeste do tomate. Venda Nova do Imigrante também produz o fruto. Em tomate, eles são imbatíveis. Saem 35 caminhões por semana de tomate desses municípios para o Rio e São Paulo.

O professor José Eli da Veiga, da Universidade de São Paulo (USP), tem um livro, chamado *Cidades Imaginárias,* no qual ele afirma que nosso índice de urbanização não é de 82%. O professor sustenta que uma boa parte desses 4.400 municípios, nos quais não identificamos dinamismo urbano, não são urbanos. A lógica deles é rural. Na Europa, por exemplo, só são chamados urbanos os municípios com mais de 20 mil habitantes. Se aplicarmos as mesmas regras no Brasil, ou seja, ter mais de 20 mil habitantes e mais de 150 habitantes por quilômetro quadrado, restarão cerca de 300 ou 400 municípios urbanos. Mas não é esse o caso. Não acho que esse seja um bom critério para nós. Porém, temos que entender que os moradores dessas 4.400 cidades têm necessidades que não são as mesmas daqueles que vivem em uma das 250 que crescem muito ou nas 1.000 intermediárias. Essas 4.400 cidades estão mais perto de uma boa qualidade de vida que a maioria das 250 de alto dinamismo. O investimento marginal para dar qualidade a essas 4.400 cidades não é muito grande, e significaria também completar o processo de urbanização brasileiro.

Sobre qualidade de vida nas cidades, um parênteses. É curioso e não podemos deixar de registrar: pelo Índice de Desenvolvimento Humano (IDH), a Rocinha, no Rio de Janeiro, que é considerada a maior favela da América do Sul, tem um índice maior do que 5.000 cidades brasileiras. Se ela fosse uma cidade, estaria entre as 50 mais desenvolvidas do país. O IDH mede o nível de desenvolvimento humano utilizando como critérios indicadores de educação (alfabetização e taxa de matrícula), longevidade (esperança de vida ao nascer) e renda (PIB per capita), e varia de 0 (nenhum desenvolvimento humano) a 1 (desenvolvimento humano total). O IDH de Belford Roxo, na Baixada Fluminense, é 30% pior que o da Rocinha. Uma pessoa que se muda de Belford Roxo para a Rocinha subiu 30% na vida.

Classificação dos Municípios Agropecuários

Podemos classificar os municípios agropecuários em função do seu dinamismo próprio, contrapondo o município agropecuário com agricultura de mercado ao município agropecuário com agricultura de subsistência. No Espírito Santo, estamos vendo quais municípios têm agricultura forte, de alta rentabilidade, que geram também dinamismo demográfico. Há pressão demográfica sobre esses municípios: eles atraem mão-de-obra temporária para a colheita e começam a ter problemas de demanda habitacional, de migração de mão-de-obra de baixa qualificação. Os municípios capixabas onde há cafeicultura atraem mão-de-obra temporária na época da colheita do café, assim como os que têm cana-de-açúcar e outras culturas.

Um outro tipo de município agropecuário é o que virou pólo de serviços. Na origem, ele é agropecuário, mas a agropecuária perdeu a importância e o município acabou tendo um porte maior, tornou-se pólo de serviços. Não deixa de ser um município agropecuário porque o que dinamizou sua cidade foi a atividade agropecuária. Mas as atividades de serviços, de mercado imobiliário, seu tamanho, acabaram-lhe dando um dinamismo mais urbano. Uma outra classificação seria, então, justamente essa: dentro dos municípios agropecuários, quais são os mais urbanos? São as cidades mais antigas, nas quais a renda depende da atividade agropecuária, mas são cidades que têm atividades, tamanho e porte urbano. E têm atividade urbana de comércio, de serviço. Um exemplo no Espírito Santo seria Alegre, que tem a Universidade de Zootecnia, Agronomia e Agropecuária. A atividade agropecuária de *per si* em Alegre representa pouca coisa, mas ela é ainda uma cidade agropecuária. Porém, é uma cidade agropecuária em que o dinamismo urbano é mais relevante. Normalmente, essas cidades exercem a função de pólo de outras cidades agropecuárias.

E há o caso das cidades agropecuárias que despertaram para uma vocação industrial. Não estão se industrializando de forma diversificada, estão se industrializando por conta de uma atividade industrial específica.

Ver no apêndice, página 210, a aplicação do Índice de Qualidade Rural (IQR), indicador criado pelo Projeto Qualicidades, aos municípios do estado do Espírito Santo.

No caso capixaba, essa industrialização ocorre por causa da exploração de granito e mármore. Na cidade de Vila Pavão, recém-emancipada, situada no noroeste do Espírito Santo, a exploração de mármore e granito tem uma grande participação na economia. Há cidades que despertaram para a indústria moveleira porque tinham serrarias para fazer celulose e, de repente, descobriram que fazer móvel dava mais dinheiro. Ou que fazer pallets para embalar produtos siderúrgico que são transportados em navios dava mais dinheiro. Ou seja, há municípios que começam a aparecer nas estatísticas com atividade industrial e deixam de ser predominantemente agropecuários.

Por fim, uma quarta dimensão para se compreender os municípios agropecuários é a atividade turística, o ecoturismo, o agroturismo. O turismo talvez seja a atividade que, isoladamente, mais impulsiona o crescimento das cidades. No Espírito Santo, algumas dessas cidades com agricultura de alta rentabilidade estão em zonas que despertaram para a atividade turística. Começaram a surgir condomínios de luxo, sítios, pousadas, hotéis. É um tipo de valorização da terra e investimento no mercado imobiliário de turismo que gera um terciário novo, um dinamismo novo.

É o caso de Venda Nova do Imigrante e Domingos Martins, que estão na região serrana do Espírito Santo. É muito parecido com o caso de Petrópolis, Teresópolis e Nova Friburgo, no Rio de Janeiro. Aliás, esses são maus exemplos para a serra capixaba. Há 40 anos não havia favelas, ocupação desordenada na serra fluminense como existe hoje. Por quê? São cidades que começaram a atrair um adensamento turístico e o turismo também gera migração de população com baixa capacitação para o trabalho, mão-de-obra pouco qualificada. Constrói-se o condomínio de luxo, a pousada, e onde vai morar a cozinheira da pousada, o faxineiro, o vigilante, o jardineiro? Não há política habitacional para a baixa renda e começa a ocupação desordenada, a pressão demográfica. Pressões que o mercado resolve da pior maneira, através das invasões, dos loteamentos irregulares. É um problema que aparece na maioria dos balneários, municípios de praia, costeiros, do Brasil. O município turístico é um município todo especial, tem que ser visto com um carinho todo especial. Seu dinamismo é muito particular, confere especificidade ao município.

Vejamos o caso de Guarapari, que tem 96 mil habitantes. É o município turístico mais tradicional do Espírito Santo. Há muitos anos está entre os dez que mais crescem no estado. Dos dez municípios que mais crescem em população no Espírito Santo, oito têm dinamismo turístico. Aliás, os dez têm dinamismo turístico, mas oito têm dinamismo predominantemente turístico, e um mercado imobiliário que gira em torno do turismo. A população flutuante de Guarapari, no verão, é de mais de 300 mil habitantes. Ou seja, a população da cidade salta de menos de 100 mil para quase 400 mil na alta temporada.

Como é a estrutura de água e esgoto da cidade? Para 400 mil ou 100 mil? E a coleta de lixo? E os empregos temporários? Em Búzios, no Rio de Janeiro, também acontece isso, assim como em Porto Seguro, na Bahia. Todas são cidades turísticas que têm um adensamento, sofreram um processo de crescimento desordenado muito parecido com o das metrópoles, as capitais, as cidades industriais, com as mesmas conseqüências de favelização, de queda da qualidade de vida, de destruição do patrimônio cultural. No caso deles é mais dramático porque se mata a galinha dos ovos de ouro. A hora em que a cidade cresce de forma desordenada, enfeia, destrói o patrimônio paisagístico, ela perde o dinamismo turístico. Mas mesmo assim, estas cidades estão entre as que mais crescem. O dilema é como estruturá-las.

Por isso tem que se olhar para a cidade turística com muito mais atenção, tem que ter um tratamento apolítico para essas cidades. Tem que ser muito mais rígido no controle da ocupação do solo, tem que ser mais rígido no controle das migrações. Tem que ser mais preciso no planejamento da expansão dessas cidades. É necessária uma política habitacional que ponha todos os trabalhadores do *trade* turístico dentro de um programa habitacional. O sujeito vai ser garçom de um hotel em Guarapari já sabendo que terá direito a uma casa, num bairro decente, no qual ele vai pagar um preço compatível com o salário que vai ganhar. Se deixar para o mercado resolver, ele resolve, mas da pior maneira: a casa que o trabalhador tem condições de pagar está em assentamentos ilegais, subnormais. Isso está na origem desse processo de crescimento desordenado.

A questão habitacional é a espinha dorsal da questão urbana. Nossa prática é absolutamente *laissez-faire,* tanto na média e alta renda quanto na baixa. E esse *laissez-faire* é extremamente perverso na baixa renda.

Pois bem, temos que classificar, que tratar diferentemente as cidades agropecuárias das demais. Temos que classificá-las segundo a rentabilidade da atividade agropecuária, o peso do setor de serviços, que confere a dinâmica tipicamente urbana; o peso das atividades neoindustriais e o surgimento de vocação turística nessas cidades. Essas são as quatro maneiras de classificar e compreender a dinâmica dessas cidades, das 4.400 cidades brasileiras que não deveriam ter o mesmo status das 250 que possuem alto dinamismo, que são as que mais crescem, em geral as capitais e as cidades industrializadas, e que se somam às outras 1.000 que possuem dinamismo urbano.

Essas 1.000, vamos classificá-las segundo o dinamismo populacional e de renda. Nas 250 cidades de maior dinamismo, a grande questão é identificar em que medida, em que proporção o adensamento, o crescimento desordenado delas produziu a crise urbana. Qual o estoque dessa crise urbana, medido na forma de assentamentos desordenados, favelas, de infra-estruturas escassas e tardias de saneamento, de habitação, de transporte coletivo, de mobilidade? Interessa-nos classificar e compreender a qualidade dessas cidades de dinamismo urbano que se formaram ao longo desses 40 anos de urbanização.

Isso vai nos levar a uma discussão sobre a legislação brasileira de planejamento urbano e a forma como ela é operada. Os municípios no Brasil têm a responsabilidade de legislar e ordenar sobre o uso e a ocupação do solo. Temos hoje o Estatuto das Cidades, que levou dez anos sendo discutido, e representa o que há de prático e de responsabilidade dos municípios brasileiros, tendo em vista o processo de ordenamento, de planejamento de uso e ocupação do solo. Neste livro, abordaremos o abismo que existe entre teoria e prática na questão do planejamento urbano. Porque há uma enorme distância entre aquilo que se prega e o que se faz.

Pobreza Urbana: Enfrentando com Eficácia

Como as cidades brasileiras se formaram num período de 40 anos, num processo de adensamento desordenado, com infra-estrutura escassa e tardia, todas que tiveram algum dinamismo tiveram algum crescimento econômico por industrialização, pelo setor de serviços ou por serem balneários, acabaram criando bolsões de pobreza. O enfrentamento da pobreza urbana do Brasil talvez seja o principal vetor do enfrentamento da pobreza no país. E é preciso saber separar a indigência da pobreza.

André Urani e Cezar Vasquez fizeram um estudo no Instituto de Estudos do Trabalho e Sociedade (Iets) muito importante, que mostra que os indicadores sociais vêm melhorando no país nas últimas décadas. O que não melhora é o Brasil metropolitano (ver estudo e gráficos ao final do capítulo). Se você separar o Brasil metropolitano do Brasil como um todo, vê que ambos percorrem tendências diferentes. O Brasil como um todo reduz a pobreza, a indigência, melhora a distribuição de renda. E nada disso acontece no Brasil metropolitano, no Brasil principalmente das grandes cidades, daquelas que estão em regiões metropolitanas, que convivem com um fenômeno de pobreza urbana muito particular, marcado pela crescente informalização do mercado de trabalho, o que não acontece no Brasil como um todo. No final deste capítulo, publicamos um resumo da apresentação preparada pelo André Urani e exposta pelo Cezar Vasquez no seminário de encerramento do Projeto Qualicidades no BNDES, em junho de 2006. É o melhor diagnóstico da crise urbana brasileira que conheço, o mais bem fundamentado em análises estatísticas.

O Projeto Terra em Vitória

Nessas regiões metropolitanas, cujos índices só fazem piorar, a questão é o que fazer para enfrentar a pobreza urbana com eficácia. A resposta a essa pergunta foi, no caso de Vitória, o Projeto Terra. A primeira coisa que fizemos foi mapear onde estavam as famílias pobres na cidade e verificar qual a realidade delas. Um aspecto muito importante no diagnóstico da pobreza urbana são os serviços que aquela cidade proporciona. No mais das vezes, definimos pobreza por faixa de renda monetária, mas uma mesma família com a mesma renda monetária é muito menos pobre num lugar em que tenha acesso, por exemplo, à saúde preventiva e à atenção básica de graça, com os medicamentos básicos fornecidos de graça. Se a cidade oferece transporte razoável, saúde, pré-escola, as famílias de baixa renda certamente viverão melhor.

Em Vitória, temos pré-escola para crianças de 6 meses a 6 anos, universalizada nos bairros mais pobres. A partir de 6 meses, a criança faz duas refeições. Ela está atendida, assistida, alimentada, mesmo em uma família muito pobre. Uma família com dois filhos, por exemplo, só com o pai trabalhando, ganhando salário mínimo, está estatisticamente na faixa de indigência, abaixo de meio salário mínimo *per capita*. Se essa família morar num bairro pobre de Vitória, vai sobreviver com dificuldades, mas não será indigente, não precisará receber comida para não morrer de fome. Se os dois filhos estão no colégio fazendo duas refeições por dia, a mãe pode ter algum tipo de atividade e complementar a renda.

Mapeamos as 15 áreas da cidade, que chamamos de poligonais, onde está a população de baixa renda. Fotografamos, fizemos um mapa e um diagnóstico preciso daquelas 15 áreas. Junto com o diagnóstico físico, do levantamento de foto aérea digital, fizemos um cadastro socioeconômico de todas as famílias de cada uma das poligonais. Temos, então, um perfil de renda e um diagnóstico muito preciso das famílias. Descobrimos quais eram as famílias que estavam na indigência, quantas eram as habitações subnormais, sem banheiro, em palafitas. A desigualdade interna, dentro dessas poligonais, era muito grande. Havia áreas já urbanizadas, com casas de alvenaria, rebocadas, pintadas, com famílias de baixa renda, mas sem necessidade de assistência social por parte do Estado.

Cada uma dessas poligonais foi objeto de um plano de intervenção. Em Vitória, desenvolvemos a tese de que temos que fazer todas as coisas ao mesmo tempo, mas não tudo de uma vez. Por quê? Porque a pobreza é multidisciplinar. Saneamento, habitação, educação, saúde, geração de renda, atenção aos idosos: se não fizer tudo ao mesmo tempo, não haverá percepção de elevação da qualidade de vida e da superação da pobreza, um *upgrade* social. Se fizer só as obras de infra-estrutura, haverá um processo de valorização imobiliária e ocorrerá o que chamamos de expulsão branca: a tendência de as pessoas venderem, realizarem aquele enriquecimento patrimonial. Não se conseguirá acabar com a pobreza, e sim mandá-la para mais longe.

A família conseguia sobreviver num nível lá embaixo de indigência, bem marginal – com gato de energia elétrica, pegando água e colocando no tonel, com o esgoto no meio da rua. Na hora que esses problemas se normalizam, a renda familiar se torna insuficiente, ou a família tem a percepção de que está gastando mais dinheiro. E como o pouco dinheiro que existe vai para comer, a família vende a casa e realiza aquela valorização imobiliária.

Por isso, o enfrentamento da pobreza com eficácia exige políticas públicas e o envolvimento das pessoas, para que elas sejam protagonistas da sua própria ascensão social. É um processo sociopolítico. No combate à pobreza, um vetor são as políticas públicas e o outro vetor, necessariamente, é a ação das pessoas, das famílias, de quem é o objeto da ação do poder público. Porque a pobreza tem sua própria cultura. Ela resiste à sua eliminação. Para cada determinado nível de pobreza existe uma relação de poder entre as pessoas, existe uma relação de serviços prestados e mercado de trabalho. Num lugar que não tem creche nem escola pública, tem adolescente cuidando de crianças e ganhando uma miséria, mas complementando a renda.

Qual o *modus operandi* da pobreza ali? Tem o empresário da pobreza. Nos bairros de palafitas, as quais eliminamos em Vitória, havia pessoas que eram gerentes da expansão, vendiam lotes dentro do mangue, dentro do manguezal. A propriedade era assegurada pelo uso da força. Eram os grileiros, os gerentes. No processo de enfrentamento da pobreza urbana, pelo lado das políticas públicas, o principal vetor é o investimento em projetos com abordagem multissetorial. Mas é preciso despertar o vetor por parte da população primeiro, para que ela não seja um agente contrário ao processo, para que não haja uma reação. Caso contrário, a pobreza reagirá à sua extinção, porque existem os gigolôs da pobreza, os donos da pobreza.

Tem o sujeito que se elege à custa da pobreza. Esse empresário que vende lotes fica sem mercado quando a área é urbanizada. Para fazer a casa precária de madeira, tem um homem com uma carroça que apanha restos de construção de prédios de bairros ricos e vende a madeira barata para as pessoas construírem seus barracos. Esse mercado acaba. O que aquele carroceiro vai fazer? Ele só sabe fazer aquilo. Há uma série de atividades comerciais que tem toda uma lógica de funcionamento – econômica, social, política – que precisa ser compreendida para que a estratégia de superação seja feita.

Em cada uma das poligonais, traçamos uma estratégia. No primeiro momento, constituímos a Comissão do Projeto Terra no local. No escritório local do projeto, a prefeitura tinha uma equipe de assistentes sociais. Dependendo da necessidade da área, havia também um engenheiro. Tudo para se fazer o plano de intervenção: por onde começar? O que deve ser feito primeiro?

Na Poligonal 8 do Projeto Terra em Vitória, Santo Antonio, havia quase 300 famílias em cerca de 250 palafitas. A alternativa inicial era a remoção. Tinha um terreno ao lado para fazer pequenos prédios. Levamos mais de um ano discutindo. Essa alternativa foi completamente rechaçada pelos moradores. Era o bairro de palafitas mais antigo de Vitória. Por isso, foi dos últimos a serem removidos. Havia palafitas de alvenaria, mas eram palafitas. Tinha pelo menos três igrejas evangélicas em palafitas dentro dessa comunidade. Acabamos mudando o projeto de reassentamento, conseguimos aprovar nos órgãos ambientais um aterro e fomos passando as famílias em grupos de 60 casas. Construíamos 60, mudávamos 60. Os últimos não quiseram casas, optaram por receber um lote urbanizado, com o módulo hidráulico, para eles mesmos construírem suas casas com financiamento de material de construção da Caixa Econômica Federal.

Ou seja, é extremamente complexo o processo de superação ou de erradicação da pobreza urbana de maneira eficaz. Em Vitória, tínhamos as duas situações, morro e mangue. O mangue tem um lado mais fácil, que é a delimitação, porque é preciso delimitar a expansão desordenada, e isso tem que ser pactuado. Colocamos piquetes verdes de concreto que chamamos de Linha Verde da Vida. Acima daquela linha, não haveria intervenção de melhoria. Quem estivesse acima, receberia um plástico do Projeto Terra com a cor amarela. Havia as cores verde, amarela e vermelha. A cor vermelha era o risco de desabamento iminente, a família deveria sair imediatamente dali. O amarelo significava estar numa área que não seria urbanizada, mais cedo ou mais tarde a casa iria sair dali. Ou seja, estabelecemos uma área de preservação ambiental, uma área de risco e uma área à qual o projeto não iria chegar.

O estabelecimento dessas linhas é decisivo e não somente do ponto de vista técnico: é também político, socioeconômico, encerra uma série de outras variáveis. Até porque, tecnicamente, a saída é tirar todo mundo. Tecnicamente, na visão de engenheiros, biólogos, ambientalistas, era preferível remover a população e restaurar o mangue. Existe uma linha até onde a ação de urbanização é viável. Dessa linha em diante, o pode público tem que pactuar com a comunidade, tem que haver a delimitação.

Poderia ser mais barato tirar todo mundo e mandar para outro lugar. Mas é um processo completamente inviável por ser socialmente injusto. Teria que ser feito com violência, e na democracia não se faz isso.

Estratégias para Cada Caso e Ações Horizontais

Na estratégia do Projeto Terra, havia sempre a delimitação para o início das intervenções físicas. Cada poligonal tem a sua realidade. Fizemos duas ações horizontais em todas as poligonais. A primeira foi a delimitação da expansão. Instalamos as comissões do projeto em todas as poligonais, e pactuamos essa delimitação. Em algumas foi até muito fácil. A segunda ação feita de forma horizontal foram os projetos de contenção de encosta. Mapeamos as áreas de risco, eram cerca de 2 mil pontos nas

15 poligonais. Foi licitado e realizado um programa de obras para eliminar completamente todos os pontos de risco de desabamento.

No meu primeiro ano de mandato, quando começamos o Projeto Terra, teve uma chuva terrível. Na Poligonal 3, um cidadão fez um talude e encostou a parede de tijolos no talude. A casa caiu, matou os três filhos do homem, que era um pipoqueiro. Foi uma grande comoção. A cidade se solidarizou, a prefeitura se solidarizou. Ainda não tínhamos a fonte de financiamento do projeto, então os funcionários da prefeitura se cotizaram para construir uma casa para ele. O fato é que não podíamos mais aceitar mortes por desabamento. A idéia do processo, de ter que fazer tudo ao mesmo tempo, não vale se as pessoas estão morrendo enquanto você vai fazendo seu trabalho dentro da melhor metodologia do mundo. Por isso, fizemos primeiro a contenção de encostas em áreas de risco. Foi muito importante. Algumas dessas obras vinham sendo feitas no governo Paulo Hartung. Na minha administração, fizemos todas as identificadas. A Geo-Rio – Fundação Instituto de Geotécnica do Município do Rio de Janeiro, uma das melhores do Brasil, ajudou-nos bastante.

Tirando essas duas ações horizontais, cada poligonal tinha a sua estratégia. As prioridades iniciais foram as áreas nas quais a delimitação da expansão se dava num trecho sem acesso para veículos. À medida que ia ficando mais longe, as casas ficavam piores, o abastecimento de água ficava pior. Não chegava material de construção, ambulância, carro de polícia. É onde tem o problema do controle por traficantes. Os lugares mais emblemáticos foram na Poligonal 2, Romão e Forte São João, e na Poligonal I, Jaburu e São Benedito. Eram lugares muito altos, perigosos, de crime. Ali, a prioridade era fazer chegar a estrada nesse ponto mais alto, ajudando a delimitar. Era também a obra mais cara. Na Estrada do Romão, fizemos ainda um mirante. No Jaburu, na Poligonal 1, quase cem casas foram desapropriadas, e fizemos casas novas para quem quis ficar. Uma parte quis receber o dinheiro da indenização e comprar ali mesmo ou em outro lugar.

O Projeto Terra foi premiado pela Caixa Econômica Federal e pelo Habitat, o Programa das Nações Unidas para os Assentamos Humanos. Ficou entre os dez melhores projetos sociais do Brasil e os 100 melhores do mundo em 2002.

Fotos Elizabeth Nader

Portal do Projeto Terra no bairro Jaburu, premiado pela Caixa Econômica Federal e pela ONU, e a construção da Estrada do Romão: acessibilidade ajuda a combater o crime

A estrada representa uma obra física e muda a economia do bairro completamente. Primeiro, há um processo de valorização imobiliária. No Romão, a parte mais alta era a mais barata, com vários barracos de madeira. As escadas eram de terra. Tinha coleta de esgoto junto com a água pluvial até a metade do morro, para cima não tinha. Depois que se fez toda a infra-estrutura básica, na parte da estrada lá em cima, com os ônibus passando, ficou muito mais caro. Ali, o barraco custava R$ 2 mil, depois da estrada passou a custar R$ 20 mil.

Fazíamos o trabalho de remanejamento dentro do próprio bairro. As famílias de melhor renda, de renda mais alta, compravam. A equipe local do Projeto Terra ajudava a intermediar essas transações imobiliárias. Todas eram informais, mas melhor que o grileiro da época da invasão. A equipe da prefeitura nesses locais dava orientação para projetos de reforma ou construção, até para que a pessoa pudesse ter acesso ao empréstimo de reconstrução da Caixa. A prefeitura fazia o cadastro e a Caixa financiava na loja de material de construção. Compra-se o material de construção como quem compra um televisor, um eletrodoméstico.

Isso funcionou muito no Projeto Terra. Ao mesmo tempo, fizemos as obras de infra-estrutura e acesso. Aí, veio o projeto de melhoria das casas. Depois, o Projeto Banho de Saúde, a identificação das casas sem banheiro. A água chega, o esgoto é coletado junto com a água pluvial, mas a família não faz o banheiro. Faz as necessidades em sacos de supermercado, toma banho no tonel. O Projeto Banho de Saúde também foi premiado. Foi feito numa parceria da prefeitura com a Fundação Nacional de Saúde (Funasa) para a construção de um modulo hidráulico, com uma privada, uma pia, um chuveiro e uma caixa-d'água tampada, de alvenaria. Fizemos isso em todas as poligonais onde havia incidência maior desse fenômeno, principalmente nas áreas de morro.

A parte social do Projeto Terra às vezes vinha junto com as obras físicas, outras vezes antes ou até depois. Dentro das prioridades da área de saúde e educação, estavam as escolas de 6 meses a 6 anos, o ensino fundamental e o Programa Saúde da Família (PSF), com unidade de saúde, definição de abrangência e todas as famílias cadastradas.

Essas eram as ações fundamentais – transporte, educação, saúde, saneamento, delimitação da ocupação desordenada, *upgrade* habitacional, superação das condições subnormais de habitação. Depois, foi necessário enfrentar a questão da criança e do adolescente, do idoso, da mulher, e os problemas das famílias em nível de indigência. Há pessoas que precisam receber cesta básica. O perfil é a mulher de menos de 20 anos, imigrante do sul da Bahia, cujo marido a largou, foi preso ou assassinado. Ela não tem nenhuma empregabilidade, não tem nenhuma condição de sobreviver, vive de favor na casa de um parente, num cômodo. Isso foi mapeado pela Secretaria de Assistência Social, com apoio das comissões locais, e foram integrados todos os programas de assistência social disponíveis. No caso de Vitória, chegamos a ter no auge 1.600 famílias sendo atendidas com esse tipo de assistência.

Uma coisa importante é a questão da sustentabilidade das famílias, a possibilidade de geração de renda. Qual a vocação daquele bairro ou daquela família? Tudo bem, hoje estão recebendo ajuda, mas vamos ter que fazer um programa para a porta de saída. Tem que ter porta de saída, e também alternativas de elevação da renda familiar.

Algumas dessas poligonais tinham uma vocação óbvia. As de orla, onde tem pescadores, catadores de caranguejo, têm uma vocação econômica. A Ilha das Caieiras foi a poligonal onde a gente teve mais sucesso com a questão da geração de renda. A Ilha das Caieiras é um lugar muito charmoso.

É um bairro muito antigo. Chama Caieiras porque tinha uma fábrica de cal feito dos sambaquis dos índios. Os índios enterravam seus mortos em sambaquis de conchas. Eles destruíam os sambaquis e fabricavam cal esmagando as conchas. Essa era uma área de manguezal que depois foi ocupada. Tinha um lixão, palafitas. Tínhamos lá quase 2 mil famílias que viviam da exploração do mangue – catadores de caranguejo, de siri, pescadores de camarão. O morador fabricava seu próprio barquinho para pescar no manguezal. As mulheres ficavam em casa desfiando o siri, e vendiam o sururu cozido, ou pré-cozidos, em saquinhos. As famílias e os restaurantes iam lá comprar.

Fizemos o Projeto Terra aproveitando essa óbvia vocação que eles tinham, fazendo o *upgrade* da atividade que eles tinham, de vender matéria-prima. O projeto urbanístico foi o terceiro ou quarto em que os técnicos foram derrotados, porque eles tinham a idéia de remover as casas da orla. Acabamos pactuando a construção de um *deck* de madeira, circulando as casas da orla. As casas tinham sido construídas de costas para o mar. Com o *deck*, voltaram a frente para o mar.

Nessa época, existia um passeio alternativo, uma viagem de barco que parava no meio das palafitas. Tinha uma cozinheira, a Teresão, casada com um peão de obra chamado Piauí. Ele tinha ido para Vitória na construção da ponte e Teresão era cozinheira da empreiteira. Piauí tinha trabalhado na construção da Ponte Rio-Niterói, do metrô de São Paulo, um peão errante que tinha deixado família no Piauí.

Ele se apaixonou por Teresão, uma mulher muito gorda, grandona. Ele era bem magrinho. Ela fazia uma mariscada que era uma coisa de doido. Ele construiu um trapiche de madeira onde a gente parava a lancha e ia comer mariscada, tomar cerveja. Alguns poucos iniciados conheciam esse passeio.

No Projeto Terra, na estratégia de fazer a cidade se voltar para o mar, fizemos ali o seguinte: desapropriamos um pedaço e fizemos um píer de verdade. Teresão foi o primeiro restaurante que a Ilha das Caieiras teve. Hoje, são 20 restaurantes, um pólo gastronômico. Todo o projeto urbanístico foi feito aproveitando a vocação natural. Tinha uma igrejinha abandonada, foi restaurada. Fez-se a pracinha, o *deck* de madeira, a peixaria comunitária. As desfiadeiras de siri trabalhavam cada qual em sua casa, em sua bacia. Elas foram organizadas numa cooperativa, a maneira de desfiar o siri foi padronizada para que se mantivesse o mesmo padrão de qualidade. Elas levaram um ano e tanto negociando. Tiveram orientação da engenharia de produção para padronizar o produto. Elas se organizaram e mais do que triplicaram sua capacidade de geração de renda.

Depois, a cooperativa também fez seu restaurante. Em vez de vender o siri desfiado, passaram a vender a mariscada e outros pratos. Vendem pela internet. No primeiro ano, já tínhamos o site da prefeitura no ar, que aliás foi pioneiro no país. A torta capixaba é um prato típico da Semana Santa. É uma mariscada com sururu, ostra, camarão, siri desfiado, caranguejo. Alguns colocam bacalhau desfiado, outros colocam peixe desfiado. E palmito fresco. Na época da Semana Santa, caminhões de palmito vão para as ruas de Vitória e de Vila Velha para vender o produto. É um espetáculo para quem não conhece ver aqueles troncos de palmito fresco.

É palmito certificado, tem que ter o certificado do Ibama. Se você for a uma casa muito pobre em Vitória – seja onde for no Espírito Santo, mas principalmente em Vitória e Guarapari – ou se for na casa dos mais ricos, na Ilha do Frade, vai comer o mesmo prato: a torta capixaba. O capixaba come torta capixaba toda Semana Santa, mas principalmente na Sexta-feira Santa.

Bem, então já tínhamos o site da prefeitura no ar e divulgamos: "Encomende a sua torta capixaba diretamente da Cooperativa das Desfiadeiras da Ilha das Caieiras". Foi uma beleza. Elas falavam: "Prefeito, este foi o melhor ano. Tem um tal de internet da prefeitura que mandou mais de 100 pedidos para nós. Vendemos até para Belo Horizonte. Temos que agradecer a esse rapaz!". O carro da prefeitura entregava as tortas. Fizemos isso na época da Semana Santa.

A cooperativa ajudou a padronizar a qualidade, o preço, melhorou os canais de comercialização das desfiadeiras. A desfiadeira que não está integrada à comunidade pode desfiar em casa e entregar na cooperativa, que vende o produto. Ela faz a inscrição para ter a qualidade, a garantia da Vigilância Sanitária. Todas fizeram cursos, trabalham em mesas de granito higienizadas, com refrigerador. O marisco precisa de um cuidado muito grande. Bobeou, deteriora.

A Leleth é a presidente das desfiadeiras. Ela é freqüentemente convidada a dar palestras em encontros de cooperativas da Organização Brasileira de Cooperativas. Já deu palestras fora do Espírito Santo várias vezes. Um dia, ela me disse: "Prefeito, acho que vou cobrar para dar palestra. Tenho que desfiar, vender minhas coisas". Eu apoiei, claro que ela tinha que cobrar. Ela é uma pessoa muito simples, mas fala muito bem. Ela diz assim: "Eu era só uma desfiadeira. Agora, sou uma empresária popular". Ela é uma líder, a Leleth realmente se tornou uma empresária na cooperativa, que participa de concorrências. Quando tem um evento, a cooperativa monta seu quiosque para vender produtos.

Conseguimos na Cooperativa das Desfiadeiras o que não conseguimos com as paneleiras. A panela de barro é um produto típico de Vitória, seguindo a tradição dos índios. É o que completa o kit da culinária capixaba. As paneleiras ficam em Goiabeiras, trabalham num galpão feito pela prefeitura. Elas compartilham algumas fases do processo produtivo. A catação do barro é feita comunitariamente, a queima das panelas é feita comunitariamente, mas cada uma faz a sua panela e vende seus produtos. Cada uma tem seus clientes.

Foto Elizabeth Nader

Uma paneleira, tradição de 300 anos, e o trabalho das desfiadeiras de siri, organizado em cooperativa

Houve a tentativa de organizar as paneleiras numa cooperativa, mas não deu certo. Estou contando o fracasso na organização das paneleiras para exaltar o sucesso das desfiadeiras, que tiveram uma elevação da capacidade de geração de renda, em cima da mesma base tecnológica, em cima da mesma economia, a exploração do mangue. Só que em produtos com valor agregado maior.

A urbanização do lugar o transformou em um lugar de visita. O lugar é um ponto turístico da cidade. Depois, com o Sebrae foi feito um projeto de capacitação para o artesanato. Tem uma casa antiga, um antigo armazém, um entreposto comercial... Ali, estamos na foz do Rio Santa Maria da Vitória, que liga a cidade a Santa Leopoldina. Foi o primeiro lugar a ter plantação de café, agricultura. O pessoal descia de barcaça de Santa Leopoldina com produtos agrícolas. Deixava os produtos agrícolas nesse armazém, e pegava ferramentas, insumos, produtos industrializados. Dom Pedro II, quando foi ao Espírito Santo, foi a Santa Leopoldina, visitar as plantações de café. Fez esse percurso, parou numa casa da Ilha das Caieiras. A idéia é fazer dessa casa uma Casa de Cultura, com essa memória. Esse projeto está na expectativa de ser feito. De qualquer maneira, ficou um lugar com charme. A Leleth é uma personagem da cidade. O Pirão, o dono de outro restaurante, era vigia do píer.

O Sebrae também promoveu treinamento em artesanato de conchas, ensinou a fazer camisetas, lembranças. Nesses lugares turísticos, a receita é simples: tem que ter lugar para os homens beberem, para os jovens paquerarem, para as crianças brincarem e para as mulheres comprarem.

Isso tudo ajuda a renda da comunidade crescer. A Poligonal 12 é o melhor exemplo das ações de elevação de renda, de sustentabilidade. Quando fizemos as ações urbanas, aumentamos a riqueza pelo lado patrimonial. Você não compra uma casa de 60 metros quadrados na Ilha das Caieiras por menos de R$ 50 mil. Antes custava entre R$ 5 mil e R$ 10 mil. Essa coisa toda gera uma dinâmica de enriquecimento imobiliário. Essa é dimensão patrimonial do combate à pobreza.

Teve uma poligonal em que, no levantamento socioeconômico das famílias, vimos o predomínio de trabalhadores da construção civil. Começamos a fazer oficinas de capacitação de mulheres para a construção civil. Por que as mulheres não podem trabalhar na construção civil? Podem. Aliás, como em quase tudo, elas são mais caprichosas que os homens. Na Poligonal 11, as oficinas de elevação de renda foi para a formação de mão-de-obra feminina para a construção civil – pedreiras, marceneiras, pintoras. Saíram, inclusive, algumas cooperativas de serviço nesse sentido. Em quase todas, a vocação para aproveitar a mão-de-obra feminina fora do mercado de trabalho é na área de alimentação. Cozinheiras, docinhos, salgadinhos, entrega de quentinhas. Chegamos a incubar várias cooperativas de cozinheiras, de quituteiras. A maioria das pessoas capacitadas é absorvida pelo mercado de trabalho.

Todas as oficinas de capacitação estavam dentro do Pronager – Programa Nacional de Geração Emprego e Renda. Depois, com a criação do Banco do Povo, o Vitória CrediSol, complementávamos com microcrédito para que a pessoa pudesse comprar seu fogão industrial, seu freezer, seu barco.

Esse conjunto de ações combinadas nas 15 poligonais gerou, ao longo de sete anos, 52 cursos de capacitação profissional beneficiando quase 7.000 pessoas, desde a cabeleireira, da manicure que abriu seu próprio negócio ou conseguiu emprego, até a quituteira, o padeiro. Tivemos uma padaria experimental para dar cursos junto com o Senac e o Senai. Tinha um francês em Vitória que se casou com uma brasileira. Ele tinha um restaurante, um bistrô especializado em *pâtisserie* francesa. Um dia, ele disse que queria ajudar os projetos sociais da prefeitura e organizou dois cursos de *pâtisserie* francesa com as mulheres que já estavam nos cursos de capacitação.

Foto Elizabeth Nader

Foto Carlos Antolini

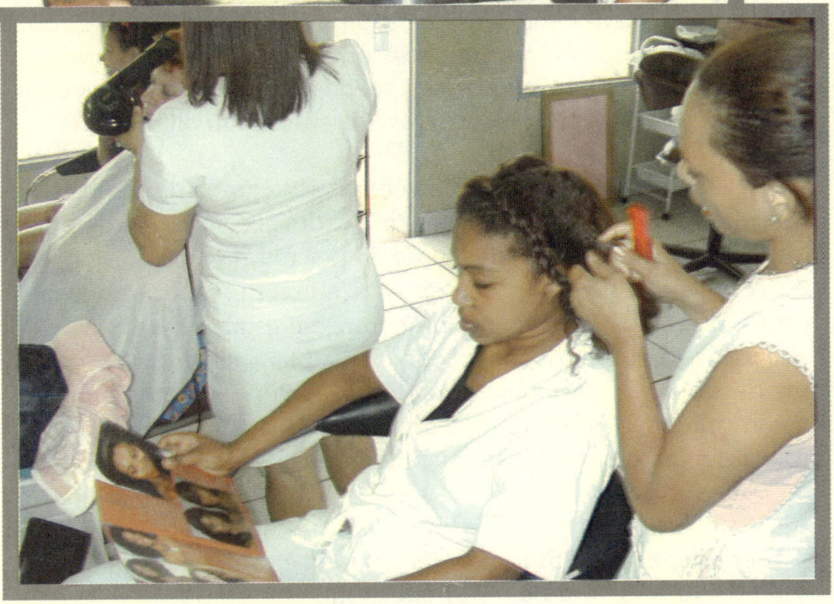

Entre as ações do Projeto Terra estava a qualificação da mão-de-obra para a geração de emprego e renda

Na Praia do Suá, por exemplo, trabalhou-se o aproveitamento do pescado, junto com o Senac e o Senai. Fizeram uma fábrica de hambúrguer de peixe, lingüiça de peixe, subprodutos do pescado não comercializado e também cursos de mecânica de motor náutico. Já tem dois estaleiros, com artesões de barcos para embarcações de alto-mar. Tudo em parceria com o Senai.

Visão Sistêmica das Ações Sociais

O Projeto Terra espacializou a pobreza e deu uma visão sistêmica às ações de assistência social e mesmo a serviços públicos, como educação e transporte. Quando se espacializa, delimita-se um território, vê-se as suas necessidades, quantifica-se: sei que tenho tantas casas sem banheiro, tantos idosos sem atendimento. Criamos o Crai – Centro de Referência de Atendimento ao Idoso. Nos lugares onde a acessibilidade era ruim, pensávamos: "O cara mora lá em cima, tem que subir aquilo tudo, deve ser fortão!" Que nada! Havia um problema de obesidade gravíssimo, principalmente entre as mulheres. Quanto pior o acesso, menos o morador se desloca, menos se movimenta. Era o sedentarismo elevado a um grau altíssimo.

Com essa estratégia multissetorial e integrada de combate à pobreza, os resultados aparecem onde? Nos indicadores complexos de qualidade de vida. A mortalidade infantil caiu de 33 por mil nascidos vivos para 8,7 por mil. A meta era fazer em dez anos, fizemos num período muito menor, porque tínhamos ações complementares, e estabelecendo as prioridades dentro de cada território, de acordo com as características do local. Em cada uma dessas poligonais, tinha um plano de intervenção, discutido, pactuado na comunidade. Acho que o caminho para o enfrentamento da pobreza urbana é o projeto multissetorial, integrado, a exemplo do Projeto Terra.

O Paulo Hartung foi diretor da área social do BNDES quando ela foi recriada, em 1995. Foi, então, criada uma linha de financiamento para os PMI – Programas Multissetoriais Integrados de Urbanização de Áreas Urbanas de Ocupação Desordenada por População de Baixa Renda. Esse é o título completo. Acho que essa é *a* estratégia de enfrentamento da pobreza urbana das cidades brasileiras. E quanto maior e mais rica, maior o problema. Mas a estratégia de enfrentamento tem que ser a mesma. Não pode ser outra.

Educação Infantil e Ensino Fundamental: o Principal Serviço Básico

Na educação, os municípios são responsáveis pela pré-escola, a educação infantil, e pelo ensino fundamental. Temos uma discussão, um capítulo na história de Vitória que merece um parênteses sobre a educação infantil. O modelo brasileiro era um modelo em que as creches eram feitas pela Legião Brasileira de Assistência, a LBA. Faziam parte da assistência social. Os bebês e as crianças de famílias pobres ficavam em instituições de caridade para as mães trabalharem. A Lei de Diretrizes e Bases para a Educação (LDB) propõe uma abordagem diferente. Propõe que seja dado um tratamento pedagógico à pré-escola, ao ensino até os 6 anos de idade da criança, que não seja simplesmente para ocupá-la e desocupar a mãe. Muito embora a pedagogia para o ensino infantil tenha como eixo central o espírito lúdico nas atividades, a criança está ali para brincar, mas também vai aprender conceitos de saúde, civilidade, convivência, higiene.

Em Vitória, começamos o ensino infantil com pequenas pré-escolas de 80, 100 alunos, em casas alugadas. Mais ou menos na linha que algumas cidades brasileiras têm. Foi na administração do Vitor Buaiz, antes do Paulo Hartung, que se começou a criar essas pré-escolas, os Cemei – Centros Municipais de Educação Infantil. São escolinhas com uma proposta pedagógica avançada, a idéia de não ser creche, de não ser da Secretaria de Ação Social, mas sim da Secretaria de Educação.

Quando Paulo Hartung foi eleito prefeito, tínhamos alguma coisa perto de 2 mil crianças nessas pré-escolas. Na administração dele, quase que triplicou o número de vagas nas pré-escolas. Criamos o conceito de uma pré-escola maior, para 400, 700 alunos de 6 meses a 6 anos. Tem berçário, comida especial para o bebê de 6 meses, berçarista profissional. Começamos a construir os Cemei com esse perfil. Os primeiros foram inaugurados no período do Hartung. O impacto que os Cemei têm para as famílias de baixa renda é muito grande.

O projeto pedagógico evoluiu muito na concepção do que fazer com as crianças de 6 meses a 6 anos nesses bairros. Uma questão fundamental é que eles não substituem a família. No primeiro momento, a demanda é entregar a criança de manhã, sem café-da-manhã, e pegá-la à noite, tendo jantado e com o banho tomado. A família só faz "bilu-bilu" e vê a novela. Era essa a demanda. Depois de muita discussão com a comunidade, chegamos à conclusão de que isso não era certo. Tinha caso de criança que não queria mais ir para casa, porque o Cemei da prefeitura era muito melhor que a casa dela. Tem mais coisa para fazer, outras crianças para brincar, a tia é mais instruída que a mãe, sabe mais brincadeiras, conta mais histórias. Hoje, tem o computador. Foi preciso muito diálogo com a comunidade.

Na minha administração, chegamos a quase 20 mil crianças nos Cemeis. Vitória tem aproximadamente 200 partos por mês. Se fizer a conta, a demanda total da cidade deveria ser alguma coisa perto de 19 mil, 18 mil. Hoje, os Cemeis já estão na classe média. A cobertura na baixa renda é de 100%, e estamos caminhando para ter cobertura total nas áreas de classe média. Temos Cemei no Jardim da Penha, o último que inaugurei é um bairro de classe média, tipo Copacabana. A prefeitura está construindo nessas áreas porque o resto da cidade já está atendido. Se for feito um estudo de mais longo prazo, vai-se verificar uma tendência a sobrar vagas daqui a dez anos. Mas os prédios do Cemei podem abrigar outros tipos de serviço. Portanto, não é desperdício.

O ensino infantil de Vitória é considerado pela Fundação Orsa, uma fundação de São Paulo, como o de maior e melhor cobertura, a maior e melhor rede de ensino infantil do Brasil.

Considero o Cemei de 6 meses a 6 anos o projeto social de maior impacto no enfrentamento da pobreza. A erradicação da pobreza não se dará numa única geração, mas sim na geração seguinte. Uma família de imigrantes do sul da Bahia, analfabetos ou semi-analfabetos, cujos filhos entraram no Cemei da Prefeitura de Vitória, terão igualdade de oportunidade porque vão estudar, serão alimentados, farão duas refeições. Algumas situações são escolhidas pelo Conselho da Escola e o turno integral é permitido. Mas o serviço padrão é turno da manhã ou turno da tarde. Só em situações especiais e temporárias as crianças ficam o dia inteiro nas pré-escolas. Não tenho nenhuma dúvida de que é o serviço social, fornecido gratuitamente, de maior impacto na superação, no combate à pobreza. As crianças que estão chegando hoje aos 14 anos, depois de terem começado nas escolas da prefeitura aos 6 meses, já sabem alguma coisa de inglês, estão absolutamente familiarizadas com o computador desde a pré-escola. Os Cemei têm laboratório de computação, informática para crianças antes da alfabetização. E é aberto para a comunidade o tempo todo. Os pais de alunos podiam usar o laboratório.

De acordo com o Unicef – Fundo das Nações Unidas para a Infância, Vitória é a melhor cidade do Brasil para crianças até 6 anos.

No ensino fundamental, o exemplo de Vitória é muito bom, dos melhores do Brasil. São escolas para mil alunos, não têm separação de 1ª a 4ª e de 5ª a 8ª série. O ensino fundamental de Vitória está todo municipalizado em escolas de 1ª a 8ª série. Criamos um projeto durante a minha gestão, a Educação Ampliada, assegurando a agenda em tempo integral. Não se trata de deixar a criança em tempo integral dentro da escola, mas de proporcionar a ela outras atividades. As crianças da classe média não fazem isso, estudam de manhã e depois fazem judô, inglês? Por que os filhos das famílias mais pobres não podem fazer? Chamamos a isso de educação ampliada. Esse é um projeto extremamente bem-sucedido. Todas as escolas têm que oferecer um cardápio aos alunos para completar sua agenda com atividades de lazer, cultura ou arte, desenvolvidas na escola ou fora dela.

Em Vitória, essas transformações se deram num período de 12 anos, para alguns aspectos um pouco mais, alcançando uma parte da gestão do Vitor Buaiz. Mas qualquer cidade que tenha uma capacidade de investimento, qualquer uma das cerca de 1.200 cidades que têm dinamismo econômico no Brasil pode fazer isso. Pode levar mais ou menos tempo. Se os governos federal e estadual ajudarem, levará menos tempo.

Faço uma distinção das grandes metrópoles, onde o esforço de investimento da superação da pobreza é superior à sua própria capacidade. Dentro dessas 1.200 cidades com dinamismo econômico, algumas têm capacidade de ter um panorama parecido. Por que não acontece? Não fizeram, e não há nada que as impeça. É problema de gestão, de falta de planejamento para buscar recursos, além dos próprios. Mas não há obstáculos. Há obstáculo, sim, nas 4.400 cidades que não têm economia urbana. Nessas, tem que haver mudanças estruturais importantes.

Acho que o serviço de educação nas cidades rurais não pode ser desenhado com essa mesma característica do que fizemos em Vitória. As cidades rurais têm que ter um modelo mais apropriado. É preciso aproveitar a experiência do Mepes – Movimento de Educação Promocional do Espírito Santo. O Mepes é uma escola para pessoas que trabalham no campo, na agricultura. É uma experiência muito interessante, com influência muito grande da Itália. É uma instituição filantrópica, fundada em 1968, com sede em Anchieta, Espírito Santo. É uma entidade privada ligada ao desenvolvimento rural, que trabalha em parceria com diversas instituições, principalmente com os agricultores familiares e suas organizações. Pela Constituição do Espírito Santo, pode ser equiparada às escolas públicas

A Revolução na Saúde Preventiva: o SUS como Exemplo

No contexto do enfrentamento da pobreza urbana, a questão da saúde e o modelo do SUS são muito importantes. Numa família pobre, tudo vira doença. Existe uma visão mitológica sobre a doença, uma visão mágica, de que para toda doença tem um remédio e um médico que vai eliminar a dor. É um mercado infinito, dado que todo mundo envelhece, dado que as mulheres procriam, que tudo isso envolve questões do funcionamento do corpo e da mente humana. A saúde é um campo onde a demanda é infinita, no qual não há uma definição clara sobre o papel da política de saúde. E particularmente no contexto do enfrentamento da pobreza.

Os maiores problemas dos donos da pobreza, dos que se elegem, dos que se enriquecem às custas da pobreza, a porta de entrada para isso, supostamente, é a atenção à saúde. Quem não ouviu falar de vereador que distribui dentadura, óculos de grau, faz centro social, compra ambulância?

A hora em que a pessoa está mais frágil é quando está doente, com dor, sofrendo. O caso da mulher é mais dramático ainda. A sexualidade e a reprodução são dramas na vida da mulher, mesmo quando ela é instruída, de uma família equilibrada. Está provado que a escolaridade é o principal fator determinante para a redução da mortalidade infantil. A gravidez indesejada é o drama que persegue os pesadelos das filhas de classe média e classe média alta, que dirá das famílias pobres. Isso faz com que as taxas de transtorno psicológico da população feminina sejam altas.

Quando o José Serra era prefeito de São Paulo estive com ele num bairro pobre em que as pessoas estavam preocupadas e reclamando do número de suicídios de mulheres. Era um número enorme de suicídio de mulheres. E estavam reclamando de demandas não atendidas por laqueaduras e para vasectomia dos homens. Na discussão, viu-se que aquilo tinha que ser prioridade absoluta naquela região, e que as equipes do SUS para aquela área deveriam incluir um profissional de saúde mental. Era urgente um mutirão de saúde da mulher de forma global, de ginecologia e obstetrícia, planejamento familiar, prevenção da gravidez indesejada, particularmente para mulheres jovens.

Visão Mágica

A abordagem preventiva é o primeiro enfrentamento da visão mágica que as pessoas menos instruídas têm das possibilidades da medicina. É uma relação médico-paciente quase mística – "O doutor vai me salvar. Vai me dar um remédio". As pessoas só se preocupam com a saúde quando estão doentes. Nesse momento, procuram o médico, vão ao balcão para comprar a saúde delas de volta.

Na verdade o SUS, dentro das mais modernas estratégias de saúde pública, inspirado na Opas – Organização Pan-americana de Saúde, é uma idéia de trabalhar o estoque de saúde da comunidade, sabendo que mais de 90% das demandas de saúde são absolutamente previsíveis, que estão dentro do ciclo de vida das pessoas. Crianças até um mês são seres fragilíssimos. Muitos cuidados têm que ser tomados. A criança está saudável, mas o primeiro sinal de gripe em uma criança de até 30 dias pode levar a uma infecção. Tem que ter especialização muito grande para tratar uma criança de até 30 dias.

Conseguimos reduzir a mortalidade infantil primeiro com o pré-natal. A Opas e a OMS indicam no mínimo quatro pré-natais. Cem por cento das mães em Vitória fazem pelo menos quatro pré-natais. Em média, elas estão fazendo quase sete pré-natais. É o que as pacientes de classe média fazem no médico particular.

Dentro do ciclo de vida natural pode-se ir fazendo a abordagem preventiva, por exemplo, nas questões vinculadas às doenças coronarianas, de hemodinâmica, hipertensão, obesidade, sedentarismo, hábitos alimentares, diabetes, osteoporose. Isso representa 90% dos problemas.

Numa situação de pobreza, qual a melhor estratégia da saúde? É fazer como fizemos com as equipes do Programa Saúde da Família (PSF): mapear, ter a ficha de todo mundo, saber naquele território quais são as crianças de até 30 dias, quantas são as crianças até 1 ano, quem são os hipertensos, os idosos, os diabéticos, os obesos. Quem são as pessoas com dependência química, alcoolismo ou outro tipo de transtorno psicológico. Quem são as pessoas com diagnóstico de depressão, onde elas estão? Essas pessoas têm que ser visitadas sempre. Claro que tem a pessoa que, andando na rua, pode ser atropelada e chegar ao hospital. Mas a maioria absoluta das demandas está vinculada às coisas normais da vida, ao ciclo de vida das pessoas, desde que são concebidas no ventre da mãe até irem a óbito, velhas. Se não acontecer nenhum acidente na vida delas, não levarem um tiro, não caírem, vão demandar serviços de saúde...

Também é necessário o treinamento da população. No bairro de São Pedro, em Vitória, tínhamos cinco unidades de saúde e construímos uma policlínica. Não é para dar atenção primária, mas para atender às pessoas que as unidades de saúde mandam, no sistema de referência e contra-referência.

Em Vitória, construímos 29 unidades de saúde, mas não construímos nenhum hospital. Os hospitais são para procedimentos de média complexidade, e devem ser feitos pelo Estado ou por organizações filantrópicas. A prefeitura se concentrou na prevenção e na atenção básica. A pressão para a prefeitura construir um hospital é grande. Toda eleição tem um candidato a prefeito prometendo que vai construir um hospital. "Vitória é rica, por que não tem um hospital?", dizem. Não vai adiantar nada: os municípios do interior que não têm unidades básicas vão entupir esse hospital de gente.

Quando começamos o Saúde da Família, íamos ao hospital infantil, o hospital estadual, e encontrávamos pacientes que poderiam estar sendo atendidos nas unidades básicas de saúde e até em casa porque não eram pacientes de procedimentos hospitalares. O problema dos hospitais é que eles estão atendendo um tipo de demanda que não é hospitalar. Se todos tivessem acesso à unidade de saúde de referência, com seu prontuário, ali estaria a entrada no SUS, poderia fazer uma operação cardíaca, um transplante de fígado. Mas sempre através do sistema de referência e contra-referência.

O SUS tem vários problemas, tanto de estratégia quanto de execução. Particularmente agora, há uma crise porque não estão sendo atualizadas as tabelas de especialidades. O dinheiro que o governo está colocando no Bolsa Família sai do orçamento da saúde e isso está dando problemas, piorou muito o SUS. Mas a estratégia é correta, implica você ter a visão preventiva, a visão da atenção básica, a visão de que seu melhor médico é você mesmo.

Anselmo Tose, secretário Estadual de Saúde, foi secretário Municipal de Saúde a maior parte do tempo ao longo dos 12 anos da gestão do Hartung e das minhas. Ele reunia as pessoas num auditório e falava: "Aqui é nosso melhor consultório". Ele fazia reuniões para discutir a saúde com a comunidade.

Essa estratégia da prevenção é decisiva para o enfrentamento multissetorial da pobreza. A assistência social tem que ser feita dentro do mapeamento das necessidades de cada comunidade para não ser esmola. No caso dos serviços de saúde, o poder público também tem que ter esta estratégia para fechar os ralos da suposta ajuda de saúde aos mais pobres, que na verdade é um processo de reprodução da pobreza, de exploração da pobreza.

O SUS inclusive dá exemplo para outros serviços públicos. Ali, há a divisão entre o que faz o município, o estado e a União. O município faz a prevenção e atenção básica, o estado os procedimentos de média complexidade, as especialidades, as cirurgias. E a União é gestora do sistema, gestora financeira do sistema, arrecada o dinheiro e distribui para os outros níveis de acordo com o que fizeram. A União paga pelo procedimento que foi feito no hospital do estado e realiza os procedimentos de alta complexidade, como os transplantes. Pode-se fazer pelo SUS coisas de altíssima complexidade, em unidades mantidas pelo nível federal. O repasse dos recursos para os níveis estadual e municipal é feito por regras automáticas, sem intermediação de política de baixa qualidade. O município tem seu PAB – Piso de Atenção Básica, é auditado, há automatismo e impessoalidade.

Embora tenha apresentado uma queda no atual governo, de modo geral o SUS ainda é o setor onde a federação brasileira funciona melhor. Não só como articulação federativa, mas como estratégia de serviço público. E aborda o estoque de problemas de saúde da comunidade pondo a pessoa como protagonista da sua própria saúde. O melhor médico da minha família sou eu mesmo. As doenças que tenho têm a ver com a vida que levo. De modo geral, quase todas são assim. Claro, há problemas congênitos, mas essa não é a regra. Isso é muito importante para compor o elenco multissetorial integrado.

Assistência Social: Pública, Laica e em Rede com a Filantropia

Na assistência social, a abordagem é a mesma da saúde, embora seja necessário prover alguns serviços . Imagine o seguinte: em Vitória, temos uma entidade que cuida de crianças com Aids. É um serviço social, junto ao serviço de saúde, e a responsabilidade é de uma entidade filantrópica. Temos uns 12 mendigos com transtornos mentais irreversíveis, sem referência familiar, na capital. Tem uma outra entidade filantrópica que cuida deles. Para ajudar meninas grávidas que são postas para fora de casa também existe uma entidade filantrópica.

Em determinadas situações, extremas, que não são nem situações da pobreza, o melhor caminho é trabalhar em parceria com entidades filantrópicas e religiosas. É uma maneira, também, de especializar essas entidades nessas funções para que elas tenham resolutividade, e não fiquem fazendo todas as mesmas coisas e dando um tipo de esmola sofisticado.

A assistência social está vinculada ao enfrentamento da pobreza, da indigência, com foco naquelas necessidades muito específicas que se colocam. O melhor exemplo que temos disso é o Projeto Rede Criança, uma ação muito premiada que começou da seguinte maneira: tínhamos escolas maravilhosas, pré-escolas maravilhosas, tudo muito bom, tudo muito bem. Mas bastava parar o carro num sinal em Vitória e lá vinha uma criança vendendo chiclete. Como pode? A cidade enriqueceu, os serviços funcionam. Por que ainda tem criança na rua?

Para responder a essa pergunta – que já tínhamos tentado responder ainda na administração do Hartung, com um projeto chamado Cidadão-Criança – chamamos profissionais educadores de rua. Eram estagiários de serviço social da Universidade Federal do Espírito Santo (Ufes). Definiu-se um padrão de abordagem e passou-se a abordar essas crianças para descobrir de onde eram, ao mesmo tempo em que se tentava convencê-las a sair da rua e ir para um dos programas da prefeitura. Se havia referência de família – e quase todas têm – levava-se para a família. Está precisando de comida, de roupa, está fora da escola? Dava-se um tratamento àquela situação. Está com fome? Levava-se a um lugar para ter uma refeição. Tentava-se atrair a criança para um programa da prefeitura, alguma atividade esportivo-cultural.

Começamos a ver que quase todas as crianças de Vitória, dessas que foram abordadas nas ruas, estavam na escola e tinham uma referência familiar. Formulamos, então, um projeto para dar conta dessa situação. A primeira coisa que fizemos foi mapear, na cidade de Vitória, de onde vinham essas crianças que ficavam na rua, pedindo esmola, vendendo amendoim. De que lugar elas vinham? Descobrimos coisas muito interessantes: Não tínhamos qualquer situação de famílias religiosas, evangélicas ou católicas praticantes. não tínhamos sequer uma criança de um bairro tradicional de Vitória, chamado Morro do Quadro. No Morro do Quadro, por iniciativa da comunidade, foi criada uma organização chamada Cajun – Caminhando Juntos. Era uma entidade da comunidade, uma parceria das igrejas da comunidade com as associações de moradores. A prefeitura reformou uma casa disponível, comprou alguns equipamentos e a própria comunidade aparelhou essa casa para cursos de música, arte, computação, quadra de vôlei. Atividades para competir com a rua. É um bairro de famílias pobres, de trabalhadores. Eles não tinham o que fazer fora do período da escola, principalmente os que estavam na faixa fora da escola municipal, os adolescentes, as crianças de mais de 14 anos.

O Cajun do Morro do Quadro foi para nós o modelo. No Rede Criança, propusemos a criação de 11 Cajuns na cidade, depois chegamos a 15. Os Cajuns não são estatais, por isso chamam-se Caminhando Juntos. A prefeitura pegou dinheiro do BNDES para construí-los e os equipou. Tem uma entidade particular que faz uma espécie de supervisão. A Associação dos Funcionários do Banco do Brasil apadrinhou um Cajun, a Infraero apadrinhou outro. A Vale do Rio Doce apadrinhou todos os Cajuns, num primeiro momento. O que esses Cajuns faziam? Atividades preventivas nos lugares emissores de crianças de situação de rua. Fizemos uma pesquisa e chegamos à conclusão de que, se todas as crianças de famílias pobres de bairros que não tinham muita alternativa fossem para as ruas, teríamos 12 mil crianças nas ruas de Vitória. E a média de abordagem por mês era em torno de 200, 250. Em alguns meses, como próximo ao Natal, aumentava.

Uma perna do Rede Criança era os Cajuns, a outra, as entidades filantrópicas ou religiosas que ajudam crianças e colocá-las em rede, numa rede de internet, para que pudessem compartilhar o banco de dados e saber quem eram essas crianças, de onde vieram e o que precisam. A Igreja Batista tem um trabalho de suplementação escolar, de reforço escolar no Morro do Forte São João. E ali tem aulas de balé também. As meninas precisam de roupa e sapatilhas. Então, anota-se no banco de oportunidades: "Fulana de tal precisa de roupa de balé, quem pode ajudar?" As pessoas que querem ajudar também podem ir lá e dizer: "Sou psicóloga, tenho disponibilidade de quatro horas por semana, vou doar minhas quatro horas para a entidade que estiver precisando". Tem um quadro de ofertas e demandas por ajuda, ajuda que você sabe que está chegando à sua destinação.

São 55 entidades filantrópicas que participam do Rede Criança. Fizemos seminários com essas entidades, que tiveram cursos de planejamento financeiro e organização de eventos para se capacitarem. Existe uma mortalidade de organizações filantrópicas enorme. Pessoas supersolidárias querem ajudar, são bem intencionadas, mas na terceira ou quarta dificuldade, na primeira incompreensão, desistem. Todo mundo pensa que se você for ajudar, vai ser acolhido, todo mundo vai acolher você de braços abertos. Não é simples assim, a pobreza resiste, tem sua própria cultura.

Tenho um exemplo desses na minha própria casa. Meus pais, na época em que participávamos muito da Igreja católica, eles, com outras famílias de alguma posse, montaram uma organização filantrópica chamada Rede Maria Júlia. Chamava-se Maria Júlia porque tinha sido a primeira menina que morreu de inanição num determinado ano, nos anos 1960. Eles pegavam pescadores, empregados de empresas de pesca, e os ajudavam a ter seu próprio barco. Eles se cotizavam, compravam um barco para os pescadores. Tinha dois padres italianos que ajudavam. A meta era que esses trabalhadores fossem donos de seus próprios negócios, deixassem de ser empregados, enfim, evoluíssem. Criaram uma organização sem fins lucrativos chamada Maria Júlia. Para encurtar a história, os pescadores acabaram não economizando o dinheiro da venda dos peixes para comprar combustível e gelo para as outras pescarias. Apareceu um advogado picareta, e todos os que estavam ajudando os pescadores foram processados.

Estavam trabalhando como se fosse uma empresa e os pescadores os empregados, e deu o maior trabalho para eles se livrarem. Tanto o setor público quanto o privado têm que saber fazer as coisas com eficácia.

"Não dê Esmola!"

O Rede Criança tinha os Cajuns, a rede de internet e o compartilhamento desse banco de dados. E uma campanha publicitária anual: "Não dê esmola! Ajude uma criança! Venha para o Rede Criança". Com isso, conseguimos medir, com uma pesquisa, que mais de 80% da população de Vitória não davam mais esmola porque conheciam o Rede Criança. Quintuplicamos as equipes de abordagem de rua, de maneira que, se uma pessoa visse uma criança na rua, poderia ligar para um 0800, acessar a internet e, em menos de cinco minutos, uma equipe estava lá para abordar as crianças. Com isso, zeramos o problema de criança em Vitória em situação de rua.

Isso foi no final do primeiro mandato, e se estendeu por todo o segundo mandato. Mobilizamos até os garçons dos bares onde as crianças iam vender chiclete à noite. Com o promotor da Vara da Criança e do Adolescente, fizemos um trabalho muito forte dirigido ao pai de rua. Se a criança estava vendendo paçoca, do outro lado da rua estava um homem, explorando o trabalho de rua dessa criança. A gente ia lá e dizia: "Da próxima vez, você vai ser processado, vai ser preso. O pai dessa criança vai perder o pátrio poder". Tinha uma coisa articulada do Juizado da Criança e do Adolescente, o juiz era muito bom, da Delegacia da Criança e do Adolescente, do Conselho Tutelar. O Conselho Tutelar é muito importante. Para as crianças nesse limite da perda do pátrio poder, a legislação brasileira é muito boa, as pessoas só não põem em prática.

Com tudo isso funcionando, conseguimos resultados extraordinários. Dessas 250 abordagens por mês, caiu para menos de 30. Na cidade de Vitória mesmo, caiu para 0. De vez em quando, vinha uma, outra, mas eram personagens já conhecidos, já sabíamos de onde era. A criança já ia até entrando espontaneamente na Kombi. Na prática, o Rede Criança já estava atendendo a crianças de outros municípios que vinham para a rua de Vitória.

Mas a população já estava muito consciente de que não devia dar esmolas, não comprar nada de criança. A imprensa ajudou. A Igreja Católica, que na origem sempre foi muito contra as campanhas para não dar esmola, ficou a favor e nos ajudou. A Igreja Evangélica sempre foi a favor. As entidades particulares, a Fundação Otacílio Coser, a Telefônica, a Vale do Rio Doce, todo mundo aderiu ao projeto. Não conheço outro projeto, voltado para criança e adolescente em situação de risco no Brasil, mais bem concebido e mais bem executado.

Nossa proposta era fazer o Rede Criança Metropolitano, fazer Cajuns nos lugares emissores da região metropolitana, ampliar a rede de internet e as campanhas do "Não dê esmola". A coisa estava bem avançada, Vila Velha e Cariacica estavam fazendo Cajuns. Mas piorou no atual governo.

Já o menor infrator é outra história. O grande problema é permitir que ele surja. Nessa ação do Rede Criança, previne-se o menor infrator. Uma criança que vai para a rua há vários meses, mesmo que inocentemente vendendo a sua paçoca, não precisa nem discutir se ela virará um menor infrator. É certo que virará. Primeiro, vai ser vitimizada sexualmente, algum tipo de violência ela vai sofrer. Até que ela vá impingir sofrimento a outras. Por isso, não pode haver tolerância com a situação de rua, não se pode passar a mão na cabeça. Há projetos que ficam ensinando capoeira para crianças nas ruas, as crianças se divertindo, comendo na rua. Lugar de criança não é na rua, a rua é perigosa! Os que vão para a rua não são os mais pobres. A rua exige iniciativa, é competitiva; exige coragem, agressividade. A rua é divertida. Ele pára num restaurante, come um pedaço de pizza, vai não sei aonde. É uma farra! Pegar uma criança, um adolescente desses e colocar para ler a Bíblia, fazer curso de marcenaria, ele não quer. Conseguimos uma vez fazer um adolescente no limite da infração ser adotado pela Associação dos Surfistas. Ele queria ter uma prancha de surf. Arranjamos a prancha de surf e ele virou surfista profissional, deixou a vida da rua. O negócio de computador, os games, são muito atraentes. Um dos nossos projetos era a Casa do Adolescente Trabalhador, a Casa Mário Gurgel, onde basicamente usávamos como atrativo o computador, os games, a internet. Não era uma *lan house*, mas ele podia achar tão divertido quanto.

Mas o ideal primeiro é prevenir, através da ação com os Cajuns. Quando o menino vai para a rua, já rompeu a barreira da transgressão.

Temos um abrigo para pessoas de situação de rua. Toda pessoa em situação de rua, em Vitória, de alguma maneira tem uma política para ela. Hoje, é mais do que sabido que o camelô não está no estrato mais pobre da população. É um circuito de comercialização informal. É para a banca dele que vão as mercadorias de roubo de carga, de contrabando. É fachada para outro tipo de negócio. É assim no mundo todo, não é diferente aqui. O fundamental é fazer com ele o que se faz com a ocupação desordenada no morro: delimitar, cadastrar, recadastrar, dar prazo, licenças temporárias. É um trabalho de enxugar gelo, uma tentativa do controle para não explodir o tamanho. Ao longo de algum tempo, se as outras coisas todas funcionarem, isso pode até acabar. Mas não acaba com isso no primeiro momento. Mas essa é uma outra população, que requer uma outra estratégia, voltada para população de rua adulta.

A Questão Fundiária Urbana: Por Onde o Novo Pacto Federativo Pode Começar

A questão fundiária é por onde uma reforma do pacto federativo pode começar, em termos do status do poder local e do inter-relacionamento entre os vários entes da federação.

Na divisão de responsabilidades entre a União, os estados e os municípios, o papel clássico do município, que pouco difere nos vários modelos de organização de poder local no mundo todo, é o uso e ocupação do solo. Cabe ao município legislar sobre o uso e a ocupação do solo urbano. O que significa dizer que as pessoas se tornam proprietárias de um pedaço do solo, mas o que vão construir e a forma como vão usá-lo é regulada. A maneira como você edifica ou usa aquela pedaço de terra interfere na cidade como um todo. O instrumento dessa regulação são as leis municipais. Cada município tem seu Código de Obras, Código de Posturas, Código Ambiental e o Plano Diretor Urbano, o PDU.

O instrumento de planejamento urbano são esses códigos, essas regras, essas leis que estabelecem parâmetros para as edificações, como o afastamento frontal, o lateral, a altura das edificações. E, principalmente, o coeficiente das edificações, quantos metros quadros posso construir por metro quadrado de terreno. Além disso, o Código de Obras estabelece uma série de outras regras que as edificações têm que possuir. Regras de segurança que têm que ser aprovadas pelos bombeiros, regras de higiene de como deve ser uma cozinha. O arquiteto não tem toda a liberdade do mundo para projetar. A casa deve obedecer a essa legislação.

O que acontece na prática? Recentemente, depois de mais dez anos tramitando, o Brasil aprovou o Estatuto da Cidade. É um código, uma lei com mais de 200 artigos, em sua grande maioria de aplicação não imediata; é mais uma orientação. Em sua grande maioria, depende de regulamentação municipal. Quer dizer, autoriza as prefeituras a criarem leis municipais, estabelecendo determinados procedimentos e instrumentos. É o caso, por exemplo, do impacto de vizinhança, do estabelecimento de títulos de dívida para pagamento de desapropriações e outros tipos de obrigações que a cidade pode ter. Mas a verdade é que as cidades brasileiras são em sua grande maioria informais. Essas regras conseguem balizar um percentual pequeno de cidades.

E por que isso acontece? A ocupação desordenada, por sua própria natureza, é irregular. A maior parte do adensamento das edificações, da construção da cidade física, ocorre sem regulação, sem obedecer a nenhum planejamento anterior. Essas regras, na verdade, estabelecem um nível de exigência para o parcelamento do solo, de obrigações para os novos loteamentos, do que eles devem conter e contemplar na infra-estrutura, o que devem destinar em equipamentos públicos, que fazem com que o empreendimento para a baixa renda fique completamente não atrativo. Ele acaba sendo feito de maneira informal ou irregular.

Numa cidade como Vitória, por exemplo, menos da metade das áreas são regulares, possuem escritura definitiva. Menos da metade. Isso se deve, em primeiro lugar, ao fato que a responsabilidade de escriturar a propriedade no Brasil é do cartório de registro de imóveis. Ao passo que, na maioria dos países do mundo, a autoridade fundiária que estabelece o documento de propriedade é o município, a cidade.

A explicação para essa situação no Brasil remonta à transição da República. No período do Império, a terra pertencia a Deus e aos nobres. Existiam dezenas de formas de contrato de uso dessa terra. O conceito de propriedade privada é um conceito republicano, posterior à Revolução Industrial. A terra não pertence mais ao rei e nem ao nobre, pertence às pessoas que trabalham nela. É permitida a propriedade privada da terra.

A República brasileira não instituiu o direito de propriedade em sua inteireza no Brasil. O direito de propriedade no Brasil é precário, e há precarização do direito de propriedade da terra no país. A começar dos subsolos e das áreas de orla de mar, de rios e de lagos. Depois, das áreas de interesse mineral. Então, definiu-se um número enorme de critérios, para florestas, fronteiras.

Na prática, a propriedade da terra no Brasil, seja ela rural, seja ela urbana, é da União. A União é monopolista da representação da autoridade fundiária, perante inclusive os outros entes da federação, os estados e municípios. Existe uma lei muito antiga que fala sobre as terras da União. Elas sempre são cedidas em regime de aforamento. Tem até o aforamento gratuito, mas podem ser aforadas com pagamento de taxa de aforamento mensal, que equivale a um imposto. Um imposto que se superpõe ao IPTU e ao IPTR. Ao mudar de dono, ao mudar de foreiro, paga-se o laudêmio, o pagamento para a mudança de dono. Quem registra tudo isso é o sistema de patrimônio da União, um sistema federal com seus escritórios nos estados. Esse sistema cobra tributos, taxas, sem nenhuma contrapartida de serviço a ser prestado. A União mantém esse monopólio, estabelece essas concessões de uso para o estado, o município ou particular.

Para o tamanho do Brasil é um serviço absolutamente impossível de ser prestado, ainda que fosse correto, ainda que fosse verdadeiro. Em Vitória, o serviço de patrimônio da União funciona porque a prefeitura empresta estagiários, computadores e o levantamento para a cobrança das taxas. É um tributo que arrecada pouquíssimo. O orçamento da prefeitura de Vitória é de cerca de R$ 700 milhões por ano. A União não arrecada de aforamentos e laudêmios no Brasil inteiro nem metade disso. Não obstante é um poder, inclusive sobre a prioridade de uso. Vitória é uma cidade que tem um terço de sua área sobre aterros. Era um arquipélago, que foi se juntando através de aterros. Isso se chama acrescido de Marinha, e não pertence a quem aterrou, pertence à União. A justificativa da origem é que as terras de orla, até 33 metros da linha preamar de 1831, pertencem à União por razões de segurança nacional. Trinta e três metros era o alcance do tiro de um canhão. Por razões de segurança militar, essas terras não podem ser propriedade de ninguém.

Em torno dessa idéia está a outra idéia de a propriedade estatal ter assegurado o uso social da terra. E que a propriedade privada, egoística, não assegura porque o privado faz o que bem entender. O estatal não faz o que bem entender, teoricamente, faz o que seria do interesse coletivo. O que é uma deslavada mentira e, no caso da terra, uma disfunção do poder público, porque a precarização do direito de propriedade faz com que a União assuma para si a responsabilidade de fazer uma coisa que absolutamente é impossível de fazer. Além de ser completamente anacrônica a idéia de se manter um sistema que é anterior à Revolução Francesa, chamado de legislação enfitêutica por causa das enfiteuses, que eram cobradas pelo sistema de uso da terra na França. Isso faz com que os habitantes da maioria das cidades brasileiras paguem aforamento. As pessoas são foreiras, não têm a propriedade.

O aterro da Praia do Suá, em Vitória, pertence todo à União. Na legislação de uso, esses terrenos da União são prioritariamente cedidos aos órgãos federais nos estados, que utilizam esses terrenos para fazer caixa extra-orçamentária. E por manter em estoque áreas urbanas, garantem receita de aluguel, parceria na hora de edificar. O Tribunal de Contas da União construiu uma sede no Espírito Santo, numa área nobre. Não foi a União que fez o aterro, foi o estado. Mas na hora da legalização, a União exigiu ficar com alguns terrenos para construir seus imóveis, imóveis de repartições públicas.

O cidadão comum, numa cidade como Vitória, uma ilha, não entende por que tem que pagar, além do IPTU, o aforamento. Então, ele não quer se legalizar. Ele fica sem ter a escritura definitiva, que afinal não é uma escritura de propriedade, mas uma escritura de aforamento.

Fizemos muita regularização fundiária em Vitória. A União repassa a posse, o foro, para a prefeitura, que repassa para os posseiros. Eles nunca serão proprietários porque a legislação brasileira não os torna proprietários. Ela pode isentá-los de pagar o aforamento, mas de qualquer maneira gera uma burocracia para regulamentar essa posse. E precariza o direito de propriedade. Não vale na hora de tomar um empréstimo, não é propriedade dele, não é garantia, não é imóvel dele. Ele só tem a posse precária.

Isso também atrapalha o planejamento do uso e ocupação do solo. Os PDUs, de modo geral, não são cumpridos nas áreas de ocupação irregular. Não tem lei de uso e ocupação do solo para mais de um terço das cidades do Brasil.

A lei é rígida demais. Nos países em que a prefeitura é a autoridade fundiária, se a pessoa fizer uma irregularidade, não cumprir a lei, ela manda demolir. E é demolido. Não existe, por exemplo, o não pagamento de IPTU. O IPTU é um imposto sobre propriedade. Se sou proprietário, pago um imposto de 1% sobre o valor da propriedade para a cidade manter os serviços comuns, como um condomínio, não posso dizer que não tenho 1% se tenho 99%. Nos países desenvolvidos, não existe dívida de IPTU. Vai para arresto administrativo, leilão, perde o imóvel. Com a precarização do direito de propriedade, tudo isso fica mais complicado. Há um processo de transformar em conflito jurídico um número enorme de questões ligadas à propriedade da terra ou ao uso da terra sem necessidade, porque há esse direito de propriedade de forma precarizada, gerido de maneira burocrática pela União. Onde os cartórios de registro de imóveis são modernos, têm computação gráfica, digital, GPS, consegue-se emitir um título de propriedade e registrar no mapa os limites do seu terreno com muita facilidade. É muito barato. Tínhamos que transformar os municípios em autoridades fundiárias e o cartório de registro de imóveis não seria mais necessário. Isso pode ser feito pela prefeitura. A prefeitura pode até terceirizar esse serviço para os cartórios de registro de imóveis, que podem-se transformar em empresas de prestação de serviços.

Os cartórios foram um fator de modernização do registro patrimonial, mas num tempo em que havia uma dificuldade grande de delimitação, tinha os agrimensores. Meu tetravô, Jacob Lucas, veio da Alemanha para ser agrimensor no Segundo Império, para delimitar as terras da família real. Eram três irmãos, judeus da Bavária. O pai, a mãe e a irmã de meu tetravô morreram num navio que naufragou. Os três irmãos se salvaram. Jacob foi para o Espírito Santo e deu origem, lá, à família Lucas. Ele era agrimensor de uma corporação de ofício naquela época. Hoje, você tira mapas do Google. É muito fácil delimitar. Cabe ao estado e à União supervisionar.

Temos em Vitória três cartórios de registro de imóveis. Um é totalmente informatizado, o dono é superpreparado, Helvécio Castelo. Ele pode dar uma opinião porque é presidente da Associação Brasileira dos Cartórios de Registro de Imóveis e vice-presidente do IRIB – Instituto de Registro Imobiliário do Brasil. Ele tem *expertise*. Se passasse para as prefeituras a regulação fundiária, no Brasil inteiro, ele poderia fazer uma empresa capaz de prestar serviço em vários municípios. A responsabilidade tem que ser do município, da autoridade local. Como se pode ir a Brasília para regulamentar, fazer pesquisa remontando a um período em que quem estabelecia os registros de propriedades eram os párocos em vários lugares do Brasil? Depois, vieram os cartórios para modernizar.

Para o cartório lavrar a escritura – e quando lavra em situações normais – cobra 2% do valor do imóvel. Quem faz a inscrição do imóvel é a prefeitura, e o proprietário paga ao cartório um serviço que é público.

Quando se chega à Praia da Costa, em Vila Velha, tem uma barraquinha de sapê muito bonitinha, cheia de pranchas, barcos à vela, da Associação de Velejadores de Vila Velha. E tem uma placa enorme: "Autorizado pelo Serviço de Patrimônio da União". Já imaginaram o patrimônio da União decidir se coloca barraca ou não coloca barraca em toda a extensão da costa brasileira? É absolutamente fora de propósito.

Todo mundo vai lembrar-se de alguma praia no Brasil que tem barraqueiro demais, que foi ocupada de forma desordenada. Tem um monte. Nova Guarapari, por exemplo, é um horror. Mas não foi o fato de ser propriedade federal que impediu isso. Durante anos, as praias de Guarapari foram ocupadas por barraqueiros irregulares. A União não tem condições de fiscalizar. Quem tem que fazer isso é o município, a prefeitura. Hoje, a prefeitura legisla, mas a dona é a União. Com enorme burocracia, a União emite um documento cedendo para a prefeitura o direito de construir um quiosque para vender sanduíche, água de coco. Se você vai fazer uma passarela para o deficiente físico chegar à beira do mar, é a União que vai autorizar.

A isso se junta o fato de que a autoridade portuária também é a União, assim como a aeroportuária. A experiência internacional mostra que a descentralização é o melhor caminho. Quando você desembarca no aeroporto JFK, em Nova York, tem uma placa "New Jersey". A autoridade portuária e aeroportuária é do condado de New Jersey, não é da União.

Isso remonta àquela questão da necessidade de discussão sobre o pacto federativo, que na questão fundiária é gravíssimo e, na rural, é mais grave ainda. Todas as questões vinculadas à disputa pela posse da terra têm origem na precarização do direito de propriedade. A propriedade é da União, se não tem uso é chamada de terra devoluta. Então, quem chegar primeiro, quem pegar primeiro, quem cercou, virou proprietário.

O deputado Xico Graziano tem insistido muito que a violência no campo se deve à precarização do direito de propriedade no campo. E o morador da cidade também tem um grande problema por causa da precarização da propriedade: a informalidade do mercado imobiliário de baixa renda. A maioria das pessoas em Vitória não tem escritura definitiva.

Há um conceito muito difundido, mas profundamente equivocado na burocracia brasileira de que ao manter o poder sobre a questão fundiária com a União impediu-se a privatização, por exemplo, das ilhas de Angra dos Reis, no Rio de Janeiro, das praias em geral. Ninguém pode ser proprietário de uma praia, de uma ilha. Não estou divergindo, não estou defendendo que se possa privatizar uma praia, mas estou defendendo que quem tem que mandar nesse assunto não é Brasília, e sim o poder local, a prefeitura. Brasília ou o governo estadual podem fiscalizar para ver se há abusos.

Por isso, na questão fundiária, a burocracia federal resiste e luta há anos para preservar seu poder. E não é um problema deste governo, vem de governos anteriores. A esfera federal tem um tremendo desprezo pelo poder local. Falo de cadeira porque sou um técnico do governo federal. Sei qual a visão que vários de meus colegas têm do poder local. Eles acham que toda vez que se põe algo sob tutela do governo federal está se protegendo a sociedade. O prefeito, não. Há inúmeras histórias de prefeituras despreparadas, escândalos, corrupção, assim como nas Câmaras de Vereadores. E isso acontece justamente porque o poder local no Brasil não se transformou efetivamente na ponta de lança das políticas públicas. Tornar o município um ente da federação não lhe deu competência, resolutividade e maioridade institucional. Temos um poder local que parece criança, não pode resolver coisas. O município não é formalmente subordinado ao estado nem à União, mas é pior, é subserviente, e troca essa subserviência por favores. Não tem capacidade de investimento, com exceção das cidades maiores, mais ricas.

O uso social e coletivo mais apropriado para as terras não é contraditório com o fato de ser propriedade privada. Ao contrário. No caso de Vitória, há inúmeras glebas urbanas intocadas – e não quer dizer que sejam preservadas. A Ilha da Fumaça, em frente à Prefeitura de Vitória, é uma coisa feia, não urbanizada, porque pertence à União e está abandonada.

Fiz várias declarações dizendo que o patrimônio da União é o maior latifundiário urbano do Brasil, e não dá às terras a melhor destinação. O fato de aquela terra não virar propriedade privada não assegura maior poder ao uso social. No meio urbano e no meio rural também. Isso vira um caminhão de conflitos.

O correto seria titular todas as terras do Brasil pelas prefeituras, e administrar os conflitos pela exceção, onde eles existissem. O Estatuto da Cidade não prevê isso. Ele submete ao serviço da União, à outra lei. Não revogou a lei enfitêutica que fala de aforamento, de laudêmio. Não fala nada disso. O Estatuto não deu o poder ao município. No Brasil, quem representa a federação para fins de uso e ocupação do solo da superfície – vamos deixar o subsolo para lá porque tem petróleo – quem tem que ser a autoridade suprema da federação brasileira é o município, e não a União. A União trata os municípios como se fossem entidades particulares, privadas.

Unificação do Imposto Sobre a Propriedade

O estado não tem que se envolver. O estado não tem vocação para cuidar de assuntos fundiários. Quem tem que cuidar de assunto fundiário é o município, que cobra o IPTU e deveria cobrar o ITR, ainda cobrado pela União por causa dessa questão.

Uma reforma tributária teria que unificar o imposto sobre a propriedade, sobre as terras e dar ao município essa prerrogativa. Caberia ao Ministério Público, à União fiscalizar regularmente e intervir nos casos em que houver mau uso. Como o SUS faz.

Essa titulação foi promessa de campanha do presidente Lula e acabou não saindo. Não aconteceu nada, nada. O presidente Lula estava fazendo promessa de prefeito, falando sobre coisas nas quais um presidente da República não tinha que se envolver. A União teria que dar as diretrizes, mas ninguém quer abrir mão de poder. Isso vira poder. "Ah, a União recolhe muito dinheiro". Não é verdade, não recolhe o equivalente sequer ao orçamento da Prefeitura de Vitória por ano no Brasil inteiro. "Ah, mas é porque sonegam muito". Se pagar tudo, dá duas vezes isso? Duas vezes o orçamento de Vitória por ano? Essa legislação fundiária precisa ser revista, de maneira a dar aos municípios a responsabilidade fundiária, de forma que os instrumentos do Estatuto da Cidade possam ser implantados, que os planos diretores não sejam peças de ficção. De maneira que as regras de uso e ocupação do solo cheguem à baixa renda.

Planejamento Urbano: Abismo Entre a Teoria e a Prática

O ramo fundamental na discussão da cidade é o urbanismo, que pretende ser a ciência da cidade: estuda sua história, sua formação, seu funcionamento. Dentro do urbanismo, há inúmeros teóricos e linhas de pensamento. Há a vertente do urbanismo estético, da estética das cidades no sentido da beleza das edificações, da interação das edificações com o meio ambiente. Tem uma discussão sobre a funcionalidade das cidades, a espacialização das funções da cidade: as pessoas moram nas cidades, trabalham, divertem-se, então qual a função que cada espaço possui? Há pessoas que acham que as funções devem ser rigidamente separadas, o caso do Le Corbusier e todos os seus seguidores, como Lúcio Costa. Brasília tem a área dos clubes, a área industrial, a área do comércio, a dos hotéis, as superquadras, a área das residências unifamiliares, uma enorme especialização. Há ainda a discussão dos espaços e as propostas que visam à mobilidade. Brasília é claramente uma cidade projetada para o automóvel. As distâncias são muito grandes. Só se vai a pé das superquadras ao comércio local. Para todo o resto – ir ao trabalho, ao shopping, visitar as pessoas – usa-se o carro. Todo o sistema viário da cidade foi feito para facilitar o trânsito de automóveis. O mesmo acontece com a Barra da Tijuca, na Zona Oeste do Rio de Janeiro, para onde a capital fluminense se expandiu.

Uma outra vertente é o chamado antiurbanismo, que tem como principal expoente a americana Jane Jacobs, que escreveu nos anos 1960 o livro "Morte e vida das grandes cidades norte-americanas". Ela faz uma enorme crítica aos amplos gramados que fazem uma edificação ficar muito longe da outra. Diz que as pessoas são mais felizes em lugares onde todas as coisas estão por perto: a padaria está do lado da casa, assim como a fruticultura, o sapateiro, a papelaria. Os comerciantes fazem parte da vida das pessoas. As crianças brincam na rua ou na calçada. Isso dá ao bairro uma personalidade.

Há toda uma produção, uma fundamentação teórica urbanista da cidade, de como a cidade deve ser. A partir daí, no caso do Brasil, há toda uma série de leis de uso e ocupação do solo. Os planos diretores urbanos fazem o zoneamento da cidade: quanto pode e não pode ficar nas diferentes áreas, quais são as áreas de edificação restrita, definem os índices urbanísticos como taxas de ocupação, de permeabilidade do solo, de afastamento das edificações, além das questões vinculadas à regulação do uso das edificações, como as permissões para instalações. As decisões se baseiam em cálculos como as seis viagens que uma casa gera por dia, em média. Uma padaria gera 60 viagens/dia, um colégio, 600. O poder público diz o que pode ou não funcionar num determinado local normalmente através dos alvarás, que são licenças para funcionar, tendo em vista fundamentalmente o problema da mobilidade, do transporte. Isso é urbanismo.

Estive recentemente em Washington, Virginia, num bairro novo, um *business district*. Eles pegam uma área e fazem um plano de ocupação com novas lojas, hotéis, residências. A municipalidade e os empresários fazem a infra-estrutura e vendem aquilo. É algo fundamental e que não existe nas cidades brasileiras: o poder público funcionando como empreendedor e orientador dos empreendimentos. Aqui, o poder público se contenta em jogar na defesa, em tentar atrapalhar o mundo do mercado imobiliário. E o mercado imobiliário também vai-se defendendo porque tem que viabilizar seu negócio. Há ainda uma enorme desconfiança por parte da sociedade de que o empresário possa estar "fazendo alguma coisa errada". Os Estados Unidos fazem planos de expansão para suas cidades. O poder público faz a infra-estrutura, emite títulos no mercado de capitais. No Brasil, o mercado imobiliário não vai ao mercado de capitais em busca de financiamento para seus projetos. É uma coisa residual, mínima. Na realidade, não temos um mercado imobiliário. Isso faz parte do contexto de um planejamento urbano fictício. Ou é fora da lei, como as invasões e favelas, ou é ficcional, com um enorme grau de conflito, como no caso da média e alta renda.

Em Washington, praticamente não há calçadas. Os prédios são distantes uns dos outros. Há gramados enormes e as pessoas só se deslocam de carro. A Jane Jacobs fala que o que dá vida e segurança às cidades são as calçadas e seu uso. O uso misturado. Do lado da minha casa há uma quitanda, uma padaria. As pessoas se deslocam e se falam, todos se conhecem. Mesmo numa megacidade, um bairro que tenha comércio, escola, tudo funcionando por perto, tem menos deslocamentos. E também mais segurança, porque um vigia o outro, sabe o que acontece. E tem mais felicidade.

O economista Eduardo Gianetti tem um livro no qual há uma pesquisa que mostra que as pessoas são mais felizes quando elas se encontram ao longo do dia com pessoas amigas. É uma enorme fonte de felicidade e alegria compartilhar a amizade. Você vai à padaria e encontra um amigo, conta uma história. Tem um sentido de pertencimento. A Jane Jacobs discute essa questão do modelo de cidade para os automóveis. Brasília é claramente esse modelo, assim como Atlanta, Houston.

E qual é o paradigma de cidade boa, bonita de visitar? Paris, Londres, Nova York, cidades nas quais as pessoas se deslocam a pé ou por transporte coletivo.

No Brasil, no caso do planejamento urbano, temos um abismo entre a teoria de planejamento urbano, o Estatuto da Cidade, os PDUs da maioria das cidades e o que acontece na realidade. Temos uma prática em que na baixa renda há selvageria completa, um mercado selvagem que não está regulado, do qual o poder local não chega nem perto. Ninguém pede autorização para construir numa área de ocupação desordenada, numa favela. É tudo ilegal, e, onde não pode nada, pode tudo. Verticaliza, não tem afastamento entre as casas, só ruelas. Como o poder local não consegue coibir, estabelece-se o vale-tudo. É ilegal, e daí?

Onde vigora a lei, como não há um plano de expansão da cidade, com uma política imobiliária abrangente que estabeleça uma relação saudável com o mercado imobiliário, fica o jogo do gato e rato. O mercado imobiliário se posicionando cada vez mais para poder viabilizar seus empreendimentos, independentemente de o empreendimento atrapalhar a vida da cidade em seu conjunto ou não. As prefeituras e as câmaras criando dificuldades aos empreendimentos para vender facilidades. Surgem daí, os casos de corrupção.

Nos balneários onde há dinâmica imobiliária, vemos muito esse abismo entre a teoria de planejamento urbano e o que acontece na realidade. Vemos em Búzios, no Rio de Janeiro, que tem uma dinâmica imobiliária fortíssima, vinculada à função turística da cidade. Vemos em Guarapari, no Espírito Santo; em Porto Seguro, na Bahia. A primeira grande força dinâmica dos locais com atratividade turística é o mercado imobiliário. No caso do Brasil, com essa maneira de lidar com o planejamento urbano, desconhece-se o mercado imobiliário, finge-se que ele não existe. O poder público acha que faz assim e será desse jeito e pronto. E o mercado imobiliário desconhece qualquer planejamento: se está rigoroso e interfere no mercado, ele burla e frauda.

Atuação Defensiva na Questão Imobiliária

No Brasil, existe uma enorme tensão entre o mercado imobiliário e o poder local. É uma permanente guerra. As prefeituras fazem leis e regras extremamente rígidas, que acabam sendo derrubadas na Justiça. Em Vitória, isso aconteceu várias vezes. O juiz e a Justiça não estão treinados para julgar segundo leis municipais. A lei de referência é uma lei municipal, e ele não julga pelo PDU da cidade. Prédios que eram ilegais, perante o PDU, tiveram a construção autorizada por liminar, por decisão judicial. Não conheço história de que se tenha conseguido com tranqüilidade a demolição de prédios construídos irregularmente ou de um acréscimo construído irregularmente. O processo de desapropriação para interesse da cidade, para construir uma praça, para passar uma rua, é juridicamente lentíssimo. Pode levar anos e nunca ser resolvido. Portanto, naquilo que é clássico para o poder local – gerir uso e ocupação do solo – existem enormes dificuldades no Brasil, por causa da legislação das terras, pelo fato de o município não ser autoridade fundiária, pelo fato de o Judiciário ter essa tradição de bloquear a eficácia da ação do poder local, no sentido de dar à terra o uso social e coletivo mais apropriado.

Assim, há um planejamento urbano que não funciona. As cidades crescem por um impulso de crescimento natural. Não existe força legal, jurídica, estatal que diga onde o sujeito vai morar, se ele não vai. E esse impulso desordenado, irregular e informal é regra, não exceção. No pedaço da cidade onde a valorização da terra foi grande, ali a prefeitura consegue impor seu Código de Obras, seu PDU. Essa é a parte da cidade legal, onde existe formalidade nas relações.

Mesmo assim a maioria dos municípios atua de forma defensiva em relação ao mercado imobiliário. As prefeituras se contentam em estabelecer a regra. Houve adensamento demais, empreendimentos imobiliários que comprometem e ferem o patrimônio paisagístico. Na verdade, a postura quanto ao planejamento urbano é sempre uma postura defensiva em relação aos empreendimentos, às iniciativas de edificação. A prefeitura não tem a iniciativa de orientar o mercado. Ela se contenta em ser um bloqueador. Se um empresário quer construir um prédio com determinadas características é porque tem demanda para isso. Ele fez esse estudo. Se tem demanda para isso, para onde a prefeitura, que tem que cuidar da cidade em seu conjunto, tem que canalizar essa demanda? Não adianta dizer que não vai deixar construir ali, se existe a demanda. Se decidir espraiar a cidade, terá que ter o transporte. Numa cidade organizada, em qualquer lugar do mundo, sabe-se, daqui a dez, 15, 20 anos, quais bairros irão surgir. Existe um plano de expansão, que orienta o mercado imobiliário. O mercado imobiliário interage com a autoridade de uso e ocupação do solo para definir esse uso e ocupação.

Na Rocinha, por exemplo, tinha que ter uma companhia imobiliária. Aliás, como eu já disse neste livro, defendo que a Rocinha, no Rio de Janeiro, deveria ser uma cidade, com prefeito, câmara, polícia e uma empresa imobiliária para regularizar aquilo ali. Tem 300 mil habitantes! Não tem poder local por quê?

Não tem que ser um município, mas tem que ter poder local, autoridade local eleita pelos moradores. E que gere impostos locais. É claro que os moradores vão querer pagar IPTU para ficar ali e ter acesso a melhorias, tirar as gambiarras, enterrar os fios. Não é nenhum bicho-de-sete-cabeças um poder local ali, onde o mercado imobiliário é todo irregular, com formas criativas. Não só na Rocinha, em Vitória também. Na Poligonal 5 do Projeto Terra, em Jesus de Nazaré, há varias edificações de seis, sete andares que pertencem a três ou quatro pessoas. Alguém fez dois andares e vendeu a laje. Outro construiu mais dois andares, vendeu a laje. E aí um terceiro construiu mais dois, e cada um com uma entrada independente. É uma situação totalmente irregular e muito difícil de ser regularizada dentro dos padrões dos códigos de obras que temos hoje. Eles foram feitos para situações ideais. O que vamos fazer? Vamos deixar essas edificações à margem da legalidade? Se é politicamente impossível demolir uma edificação, tenho que legalizá-la. Se não posso tirar as pessoas de lá e demolir, tenho que legalizar. Estabeleço regras que a pessoa tem que cumprir para legalizar e emitir o habite-se. Se menos da metade tem escritura, um percentual menor ainda tem habite-se, o documento que legaliza a edificação, assim como alvará é o documento que legaliza o uso comercial do imóvel. Você vai ver que existe um percentual enorme da vida das cidades à margem disso tudo. Não tem escritura, não tem habite-se e não tem alvará.

E também tem que enfrentar aquele caranguejinho que puxa tudo para baixo. Quando nós fizemos o Plano Vitória do Futuro, em 1996, havia porta-vozes do atraso que diziam: "Você pensa que isto aqui é a Suíça? Isto aqui é o Brasil!". O planejamento urbano, o ordenamento de uso do solo, precisa ser muito mais descentralizado, mais próximo do cidadão, para que ele tome conta de seu bairro. É preciso disciplinar as forças de mercado e produzir regras racionais, que tenham credibilidade para serem aceitas por todos. E simplificar, ter menos regras para que todo mundo possa cumprir e ter um processo de *in force* dessas regras mais próximas do cidadão.

Junte-se ao uso e à ocupação do solo a questão fundiária e vemos a necessidade de revisão completa do funcionamento desses instrumentos. A começar pelas políticas habitacionais para a baixa, média e alta renda. Em todos os países do mundo, existem políticas para a habitação de interesse social.

No Brasil, a valorização imobiliária, o preço dos imóveis e dos aluguéis, torna o preço da habitação para as famílias de baixa renda o seu maior custo. E o mercado não tem para oferecer um produto, seja para vender, seja para alugar, compatível com aquela renda. Existe um descompasso entre oferta e demanda, principalmente depois do colapso do Sistema Financeiro de Habitação (SFH), que não foi remontado, não obstante os inúmeros esforços da Caixa Econômica Federal (CEF), um dos melhores órgãos públicos que o Brasil tem.

Os técnicos da Caixa conhecem profundamente tudo isso. A Caixa criou muitos programas inventivos ao longo desses anos para tentar contornar essa realidade do mercado imobiliário informal, da ausência de planejamento, da incapacidade de planejar a expansão: financiamento de material de construção; o PAR – Programa de Arrendamento Residencial, que é um programa de arrendamento extraordinário para as faixas de renda de três a seis mínimos, as quais o mercado absolutamente não tem capacidade de atender.

O Caso do Projeto Terra

Para se ter uma idéia da demanda nas faixas de renda até seis salários mínimos, em nenhuma das poligonais do Projeto Terra, em Vitória, aluga-se uma casa de alvenaria com dois cômodos, de 45 metros quadrados, por menos de R$ 200. Não existe.

Fizemos imóveis novos pelo PAR, com dois quartos e essa metragem, num condomínio organizado. Não é um conjunto habitacional feio. São prédios bonitos, aproveitando pequenos vazios próximos de praças, de parques. Fizemos um pequeno conjunto de 288 unidades na Poligonal 11 do Projeto Terra. As casas foram oferecidas a R$160 por mês, com dez anos de arrendamento. Elas foram oferecidas a funcionários públicos, com prioridade para policiais, porque o bairro em que foram construídas fica perto do Quartel-General da Polícia Militar. Há um enorme déficit habitacional para policiais. É uma prioridade na área de segurança pública que o policial tenha acesso à casa própria, de preferência num bairro com predominância de policiais. Com uma semana, tivemos mil funcionários públicos inscritos, que estavam na faixa de renda de três a seis mínimos e queriam comprar aquelas unidades.

A inscrição foi aberta na internet. Depois, houve um sorteio. É um lugar muito bonito, com vista para o manguezal, contíguo a um parque. Nessa área, houve certa vez uma tentativa de invasão e a prefeitura não permitiu. Havia uma confusão de propriedade entre o Estado e o Município. No final, o Estado fez uma doação para a prefeitura. O bairro já tinha escola, pré-escola, unidade de saúde, além de outros equipamentos como praça, rua. Qual era, então, a opção mais certa? Fazer edificações para uma população com o mesmo perfil socioeconômico que já havia no bairro, de classe média baixa, com renda de três a seis mínimos. O mercado imobiliário não tem essa oferta. E não tem por causa da questão fundiária, que vive por um lado sob tutela de leis anacrônicas da União e, por outro, ameaçado pela informalidade, pela invasão. Fica-se entre a cruz e a espada, entre a hiperburocracia, a tutela da União, e a violência da informalidade, da invasão.

Fotos Kadidja Fernandes

Obras em andamento numa das poligonais do Projeto Terra e o interior de uma nova casa

Foto Elizabeth Nader

Foto Kadidja Fernandes

Intervenções do Projeto Terra: a construção de um mirante e a preocupação em fazer as casas se voltarem para o mar

A espinha dorsal para o planejamento urbano realista no Brasil é uma política habitacional que dê conta da dinâmica demográfica das regiões metropolitanas de todas as grandes cidades do país. Tem que ter diretrizes para isso, fontes de financiamento, subsidio para imóveis de interesse social. No caso desse conjunto da Poligonal 11que foi vendido por R$160, o subsídio foi só a terra, que entrou de graça no custo. Uma empresa privada construiu, vendeu e teve seu lucro negociando as unidades a R$160.

A Cidade e os Deslocamentos

O elemento central do Plano Diretor Urbano deveria ser o Plano Diretor de Transporte Público ou de Transporte Coletivo, o conceito de mobilidade, enfim. As cidades são um organismo vivo. As pessoas são as células e as vias são as artérias e veias. Elas se movimentam de dia e de noite nesse organismo. A questão da habitação é uma das vertentes fundamentais do planejamento urbano. A mobilidade é a outra.

O Brasil tem um dos maiores sistemas de transporte coletivo do mundo: 55 milhões de pessoas se deslocam por dia de ônibus, depois veio o metrô. Mas, na verdade, nossas cidades são construídas para o automóvel. O automóvel transporta 10% das pessoas e usa 90% das vias. Os estacionamentos superficiais gratuitos, a não existência de preferência para os ônibus, a falta de alternativas como metrô, VLT, trens, mostram a opção pelo automóvel.

Esse é um debate muito importante, e somente Rio e São Paulo estão avançando um pouco. Como se faz um planejamento urbano que leve a uma demanda de deslocamento menor? Londres está trabalhando muito nisso. É preciso morar, trabalhar, divertir-se, fazer compras, colocar filho no colégio, tudo mais ou menos próximo para gerar menos necessidade de deslocamento. E é preciso dar prioridade absoluta ao transporte coletivo.

Em nosso país, o paradigma de cidade que levava isso em conta foi, durante décadas, Curitiba. Com seu sistema de linhas troncais no meio das vias, com aqueles abrigos futuristas que ficaram famosos, dos quais se entrava direto no ônibus. Isso fez com que a cidade crescesse de forma espraiada, que todo mundo usasse o sistema de ônibus, mesmo quem tinha automóvel.

Hoje, o modelo de cidade na América Latina com bom sistema de transporte é Bogotá. O projeto Transmilênio foi implantado pelo prefeito Enrique Peñalosa, um economista com mestrado em Administração, professor da Universidade de Nova York. Trata-se de um sistema integrado, com ônibus articulados, que circula em faixas segregadas e faz paradas em estações modernas, equipadas com catracas eletrônicas. Há ônibus que partem dos bairros para alimentar o sistema principal e a tarifa permite que o passageiros, use o alimentador e o articulado. O sistema não se limitou aos ônibus. Houve investimentos para dar conforto e segurança a quem se desloca usando o transporte coletivo: ruas exclusivas para pedestres, calçadas largas, parques em bairros pobres, com bibliotecas e escolas, instalação de bancos, plantio de árvores, iluminação pública.

O Enrique Peñalosa fez uma palestra em Vitória que me marcou muito. O Transmilênio funcionou muito bem inclusive para reduzir os índices de criminalidade na cidade. Paralelamente à construção de vias e calçadas largas, criaram-se dificuldades para os automóveis, os estacionamentos públicos foram retirados. Quem tem que arrumar lugar para parar o automóvel é o dono do automóvel. O poder público tem que dar condições de mobilidade às pessoas. As pessoas passaram a fazer trajetos mais longos caminhando, porque as calçadas largas e bem iluminadas são mais seguras. E elas cortam até bairros de favelas, inclusive com ciclovias, permitindo às pessoas andar de bicicleta, a pé, de patins, de skate.

Essa intervenção conseguiu até acabar com um comércio clandestino que existia a uns 500 metros da sede do governo colombiano, onde se podia comprar um contêiner de qualquer coisa: drogas, armas, CDs clandestinos, o que quisesse. Curiosamente, a tecnologia dos ônibus, os engenheiros de transporte e trânsito, os equipamentos de controle de transito, tudo é brasileiro. E não há uma cidade no Brasil que tenha feito uma revolução no transporte com a coragem que fez Bogotá.

No Chile, está se implantando algo semelhante agora. Não precisa, necessariamente, construir o metrô para melhorar o sistema de transporte público. Claro que o metrô é melhor, o VLT também é bom. Mas mesmo o diesel sobre pneus pode funcionar com altíssima eficiência, desde que você saiba que vai pegar aquele ônibus e não ficará parado no engarrafamento, porque está num corredor exclusivo. Você sabe a que horas ele vai passar no ponto, vai para lá cinco minutos antes e ele passa mesmo naquele horário. É um ônibus confortável, com ar-condicionado. Se ficar gente em pé, o sistema logo manda outro ônibus. O controle do número de pessoas é feito por uma central informatizada graças ao cartão magnético utilizado pelo usuário. É possível monitorar todo o trânsito de pessoas dentro da cidade. Um exemplo: num determinado dia vai ter liquidação num shopping? Pode-se aumentar em 30% a oferta de linhas para a região.

Assim, aumenta-se a eficiência e se reduzem custos. Mas tem que enfrentar a cultura do automóvel. O automóvel é uma coisa maravilhosa: saio da minha casa, paro na porta da padaria, compro meu pão. Se alguém quer parar na porta de seu restaurante favorito e não tem lugar, fica enlouquecido e coloca a culpa na prefeitura. Num primeiro momento, as pessoas não querem nem pagar estacionamento.

Estamos vivendo esse momento em Vitória. O Rio disciplinou de forma bem razoável esse problema na Zona Sul da cidade. Perto do horror que já foi e perto de outros lugares que ainda não conseguiram se disciplinar, está muito melhor. E o Rio também melhorou o sistema de transporte coletivo, mas acho que a disciplina do automóvel melhorou mais que a correspondente melhoria do transporte coletivo.

Em São Paulo a ex-prefeita Marta Suplicy começou um Plano Diretor de Transportes que depois foi interrompido. A cidade tem corredor exclusivo, ônibus passando pelo meio de algumas avenidas, a melhor tecnologia da mobilidade possível. Isso tem tudo a ver com o bom planejamento urbano.

Ao fazer o Plano Diretor Urbano, o PDU, deve-se ter um plano de mobilidade. Em Vitória, avançamos mais na discussão que efetivamente em realizações. Havia uma resistência enorme na cidade. Na região mais nobre da cidade, a Praia do Canto, temos vias larguíssimas e calçadas estreitas, pistas de ida e volta dos dois lados e estacionamentos dos dois lados. Estamos dando 60%, 70% da via pública para o automóvel. Qual é a coragem? Pegar o estacionamento de hoje e aumentar o calçadão. Dessa forma, gera-se demanda para o estacionamento pago e demanda para o transporte coletivo. E as pessoas vão andar a pé.

A cidade toda de Vitória não tem 15 quilômetros de diâmetro. O que seria ideal fazer nessa cidade? Na entrada, estacionamento, e, na cidade, usa-se ônibus circular, bonde circular. Há hoje bondes moderníssimos, lindíssimos. Montpellier, uma cidade francesa de mais de mil anos e cerca de 250 mil habitantes, acabou de implantar um sistema de bondes extraordinário. Virou tudo calçadão. Todo o centro da cidade é calçadão com bonde. O automóvel fica fora, estacionado. Na cidade, as pessoas andam a pé ou de bonde. Uma cidade como Vitória tinha que ser assim. O trânsito interno tinha que ser só coletivo, a pé ou de bicicleta.

Barcelona conseguiu combinar. Tem todas as facilidade de Houston ou Los Angeles para o automóvel. Só que quem mora nos arredores de Barcelona e vai trabalhar de carro paga • 30 por dia no estacionamento. As pessoas não vão de carro, a não ser que trabalhem num local que ofereça estacionamento.

Essa é uma questão muito importante. O bairro onde meu pai e minha mãe moram, a Glória, em Vila Velha, é um bairro desenvolvido. Era um bairro da periferia de Vila Velha e tem um pólo de confecções muito forte. Meu pai participava das reuniões do Orçamento Participativo e contou que deixou de ir depois que perdeu a discussão em dois orçamentos. Ele dizia que, em vez de reivindicar o asfaltamento das ruas, as pessoas deveriam reivindicar a construção de calçadas. As mulheres que andam de sapato alto querem asfalto porque andam no meio da rua. E andam no meio da rua porque não tem calçada, as cidades brasileiras não têm calçadas. Todo mundo pede asfaltamento. O prefeito, então, faz o asfalto e deixa a calçada na terra. Como a calçada é de responsabilidade do dono da casa, cada um faz do jeito que bem entende. Na verdade, uma cidade com qualidade, antes de asfaltar a rua, tinha que fazer enormes calçadas. O ideal seria fazer a calçada asfaltada e deixar a rua de saibro. Fazer a drenagem da rua e mantê-la de saibro ou de paralelepípedo, o que garante ao menos parte da permeabilidade e não tem que fazer muita obra de drenagem.

Segurança Pública, o Maior Desafio do Brasil Atual

Em Vitória, o único elemento importante da vida da cidade que piorou nos últimos 12, 15 anos, foi a segurança pública. Quando fui eleito, em 1996, tinha certeza de que os municípios tinham um papel na questão da segurança pública. Mas não sabia muito bem qual era. Eu só tinha uma idéia. Via os debates sobre segurança pública, principalmente na época de eleições, não gostava de nenhum dos dois lados. Parecia, de um lado, que havia as pessoas que criticavam a segurança pública e pediam penas mais duras para os criminosos, mais polícia, menos preocupação com os direitos humanos dos presos, a política do atirar primeiro e perguntar depois, com aquela visão caricata do estado policial. E, do outro lado, uma coisa supostamente humanista, os bandidos como vítimas da sociedade, as prisões infernais, é preciso construir mais escolas que penitenciárias, a visão de que consertando a questão social, a segurança se resolveria.

Eu achava que a verdade não estava nem de um lado e nem do outro, mas não sabia muito bem como mexer nesse assunto. A prefeitura, mesmo o prefeito não tendo responsabilidade direta na questão da segurança pública, era solicitada pelo Comandante da Polícia Militar, o Comandante do 1º Batalhão ou de alguma das quatro companhias, para consertar viaturas, adquirir viaturas, ajudar em uma obra no quartel. As comunidades vinham pedir para a prefeitura construir um posto da PM. Tinha toda essa demanda para a prefeitura gastar na área de segurança pública, mas não tínhamos um plano para isso. Eu não sabia como julgar esses pedidos. A Polícia Civil também pedia computador, viaturas, reforma da delegacia. Não sabia se aquilo era uma situação conjuntural, porque o Estado vivia uma crise financeira, assim como as polícias. E o Judiciário pedindo para alugarmos instalações para o funcionamento do Juizado de Pequenas Causas, os Juizados Especiais.

Tínhamos a Casa do Cidadão, com advocacia gratuita, particularmente voltada para a questão racial e da mulher, e a Secretaria de Cidadania, que cuidava das Casas do Cidadão, fazia mutirão para dar documentos às pessoas, orientava a população sobre seus direitos. Transformei a

Secretaria de Cidadania em Secretaria de Cidadania e Segurança Pública, e instalei lá um núcleo de políticas de segurança pública, cuja primeira responsabilidade era dizer ao Município o que tínhamos que fazer na área de segurança pública, ver a experiência de outros Estados, de outros municípios, de outros paises. Convidei para coordenar esse núcleo um coronel da reserva da Polícia Militar, o Luiz Sérgio Aurich, meu amigo, uma pessoa muito diferente nesse meio. Ele é um intelectual, um coronel da PM que nunca andou armado na vida. Ele já tinha sido Comandante da Polícia, Secretário de Segurança. Achava que ele tinha excelentes idéias, e o trouxe para a prefeitura com mais dois ou três assessores.

Esse grupo trabalhou na elaboração de um plano de ação para a área de segurança pública em Vitória. Chegamos à conclusão de que precisávamos, em primeiro lugar, criar um Conselho Municipal de Segurança Pública para que esse plano tivesse o respaldo da sociedade. Estabeleceríamos nesse plano quanto poderíamos gastar do orçamento da cidade com segurança pública e onde.

Criamos o Conselho Municipal, com representantes de associações de moradores, empresariado, polícias, Judiciário, Ministério Público. Aprovamos o primeiro plano. A grande demanda que a cidade tinha era pela melhoria do policiamento ostensivo, a prevenção dos delitos de rua, assaltos, crimes de rua. Vimos algumas experiências de outros lugares. Podíamos criar a Guarda ou ajudar a Polícia Militar.

Naquele momento, em 1997, optamos por ajudar a Polícia Militar da seguinte maneira: tínhamos quatro companhias em Vitória, propusemos que eles criassem mais três, para que ficassem uma em cada uma das sete Regiões Administrativas. Iríamos subdividir o Conselho Municipal de Segurança Pública em sete conselhos regionais. Em cada região da cidade, teria o prefeitinho, que era o administrador regional, um capitão, o comandante de uma companhia, e um delegado da Polícia Civil. E, de preferência, tentaríamos ter a presença de um promotor do Ministério Público. O policiamento ostensivo seria feito pelas companhias, com a supervisão do Conselho. A prefeitura faria o quê? Construiria as sedes das três novas companhias e ajudaria a equipá-las. Construiria as delegacias e ajudaria a equipá-las. A Polícia Militar fez o que tínhamos pedido, criou as três companhias. A prefeitura construiu e equipou as três companhias. A Polícia Civil não criou as delegacias por região, continuou setorializada por tipo de crime – crime contra a pessoa humana, contra o patrimônio. As delegacias regionais, a maioria ainda funciona como presídios, como cadeia.

Alocamos recursos do orçamento para essas diretrizes estabelecidas por nosso plano. Quando surgiam outros pedidos, falávamos: "Temos este plano. Os pedidos terão que ir para o Conselho". A prefeitura conseguia dar foco na sua ação. Fomos assim até dezembro de 1998, inclusive muito satisfeitos com os impactos positivos. O capitão de cada companhia trabalhava com o delegado, com o prefeitinho. Ele quase que prestava contas à sociedade diretamente. Tinha a Conselho de Segurança por região, com relatórios. Na verdade, foi quase que uma municipalização do 1º Batalhão. No período em que estávamos criando a logomarca da cidade, eles criaram a logomarca do 1º Batalhão parecida com a logomarca de Vitória. Foi um bom período. Depois, o governo estadual da época desmontou o sistema, andou para trás.

Mas estávamos satisfeitos, até que em dezembro de 1998 o jornal Folha de São Paulo publicou com grande estardalhaço, na primeira página, a manchete "Vitória é a capital mais violenta do Brasil". Era um estudo feito pela Unesco – Organização das Nações Unidas para a Educação, Ciência e Cultura.

Parecia que o Muro de Berlim tinha caído sobre nossas cabeças. Nunca imaginamos que aquilo poderia ocorrer. A primeira reação do secretário de Segurança foi negar, dizer que estava errado, que a pesquisa era furada. Em Vitória tem Instituto Médico-Legal, todos os homicídios iriam para lá. Mas ficamos com a pulga atrás da orelha. Criei, então, uma Comissão de Monitoramento das Mortes Violentas em Vitória. Liguei para o pesquisador responsável pelo trabalho e pedi que ele fosse a Vitória fazer uma palestra. Em 15 dias ele estava lá. Minha declaração inicial foi dizer que não sentia Vitória como mais violenta que Rio e São Paulo, mas respeitava a pesquisa e queria conhecê-la melhor. Fiquei estudando desesperadamente a pesquisa, tentando entendê-la. Procurei o Luiz Eduardo Soares no Rio de Janeiro, fui a São Paulo com o coronel Aurich para tentar compreender.

Realmente, os dados estavam certos. A pesquisa dele foi feita em cima dos dados do SUS do atestado de óbito. O atestado de óbito tem o endereço da pessoa e o local do homicídio. Os homicídios de causas externas são classificados de dolosos, acidentes, suicídios e causa indeterminada. A causa indeterminada só pode ser um percentual muito pequeno.

Logo descobrimos que 30% dos óbitos em Vitória não viravam inquéritos policiais. Por quê? Eles faziam por exceção. Se a vítima é um negro, pobre, jovem, metido com o tráfico, foi assassinado perto da casa dele, é a vítima óbvia. A família não está interessada em descobrir quem foi. O policial não vai perder tempo no Instituto Médico-Legal, tem muito trabalho para pouco policial. Não havia clamor público para que esse homicídio fosse elucidado. Então, havia uma discrepância dos índices, das mortes que iam para o IML e viravam inquérito. O inquérito tem que começar com um laudo. A primeira peça do inquérito de homicídio é a necropsia, a autópsia, o laudo da perícia do IML. Pelo menos 30% dos homicídios não tinham inquéritos. Começamos a ver o problema por aí. E vimos que a pesquisa estava correta.

Criamos um núcleo de monitoramento das mortes por causas externas. O grupo era formado por pessoas da Secretaria de Saúde e da Secretaria de Segurança Pública e Cidadania. Mensalmente, através da imprensa, dos atestados de óbito e dos inquéritos, fazíamos um relatório com os homicídios da cidade naquele mês para tentar compreender o perfil daqueles homicídios.

Então, em 1999, passamos todos os meses fazendo essa estatística. Chegamos ao final do ano, pela primeira vez, com um dado muito preciso: foram 214 homicídios em Vitória no ano de 1999. Quatro homicídios em episódios de assalto, e em dois os mortos eram os assaltantes, e nos outros dois, os assaltados. Quatro crimes passionais. Três mulheres e um homem. Quatro foram por briga de trânsito ou de bar. E duzentas e duas execuções. Perfil dos homicídios: tiro na cabeça, no peito, dois tiros, seis tiros, perto da casa da vítima, à noite. A vítima: mais de 90% homem, muito jovem, não branco e com antecedentes criminais.

Quantos homicídios são apurados? Chegamos à conclusão de que menos de 1% dos homicídios com esse perfil chega a ser apurado. Não precisava ir mais fundo para descobrir que o maior fator de incentivo à criminalidade era a impunidade. A pena de morte tinha sido privatizada como método de solução de conflito. Era razoavelmente barato mandar matar, simplesmente não acontecia nada. Era um *business*, executado em geral por ex-policiais ou policiais que faziam esse tipo de serviço. E conflitos dos mais variáveis.

A gente pensa sempre no tráfico de drogas. É um bom negócio ilegal, mas tem também a prostituição, o jogo, o financiamento ilegal de campanhas, os conflitos do mercado imobiliário informal, acertos de contas os mais variados, conflitos que viram homicídios. Tudo isso pode levar ao homicídio. Passei a ver que as pessoas não achavam Vitória uma cidade violenta, mas todo mundo em Vitória tinha medo de alguém mandar matar, ser jurado de morte.

Foi surpreendente porque não se tinha essa percepção de violência. Circulava-se à noite na cidade, andava-se como até hoje pela rua, homens, mulheres. Não havia essa sensação de violência. Mais adiante, a Fundação Getúlio Vargas fez uma pesquisa sobre sensação de segurança pública, se as pessoas se sentiam seguras em sua cidade. Vitória foi a capital brasileira em que as pessoas tinham a maior sensação de segurança. Elas se sentiam seguras.

A Integração do Município à Segurança

No período em que presidi a Frente Nacional de Prefeitos (FNP), a tese central era a implantação do Sistema Único de Segurança Pública, o Susp, que previa a integração dos municípios ao sistema de segurança, passando para eles a tarefa da prevenção e da repressão aos delitos de menor impacto, e passando para os Judiciários a responsabilidade de, através dos Juizados Especiais, especializar juízes, promotores, Ministério Público nesses delitos, para obter alta resolutividade nesse segmento. Isso é fundamental, está na base de todos os bons programas de exemplos internacionais. Quer dizer, o pequeno delito não ficará impune.

O nome de marketing em Nova York foi Tolerância Zero, mas existe em outros lugares. A ideologia do Tolerância Zero tem muito de amedrontamento ao cidadão comum. Rudolph Giuliani, prefeito de Nova York que implementou o programa, um republicano, é mais conservador do ponto de vista dos direitos civis. Mas em Miami também foi muito bem-sucedido em seu programa, que envolvia as comunidades, os colégios e tinha a seguinte filosofia: se você vê alguém fazendo uma festinha, uma farra, tudo bem. Uma vez tudo bem. Mas toda semana isso acontece? Vai acontecer um problema nessa região ou com esse grupo de jovens. Então, procura-se identificar o problema antes de ocorrer o delito, antes de ocorrer o conflito. Evidentemente, como isso está muito próximo do cidadão, quem tem que fazer é o poder local. Local mesmo.

No caso dos Estados Unidos, a polícia mais importante é a polícia do condado, que equivale à nossa região metropolitana. A polícia municipal é a polícia do poder local. Então, há a polícia, os juízes, os promotores e os presídios do condado para aqueles delitos. No caso deles, o condado tem jurisdição sobre o nível de complexidade maior. Há pessoas cumprindo pena até um determinado tamanho nos presídios dos condados. Depois, tem que ir para a penitenciária estadual. E as polícias estaduais cuidam de crimes de morte, atentados contra vida, crime organizado que envolve quadrilha, que envolve investigação.

No Brasil, o estado poderia se dedicar a aparelhar sua Polícia Militar, pagar melhor, treinar melhor. E deixá-la fazer o enfrentamento armado, estar preparada para o enfrentamento armado, para confusões com grandes aglomerações, situações de seqüestro, situações com reféns, atentados contra a vida, que exijam mais especialização, ações em que o policial precisar descer um morro de rapel, saltar do helicóptero com fuzil.

A Polícia Municipal não precisa ter nada disso. Tem, principalmente, que ser treinada em artes marciais para poder dissuadir briguentos, apartar uma briga sem ter que dar tiro. Tem que estar armada porque o armamento é uma arma de dissuasão fundamental para quem faz o policiamento ostensivo. E saber utilizá-lo. Mas não para uma situação complexa. Para isso, chama a Polícia Militar, estadual. E os crimes de alta complexidade têm que ser federais.

O município tem uma tarefa a cumprir na segurança pública. Todos os prefeitos responsáveis devem tomar em suas mãos a responsabilidade de monitorar a segurança. Até para saber o que está falando. A legislação permite que se criem guardas, inclusive, armadas. Existem 150 guardas armadas no Brasil. A Guarda de São Paulo é armada. Diadema, que já foi a cidade com a maior taxa de homicídios *per capita* do Brasil, é o maior exemplo. Várias medidas foram tomadas – lei seca nos bairros mais violentos, Guarda Municipal armada trabalhando entrosada com a Polícia Militar e com a Polícia Civil. E a redução da criminalidade foi brutal.

Na realidade, existe um consenso, de certa maneira suprapartidário, sobre o que deve ser feito na área de segurança pública. A diferença entre o que está no programa de governo do Lula e no do Serra, da campanha presidencial de 2002, é muito pequena. O Serra dizia que iria criar o Ministério da Segurança Pública, mas para implantar o Susp. No do Lula está a defesa da criação do Susp. Conceitualmente, é a mesma coisa.

Mas o prefeito não precisa ficar esperando o Susp. Tem que começar a fazer alguma coisa já, principalmente nas cidades que têm taxas de criminalidade maior. Tem que monitorar, fazer relatórios mensais. Isso constrange as entidades que funcionam mal, e prefeito tem autoridade para cobrar. "Daqueles homicídios só foram apurados tantos! Cadê a apuração?". O prefeito tem que cobrar do Judiciário, das polícias, do governo estadual. Cobrar sabendo o que está falando, não apenas reclamar quando ocorre um episódio. Tem que ser sistemático, o tempo inteiro. A principal mudança de atitude é em relação ao perfil das vítimas, e isso também é um trabalho de comunicação. A sociedade tem que se indignar com todo e qualquer homicídio, mesmo quando a vítima também é um bandido. Não pode compactuar com a privatização da pena de morte e sua utilização na solução de conflitos.

As estatísticas *per capita* de Vitória têm uma distorção. Vitória é uma cidade de 300 mil habitantes, núcleo de uma região metropolitana de 1,3 milhão de pessoas. O lixo *per capita* de Vitória não é proporcional aos seus 300 mil habitantes. Durante o dia, são 800 mil pessoas em Vitória. O sistema de transporte de ônibus de Vitória não é proporcional aos 300 mil habitantes. Ele transporta de 250 mil a 280 mil pessoas por dia. É claro que não está transportando apenas moradores de Vitória.

Vitória é a capital do Brasil que tem o maior consumo *per capita*. Os vitorienses são mais ricos do que os paulistas? Eles são mais consumistas que os paulistas? Não. Isso se deve ao fato de que o morador de Colatina compra em Vitória, os de Vila Velha compram em Vitória. A capital é um centro de comércio, que tem as lojas mais sofisticadas.

O trânsito de Vitória não é proporcional aos 300 mil habitantes. As estatísticas de acidentes de trânsito *per capita* em Vitória são das mais altas do Brasil. Vitória não tem um volume de carro proporcional a uma cidade de 300 mil habitantes. O volume é proporcional ao de uma cidade de 1 milhão de habitantes.

No homicídio, isso acontece também. À noite, 300 mil pessoas dormem lá, mas durante o dia tem 800 mil, 1 milhão. O denominador gera uma distorção. Mas se for feita a estatística da Grande Vitória, piora. As estatísticas de Vila Velha, Cariacica e Serra são piores que as de Vitória. Serra é a cidade com o maior índice de homicídios *per capita*. Das quatro, a menos violenta é Vitória.

Estamos seguindo nessa direção. O atestado de óbito é um documento que todas as pesquisas sobre violência do mundo usam. Em princípio, o médico tem mais credibilidade que o policial. Não conheço ninguém vivo que tenha um atestado de óbito no bolso. A não ser que o cara seja muito vivo!

O crime tem funcionalidade econômica, está dentro de uma lógica econômica. Qualquer pessoa em Vitória, no Espírito Santo de maneira geral, que ouvir: "Fulano está dizendo que vai mandar matar", todo mundo se preocupa! Todo mundo sabe que acontece toda hora, com prefeito, deputado, com traficante. Mas a sensação da sociedade é aquela: quem não deve, não teme. Não tenho nada com isso, não passa por mim, porque o perfil da vítima normalmente é comprometido com o crime.

Teve uma história que aconteceu muito próxima de mim. Quando me candidatei à reeleição, em 2000, tinha um candidato a vereador chamado Izaltino. Era um líder comunitário profissional, que vivia de trabalhar para políticos em épocas de campanhas eleitorais, cabo eleitoral profissional, líder comunitário profissional, muito querido no bairro dele, a Nova Palestina. O candidato a prefeito do partido dele o ajudou a comprar um videokê para fazer campanha, animar as reuniões políticas. Faltando 20 dias para as eleições, ele procurou um assessor meu. A campanha do candidato dele estava perdida, eu acabaria ganhando com 70% dos votos no primeiro turno, o candidato dele ficou em último lugar. Então, ele procurou meu assessor para dizer que estava devendo as prestações do videokê, que o candidato a prefeito tinha parado de dar dinheiro para pagar o equipamento, quiseram tomá-lo, e que ele tinha pego dinheiro com agiotas para poder fazer a campanha. Ele queria R$ 2 mil, dizendo que daria mil votos a qualquer candidato a vereador que eu quisesse, ele transferiria os votos dele. O nome dele estava na lista, mas ele transferiria todo o trabalho para algum candidato a vereador que eu determinasse.

Claro que não aceitamos a negociação, e no fim ele ficou com menos votos do que quis me vender. Dez dias depois de apuradas as eleições, ele foi assassinado. Era uma coisa óbvia. Ele tinha sido assassinado a mando de quem tinha emprestado o dinheiro para ele. Naturalmente, o agiota da região, quase sempre um comerciante, como não tem estrutura de cobrança, vende a dívida com deságio para quem faz o *factoring*, normalmente alguém que tem braço armado para cobrar. Todo mundo comentava, o executor foi visto por um monte de gente, era um conhecido pistoleiro, ex-policial, envolvido em outros homicídios que tinham tido destaque na imprensa. Era o mesmo carro, a mesma pessoa. E esse ex-policial terminou igualmente assassinado.

Como se reduz a estatística de homicídios? Aumenta-se a taxa de apuração de homicídios, abre-se inquérito no atestado de óbito, começa a ouvir as testemunhas logo após o atestado de óbito. É preciso estabelecer metas de nível de apuração, não precisa ser nenhum Sherlock Holmes. O crime do Izaltino, por exemplo, a polícia em 15 minutos sabia o que tinha acontecido. Só que ia dar com os costados num executor profissional, que já havia sido preso muitas vezes. O perfil do executor é de alguém que está preso e sai para fazer o serviço. Ele anda livremente pela rua. Tinha um executor no Espírito Santo que trabalhava como assessor de autoridades. Todo mundo sabia que era pistoleiro. E quem vai denunciar, sabendo que pode dar em mandante poderoso, pessoa poderosa da sociedade, com cargos?

A luta para aumentar a taxa de apuração tinha como objetivo fazer com que as pessoas soubessem que os crimes de morte seriam investigados. Não importa se a vítima é culpada, ela própria, do que quer que seja. Ninguém tem o direito de resolver um conflito com assassinato. Parece bobagem falar isso, mas as pessoas corriqueiramente aceitam: "Quem mandou fazer isso, pegar dinheiro emprestado e não pagar? Não deu? *Banho*". É um termo corriqueiro na linguagem mafiosa: *banho* é vala! Combinou e não cumpriu, execução. Tivemos um prefeito assassinado no Espírito Santo pelo vice-prefeito, a mando de empresários que tinham dado dinheiro para a campanha em troca de contratos na prefeitura. Ele descumpriu, não deu os contratos, vala! Houve um prefeito, radialista, assassinado num dia 31 de dezembro, no réveillon. Ele estava no ar, transmitido a contagem para o Ano-Novo! O caso estava relacionado a uma tentativa de extorsão.

Procuramos as autoridades de Segurança Pública, falamos à imprensa: "Queremos um mutirão de inquéritos, a prefeitura vai pagar. Na Delegacia de Homicídios, teremos uma sala para os inquéritos da Prefeitura de Vitória. Precisamos de um delegado especial e investigadores. Do que a delegacia precisa, computadores? A gente coloca! Precisa de viatura para investigar? A gente coloca! Vamos dar celeridade! Homicídio? No dia seguinte, começa a chamar para depor! É suspeito? Não importa a quem é ligado!". O impacto foi imediato. A redução dos homicídios foi brutal, quase que instantânea, assim que a notícia se espalhou.

Começou-se a investigar pelos homicídios mais recentes. Tínhamos um estoque de 10 mil homicídios sem apuração. O mutirão de inquéritos ficou funcionando pouco mais de um ano. Depois, algumas providências foram generalizadas, como a abertura de inquérito junto com o atestado de óbito, o promotor acompanhando a fase policial, com o delegado. Isso é fundamental, porque o padrão é o delegado fazer a fase policial do inquérito e mandar para o Ministério Público, que vai ler os autos. Nos crimes em que a vítima é conhecida, eles até têm outros procedimentos. Nos que só engordam estatísticas, acabam não fazendo nem mesmo esse procedimento padrão. A taxa de apuração é ridiculamente baixa. Além do que a probabilidade de se cumprir a pena é baixa porque se conseguem solturas, afrouxamentos.

Tem também um número enorme de mandados de prisão não cumpridos. O sistema, do atestado de óbito ao cumprimento da pena, é cheio de buracos. Não tem compromisso com o resultado, ninguém sabe esse dado. Sabíamos os de Vitória. Mas, em geral, se alguém quiser saber quantos homicídios aconteceram, quais as penas aplicadas aos criminosos, esses dados não estão disponíveis. O fulano de tal está preso? Não se sabe, não há essa informação. A Vara de Execuções Penais é uma confusão. Os presídios, então, nem se fala.

Fui, dessa forma, formando uma idéia sobre a crise de segurança pública no Brasil. No auge da crise política do Espírito Santo, recebi o telefonema de um amigo empresário dizendo que tinha sido chamado para depor na Polícia Federal. Ele foi e depois me contou que era um inquérito sobre o furto de um talão de cheques dele, que tinha ocorrido há sete anos. O crime foi tipificado como crime federal. Uma perda de tempo! Comecei a prestar mais atenção a coisas desse tipo.

Uma cidade do interior, com 6 mil habitantes, tem companhia da Polícia Militar, delegacia de polícia, Fórum, juiz, promotor, investigadores, oficiais de Justiça. Qualquer bairro de Vitória com 6 mil habitantes tem, em um mês, mais ocorrências do que uma cidade dessas em um ano. A distribuição desses recursos escassos entre as cidades não tem a ver com a proporcionalidade. Tem a ver com a tramitação dos ilícitos dentro de um mesmo procedimento.

Na época em que estávamos debatendo a questão da segurança pública na Frente Nacional de Prefeitos e chegando à proposta do Sistema Único de Segurança Pública, fui convidado pelo Instituto de Cidadania, que fazia os seminários para os programas de governo do então candidato Lula, a apresentar a proposta de municipalização da segurança pública. Mesmo sendo eu tucano, prefeito do PSDB, fui convidado e estive num seminário do Instituto da Cidadania. No programa de governo do Lula, essa proposta passou a ser defendida pelo Luiz Eduardo Soares. Em linhas gerais, os municípios fariam o papel que fazem no SUS – prevenção e repressão aos delitos de baixo impacto, os que mais incomodam a população, o assalto no sinal, a mãe não poder levar o filho para passear de bicicleta, o filho que não pode andar com tênis de marca para não ser assaltado. O policiamento ostensivo e a repressão aos pequenos delitos passariam a ser da esfera municipal, com uma polícia municipal fazendo esse trabalho. Como são hoje os chamados Juizados Especiais, que antigamente eram chamados de Pequenas Causas, propúnhamos Juizados para os delitos municipais. Você foi pego embriagado dirigindo seu carro, vai algemado, em cana, imediatamente. Como se faz nos Estados Unidos.

Mas não vai ficar preso com o estuprador. Ficaria numa cadeia municipal, na qual não se pode ter mais do que 48 horas, 72 horas de privação de liberdade. Não é uma cadeia de segurança máxima, mas uma cadeia para delitos municipais, como briga de rua, assalto. O infrator também deve ser julgado no prazo de 72 horas. Se ele for julgado culpado, a pena para esse tipo de delito não deve ser a supressão da liberdade. Além das chamadas penas alternativas, há formas de se controlar o cidadão. Nos Estados Unidos e no Canadá, há a tecnologia das pulseiras de liberdade vigiada. O condenado vai para casa, mas todo dia tem que falar com o juiz e carrega uma pulseira com um chip para que se saiba por onde ele anda. Ou seja, há dezenas de opções para não atulhar as cadeias de pessoas que têm que pagar à sociedade ou ser monitoradas porque representam um risco. Naturalmente, há um número enorme de pessoas que são presas porque não há outra coisa a fazer. Mas há pessoas que não precisavam estar presas, poderiam estar sendo monitoradas de outra maneira.

A tese central do Projeto Qualicidades, de que a solução para os problemas do Brasil está nas cidades, quer dizer rigorosamente em todas as áreas. Na segurança, isso salta aos olhos. O maior garantidor da ordem pública é o prefeito, o melhor chefe de polícia para esses pequenos delitos é o prefeito. A polícia municipal tem que ser treinada nas leis municipais, no Código de Posturas, no Código de Obras, no sistema de licenciamento de alvarás. Os policiais estaduais não conhecem as leis municipais e nem podem conhecer, inclusive porque elas variam de município para município. Não tem sentido um policial militar, treinado em combate, com armas pesadas, ficar na praia para não impedir jogo de frescobol, apartar briga de marido e mulher, levar parturiente para o hospital. O 190 atende um sem-número de ocorrências desse tipo.

Tem que haver polícia municipal. Foi assim que, no último ano da minha gestão em Vitória, partimos para a criação da Guarda Municipal da capital, e houve uma redução muito grande no efetivo da Polícia Militar. Fizemos concurso público para Guarda Municipal com exigência de ensino médio completo, treinamento para uso de armamento no mesmo curso que o oficial da PM faz, e com rigoroso código disciplinar. Acabamos recrutando pessoas com um nível de escolaridade muito melhor do que o policial da PM, inclusive porque o salário era bem maior. Em Vitória, para assegurar o entrosamento, a Guarda não tem estrutura de comando. Fizemos um convênio com o Estado. O comando da Guarda é da Polícia Militar. Fizemos essa estrutura de comando com 20 sargentos e dez capitães da PM. E juntamos com a Guarda de Trânsito. Os agentes de trânsito foram reciclados para entrar na Guarda. Passaram a ter duas companhias, a Companhia de Policiamento Ostensivo e Segurança Comunitária e os Agentes de Trânsito.

Houve um retrocesso porque o novo governo foi contra a criação da Guarda e colocou no comando uma professora da universidade que era contra, não armou a Guarda, não a colocou em posições de policiamento. E o policiamento comunitário era justamente sua vocação. Com isso, seria possível economizar policiamento da Polícia Militar. O plano era colocar câmeras de TV na cidade toda e ter a Guarda no policiamento ostensivo. A prefeitura assumiria a prevenção e a repressão aos pequenos delitos.

Criamos também o Centro Integrado de Cidadania, onde funcionam as três varas especiais para julgamento imediato dos casos mais simples. A antiga Faculdade de Engenharia transformou-se num verdadeiro shopping de serviços públicos, onde se pode tirar desde a carteira de motorista, da carteira de identidade, até fazer cursos do Sebrae. É um lugar modelo, com ar-condicionado, o cidadão é bem tratado. Tem delegacia de polícia, delegacia de Polícia Federal. Os três níveis estão no mesmo espaço físico, e funciona como um condomínio. Quem conhece fica encantado. Há avaliação permanente do atendimento às pessoas, porque o Centro faz parte do programa de qualidade do Governo Federal: conseguimos dinheiro da União para montar o Centro Integrado de Cidadania dentro das normas. Tudo é feito com hora marcada, com senha eletrônica. Não tem nada daquela repartição pública tradicional, aquela coisa feia, suja, empoeirada.

O governo atual diz que existe um Sistema Único de Segurança. Não existe. Para existir, teria que haver uma coisa que o SUS possui: financiamento. Os municípios que têm seu plano de segurança vão criar suas guardas, vão se responsabilizar pelas tarefas prevista no Susp, mas precisam de uma fonte de financiamento, como o SUS garante para o PAB – Piso de Atenção Básica, que é de responsabilidade do município. A União tem que pelo menos pagar uma parte desses custos. Esse dinheiro tem que ter vinculação como tem para a saúde e para a educação. Porque a segurança é o maior problema do Brasil hoje.

O Fundo Nacional de Segurança Pública e o Fundo Nacional Penitenciário estão contingenciados. O governo Lula não gastou nada, nem o dinheiro dos fundos, e não tem uma política. Quando Luiz Eduardo saiu da Secretaria Nacional de Segurança Pública, a implantação do Susp deixou de ser prioridade. O governo fala do Susp como se ele existisse, mas não existe! Não houve mudança na legislação para incentivar, colocar o município como co-responsável pela segurança pública, dar esfera de competência para o município fazer. O Susp precisa que o município entre para fazer essa tarefa no lugar do estado, principalmente nas regiões metropolitanas.

Economizando, a Polícia Militar pode melhorar os salários, ser mais especializada para casos reais de combate, de enfrentamento armado com quadrilhas. A Polícia Civil, a Polícia Técnica, podem apurar crimes que exigem técnica, com metas de apuração superiores. Nada abaixo de 90% de apuração é aceitável. No Brasil, o índice é de menos de 5%. E a União deveria ficar com os delitos de alta complexidade: aumentar o contingente da Polícia Federal, qualificar os agentes, exigindo nível superior e pós-graduação. E com salário compatível. O sistema penitenciário federal para os delitos federais.

ESTUDO DO IETS

"Para além do ressentimento: reinventando o tempo, o espaço e espaço público nas principais metrópoles brasileiras"

André Urani*
Instituto de Estudos de Trabalho e Sociedade (Iets)

As regiões metropolitanas como regiões especiais, como microrregiões especiais dentro do país, trouxeram novos problemas. A violência é apenas um deles. A principal questão é o que fazer, como buscar novas vocações para um contingente populacional e um estoque de problemas tão grande. Não vamos pensar que nós podemos trabalhar com indústria de ponta para dar emprego para toda a população do Rio de Janeiro ou de São Paulo. Não é esse o caso. Há um evidente descompasso entre a natureza e a profundidade dos problemas que atingem essas regiões e os meios que estão à nossa disposição para enfrentá-las. A estrutura dos estados e a estrutura dos municípios isoladamente não dão conta de enfrentá-los e teríamos que buscar novas formas institucionais de encará-los, inclusive do ponto de vista da construção de novas governanças nestas regiões, que são mais complexas. Na comparação dos dados de emprego, renda e evolução da desigualdade entre o Brasil como um todo e as regiões metropolitanas, estas mostram indicadores bem piores.

Não há desindustrialização em curso no Brasil. Tanto na indústria tradicional, quanto na chamada indústria moderna, está sendo mantido o nível de emprego. Mas há perda de vocação original nas regiões metropolitanas. No caso da indústria tradicional, há uma perda de ocupação nas regiões metropolitanas, ao passo que no restante do Brasil, no país como um todo, está estável, não há perda. No caso da indústria moderna, o desenho é o mesmo, tanto no Brasil como um todo quanto no Brasil metropolitano.

A Região Metropolitana de São Paulo apresenta uma queda significativa de ocupação da indústria tradicional e uma certa perda na indústria moderna. Já a do Rio de Janeiro se apresenta mais estável. Mas, de forma geral, pode-se dizer que no Brasil não há industrialização, o que há é uma relocalização espacial da indústria.

Também não há uma queda do emprego de carteira assinada no Brasil como um todo, que se mantém estável e apresenta até certo crescimento. Mas há uma queda do emprego com carteira assinada no Brasil metropolitano. No Rio de Janeiro, a queda é mais acentuada que em São Paulo, mas São Paulo também tem perdas. E a perda do emprego de carteira assinada do município de São Paulo é fundamentalmente na indústria de transformação. O desemprego tem aumentado mais nas metrópoles que no Brasil como um todo.

Da mesma forma, em São Paulo e no Rio de Janeiro, a evolução do emprego sem carteira assinada é maior. São essas duas metrópoles que puxam, de certa forma, o desenho do Brasil como um todo. Segue o mesmo padrão, quer dizer, é mais acentuado o aumento do emprego sem carteira assinada nas metrópoles.

A desigualdade de renda no Brasil está em queda desde 1993.

No Brasil metropolitano, acontece justamente o inverso. Ou seja, a desigualdade aumenta no Brasil metropolitano, ou pelo menos diminui em menor velocidade. A queda de pobres após o Plano Real é abrupta e, a partir de então, ela se mantém. Já no Brasil metropolitano, há uma tendência de aumento. A evolução da renda mostra isso muito bem: mais uma vez, em São Paulo, o número de pobres aumentou, assim como o de indigentes.

Uma das coisas que se está discutindo é qual é a influência dos programas de transferência de renda do governo federal na evolução da desigualdade da renda. É uma discussão recente, e ainda não está comprovada. Alguns modelos já surgiram, mas apenas para mostrar a evolução, não querendo julgar as políticas sociais e mais querendo chamar a atenção para a questão metropolitana no Brasil. Este é o nosso objetivo.

Há regiões metropolitanas nas quais a indigência voltou a patamares pré-Plano Real. É o caso de Salvador, Recife, Brasília. A queda da pobreza no Brasil mostra um crescimento da camada média baixa e uma redução significativa de indigentes e pobres entre 1992 e 2004. No Brasil metropolitano isso acontece de uma forma diferente. Há também uma queda das camadas média-alta, média-média e, de certa forma, ricos e riquíssimos, migrando em direção a outras camadas. Não se explica o crescimento da camada média-baixa apenas pela redução de pobreza dos pobres e indigentes. Quando se separa Rio e São Paulo, vê-se crescimento de pobreza na Região Metropolitana de São Paulo. E a Região Metropolitana do Rio de Janeiro tem uma perda considerável nas camadas média-alta e média-média em direção à média-baixa.

A questão dos inativos na distribuição de renda também é muito interessante. Verifica-se uma realocação dos inativos, um movimento nesse sentido, que leva à perda de renda ainda maiores no Brasil metropolitano, um empobrecimento ainda maior dessas áreas. Ou seja, no Rio de Janeiro os aposentados, os pensionistas, não estão indo só para Copacabana, estão indo para outros municípios que oferecem melhor qualidade de vida, como os da Região dos Lagos. No caso do Espírito Santo, é o caso do beneficiário do INSS de Vitória que vai morar em Guarapari, Domingos Martins, Pedra Azul.

Há uma necessidade de reinvenção do espaço, de combater a idéia de o desenvolvimento ficar preso ao território institucionalmente definido, e não a um território que se auto-defina pelas necessidades do próprio desenvolvimento. Às vezes, esse território abrange vários municípios, às vezes ele atinge uma microrregião. Essa busca de casar as políticas de desenvolvimento com desenhos institucionais preestabelecidos de território tem sido uma catástrofe.

Evidentemente isso exige a combinação de esforços entre os diversos níveis de governo e a variedade de atores envolvida. A síntese dessa história é que temos que buscar institucionalidades que sejam blindadas em relação ao ciclo político. Não porque a política seja ruim em si, mas porque temos que pensar num prazo muito mais longo e que não pode estar sujeito a mudanças radicais de rumo ou abandono de experiências.

Temos o exemplo que do consórcio de municípios na região do ABC paulista, que é tido como uma experiência modelar. Enfrentou problemas, especialmente após a morte do Celso Daniel (o prefeito petista de Santo André que foi assassinado em 2002), mas continua existindo e buscando caminhos para sua continuidade. Há exemplos no exterior, também, caso das agências de desenvolvimento cuja gestão não é subordinada ao ciclo da política eleitoral e são definidas territorialmente, como as agências européias ou mesmo os acordos empresariais de desenvolvimento local nos Estados Unidos. Temos que buscar um caminho específico. E ter ciência, consciência e paciência.

** Resumo da apresentação preparada pelo economista André Urani e exposta por Cezar Vásquez, ambos do Iets, para o Seminário Qualicidades, realizado no BNDES em junho de 2006.*

Gráficos do IETS

Não há desindustrialização em curso no Brasil, mas perda das vocações originárias das metrópoles brasileiras e sobretudo das maiores: São Paulo e Rio de Janeiro

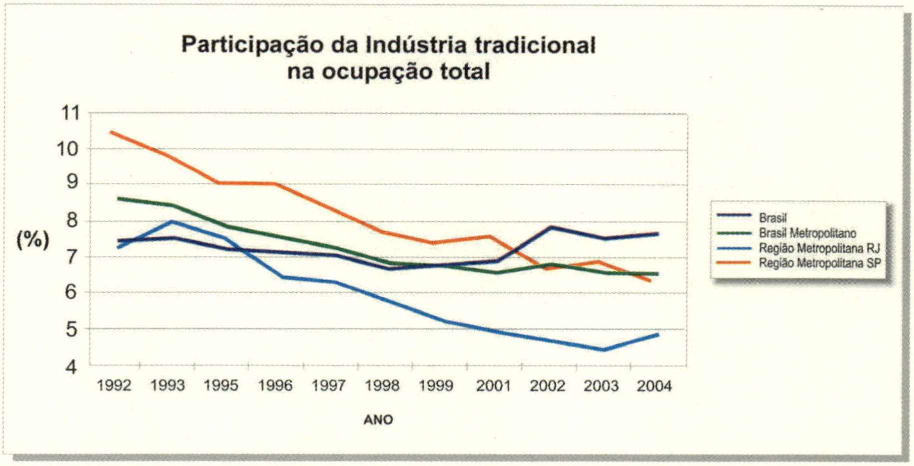

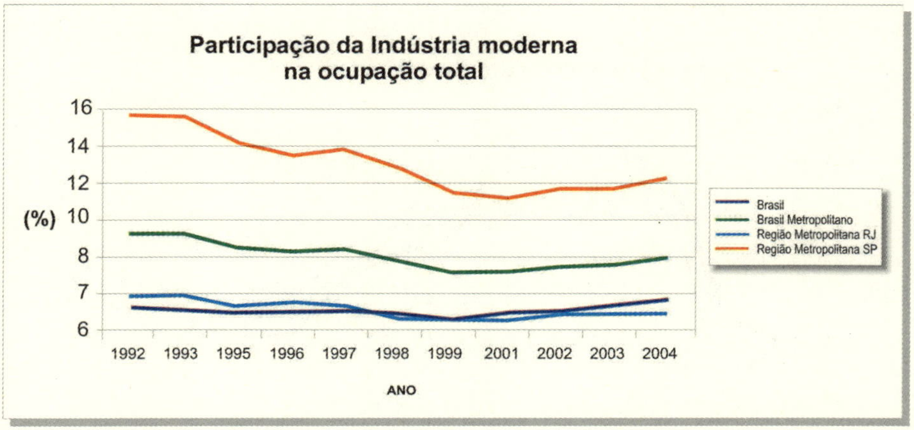

O desemprego tem aumentado mais nas metrópoles que no Brasil como um todo, mas sobretudo em São Paulo e no Rio de Janeiro

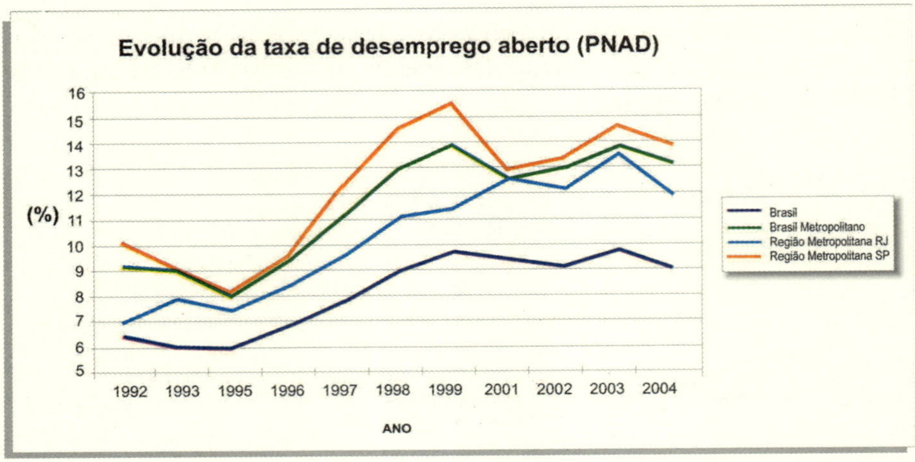

A renda média do trabalho principal no Brasil tem caído desde 1996, mas continua maior que no início dos anos 90. No Brasil metropolitano, a queda começou mais tarde, mas foi mais intensa. Em São Paulo, chegou-se a um patamar inferior ao registrado no início dos anos 90.

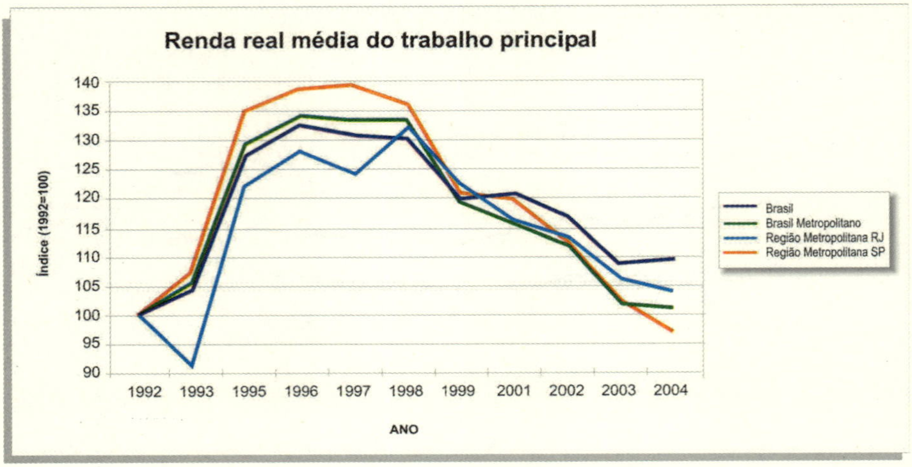

A desigualdade está em queda no Brasil desde 1993. No Brasil metropolitano ela só começou a diminuir no início desta década, depois de ter aumentado na segunda metade dos anos 90. Essa tendência é mais pronunciada em São Paulo.

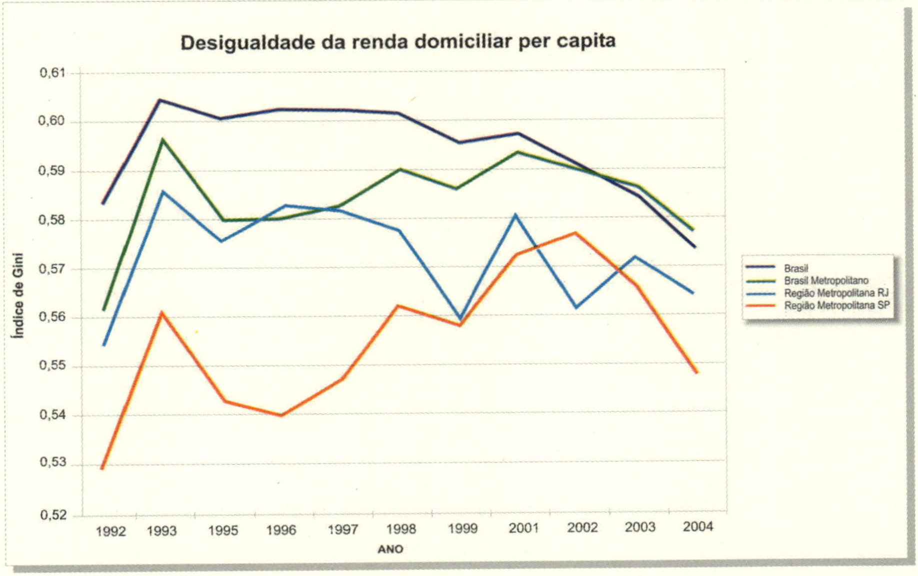

A pobreza caiu abruptamente depois do Plano Real – e se manteve estável, com uma ligeira tendência de queda, a partir de então. Já no Brasil metropolitano, a tendência pós-Plano Real não foi de queda, mas de aumento. E, uma vez mais, sobretudo em São Paulo.

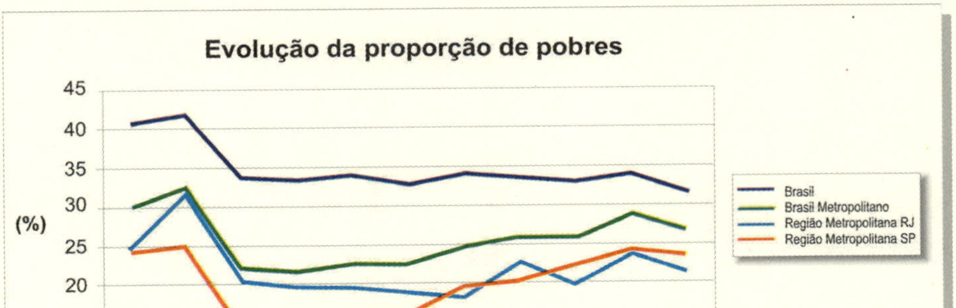

Capítulo III

A Economia das Cidades e sua Infra-estrutura

Teóricos e estrategistas apontam os arranjos produtivos locais e os clusters como inovações nas formas de organização da produção que reforçam e dão um sentido espacial e geográfico ao processo de construção de vantagens competitivas e às políticas ativas de promoção do desenvolvimento.

Também por esse lado o debate nos puxa para o poder local. Somos levados a confrontar enormes disparidades no nível de desenvolvimento entre cidades e localidades de um mesmo país ou região, fortalecendo os elementos locais nas explicações do por que da 'riqueza e da pobreza das nações'. Trata-se agora de explicar a razão do sucesso e do fracasso das cidades

Geoeconomia e Marketing das Cidades: Descobrindo e Incentivando Vocações

O website europeu "City Mayors – Running the World's Cities" adotou como lema "ajudar os governos locais que têm visão, paixão e competência para transformar suas cidades em excelentes locais para se viver, trabalhar e visitar". Economia das cidades, marketing das cidades, planejamento estratégico das cidades e ferramentas gerenciais de gestão empresarial são receitadas e aplicadas aos governos locais, demarcando uma dimensão diferente entre as variáveis micro e macroeconômicas do sistema de equações que determina, ou condiciona, o desenvolvimento.

O primeiro conjunto de teorias e formulações sobre a questão das cidades é a classificação dos municípios de acordo com seu dinamismo, que discutimos no capítulo anterior. O segundo grupo eu chamaria de abordagem econômica das cidades ou da geografia econômica das cidades, da geoeconomia das cidades. Nesta questão, os principais formuladores são o canadense Peter Hall e, principalmente, o economista americano Paul Krugman. Ele desenvolveu, junto com mais alguns economistas, uma nova teoria para a chamada geografia econômica ou economia do espaço. Krugman adaptou para a questão espacial a mesma formulação dos economistas que fizeram evoluir a teoria econômica, a questão do tamanho das empresas. Aí se destacam a inglesa Edith Penrose e, principalmente, o americano Joseph E. Stiglitz.

A teoria econômica, no início, trabalhava com o que se chama rendimentos constantes. Segundo essa teoria, as empresas, independentemente de seu tamanho, produziriam uma igual remuneração do capital investido. Portanto, a pequena, média ou grande empresa remuneraria o capital investido da mesma maneira, ou seja, a eficiência marginal do capital seria a mesma, não importando o tamanho da empresa. Isso foi revisto e passou-se a considerar a teoria dos rendimentos crescentes. Quanto maior a empresa, maior a rentabilidade. Daí, vieram todas as teorias sobre concorrência monopolista, concorrência em regime oligopolista, e toda uma nova teoria econômica que deriva da possibilidade de haver métodos matemáticos para que não se faça mais essa simplificação. Na origem, a teoria econômica fazia a simplificação dos rendimentos constantes porque não sabia como modelar matematicamente os rendimentos crescentes. Assim, a inovação dos economistas Penrose e Stiglitz foi modelar uma economia onde existem rendimentos crescentes.

Paul Krugman adaptou a teoria dos rendimentos crescentes de escala do Stiglitz para rendimentos crescentes de aglomeração espacial. A teoria econômica não levava em conta onde a produção estava fisicamente instalada. Não interessava se estava aqui ou na China. Krugman, de certa maneira, justifica por que se formam as cidades. Porque aproximar os vários elos da cadeia produtiva reduz os custos de transporte e produz-se com rendimentos crescentes. Ou seja, o custo final é mais barato se todas as empresas estiveram próximas, por conta essencialmente da matriz de transporte. Paul Krugman diz que o custo para instalar uma fábrica num lugar onde haja outras fábricas será menor. Por isso, na margem, elas estarão sempre buscando aglomerar-se, adensar-se. É por isso que todo mundo vai morar no mesmo lugar.

Krugman diz que esses custos decrescentes vão até certo ponto a partir do qual não existe mais economia de aglomeração, passa a existir deseconomia de aglomeração. Foi mais uma fábrica para ali, o custo médio de produção daquela localidade fica maior e não menor. Adicionei uma fábrica naquele complexo e, em vez de ter ganhos crescentes, passo a ter ganhos decrescentes, passo a ter uma deseconomia de aglomeração. O que existe, também, na economia das firmas, a chamada deseconomia de escala. A partir de certo tamanho, ampliar a produção mais um pouco implica produzir com uma eficiência inferior, com custo de produção médio maior.

É um modelo bastante teórico e uma abordagem também bastante teórica da questão locacional da produção, mas que ajuda e vem muito ao encontro do senso comum, que acha que a partir de certo momento é melhor que a cidade não cresça tanto. Não tentamos calcular que ponto é esse, não tentamos fazer essa aplicação prática do modelo de Krugman no Projeto Qualicidades. Mas não podíamos deixar de reconhecer essa teoria, que tem uma importância muito grande para a compreensão da economia e da deseconomia da aglomeração.

Se levarmos em consideração os preços fundamentais da geografia econômica – terra e trabalho – e acrescentarmos a eles o preço do transporte, ao colocarmos todas as fábricas juntas, quanto mais próximas elas estiveram, mais tende a cair o preço do transporte. Mas o que acontece com o preço da terra? Tende a subir. E com o preço da mão-de-obra? Tende a subir, na medida em que existe mão-de-obra disponível nos lugares onde não há aglomeração de produção. Uma explicação para a contínua migração, para o processo de esvaziamento das cidades, é a obsolescência tecnológica e a deseconomia de aglomeração, tendo em conta um processo de valorização da terra, valorização imobiliária e valorização da mão-de-obra. A história de Manhatan começa com uma cidade industrial, com a concentração de fábricas. A partir de certo momento, as fábricas deixam Manhatan porque a valorização imobiliária as expulsa de lá, assim como o preço da mão-de-obra. Vão buscar mão-de-obra mais barata num lugar mais longe. E se deu outro uso para os imóveis.

Isso acontece com a agricultura dos cinturões verdes das metrópoles. Se a terra for pensada como capital, a produção agrícola dá lugar à ocupação habitacional, que remunera mais que a agricultura. Isso explica economicamente uma mudança de utilização, de perfil. A geografia econômica é uma ferramenta na análise da formação das cidades, uma componente importantíssima para a compreensão do estudo de casos. No Projeto Qualicidades não caberia pensar em fazer um modelo para todas as cidades brasileiras. Não temos informações para alimentar um modelo e tirar conclusões. Isso é trabalho para umas 50 teses de doutorado em economia. Mas não poderíamos deixar de conhecer essa teoria.

O terceiro bloco de contribuição teórica é o mais útil para os administradores de cidades. O terceiro bloco lida com as cidades como se elas fossem empresas, e seus teóricos são basicamente da escola norte-americana, seguem a linha de *management* de gestão e de marketing, pensando nas cidades como organismos que competem uns com os outros. Esse bloco de contribuição teórica segue o modelo do Philip Kotler sobre o marketing das cidades. Ele escreveu vários livros nessa linha seguindo o modelo criado por Michael Porter, da Universidade de Harvard, chamado a vantagem competitiva das nações. Porter analisa por que algumas nações são mais competitivas que outras, como ganharam competitividade, e desenvolve conceitos como o de competitividade sistêmica e vários outros que são válidos quando adaptados para a realidade das cidades.

Esse enfoque teórico lida com as cidades na linha da escola de Harvard de administração de empresas. Da escola de Harvard derivou uma escola de administração pública e de políticas públicas em termos de países, além de toda uma produção intelectual que se deu em torno da vantagem competitiva das nações. E agora temos a vantagem competitiva das cidades. Há vários pesquisadores trabalhando nessa linha, Harvard está cheia de artigos. A produção teórica desse terceiro bloco é fertilíssima e é a mais útil para os gestores, para os administradores de cidades.

Pela minha experiência como prefeito, posso dizer que essa linha foi a mais útil para nós. Primeiro pela aplicação das técnicas de planejamento estratégico pensando na cidade como uma empresa que quer ter sucesso, quer ser uma cidade do sucesso. O modelo do Philip Kotler é interessantíssimo, fala do sucesso em três dimensões, que as cidades competem umas com as outras em três grandes vertentes. O primeiro quesito é a investibilidade, ou seja, a atratividade por investimentos. Uma cidade compete com a outra para ser um bom local para se instalar uma nova fábrica, uma nova empresa. Quais são os atributos para atrair atividades econômicas e gerar emprego, renda, impostos etc.? Podemos analisar uma cidade comparativamente a outra segundo a competitividade dela no quesito investibilidade, segundo sua capacidade de atrair investimentos, não importando para que setor for. Essa seria uma análise de vocação econômica, de atratividade. Uma análise, por exemplo, de externalidades para vantagens locacionais. A cidade que quer atrair empresas de alta tecnologia tem que ter mão-de-obra qualificada, laboratórios. Uma cidade que quer atrair o agronegócio tem que ter boas terras, tem que ter centros de pesquisa. A investibilidade, portanto, é uma dimensão da competitividade das cidades, uma forma de verificar em que medida ela é atrativa para investimentos.

A segunda dimensão do Kotler para análise das vantagens competitivas das cidades é a habitabilidade. A habitabilidade é definida pelos indicadores de satisfação e de qualidade de vida – segurança da cidade, custo dos imóveis, condições de trânsito, tempo de deslocamento, oferta de bens culturais, beleza da cidade, oportunidade de lazer, serviço públicos, saúde, educação. A habitabilidade são todos aqueles fatores que contribuem para que ela seja uma boa cidade para se viver. É uma cidade competindo com a outra por habitantes. No limite, poder-se-ia dizer que, se as pessoas estão mudando para lá, é porque lá é melhor de se viver. Basta ver se uma cidade está atraindo migrações ou perdendo gente para se ver se ela está dentro do quesito, embora se possa questionar que o movimento migratório se dá por uma comparação entre diferença de potencial de rentabilidade de remuneração dos fatores de produção – capital, trabalho e terra.

Por que as pessoas vão morar em São Paulo? Lá pode ser pior de morar, mas ganha-se mais. O trabalhador ganha mais, e o trabalhador altamente especializado, altamente talentoso, terá melhores oportunidades em São Paulo. Assim como as empresas. Várias empresas do Espírito Santo migraram para São Paulo: empresas de comércio exterior, de construção civil, de construção de maneira geral. Não só o tamanho do mercado é maior como se ganha mais dinheiro. Quer dizer, a rentabilidade é maior. Essa é uma outra coisa que explica o crescimento. É uma coisa que se chama DDP, diferença de potencial: sem isso, a eletricidade não existe, não se forma a tensão elétrica, porque a eletricidade sempre sai do ponto de maior potencial em direção ao ponto de menor potencial. É como a lei da gravidade. Um objeto num lugar mais alto sempre tenderá a cair para um lugar mais baixo. Os fatores de produção migram em função da remuneração. O capital migra para as atividades de maior rentabilidade, as pessoas migram para os lugares onde a mão-de-obra é mais bem remunerada, as empresas migram para onde vão ganhar mais, expandir-se mais. A questão da habitabilidade deve ser qualificada, mas é uma dimensão clara e que interage com a investibilidade nas atividades, por exemplo, da nova economia – economia do conhecimento, economia com alto conteúdo informacional etc. O profissional que vai trabalhar nessa área também é exigente, não vai morar num lugar que não atenda às suas próprias demandas. Para ter investibilidade em alguns setores, tenho que ter habitabilidade. Ela interage com a primeira dimensão.

A terceira dimensão é das coisas mais interessantes do Kotler – a dimensão da visitabilidade. É justamente a atratividade do turista. Pode-se argumentar que algumas cidades não têm qualquer visitabilidade e são competitivas. Mas o que ele diz é que todas as cidades precisam desenvolver atributos de visitabilidade. Toda cidade teria que merecer ser visitada nem que seja por duas horas. Uma cidade que não tem atributos de visitabilidade ou na qual eles sejam muito baixos, dificilmente, consegue desenvolver atributos de habitabilidade. Porque os atributos de visitabilidade estão relacionados com a cultura local, com uma diferenciação cultural daquela cidade para a outra, com a oferta de bens materiais e imateriais. É essencialmente uma questão cultural no sentido mais amplo da palavra cultura: arte, culinária, música, tudo. O visitante precisa sentir que tem "o que fazer" na cidade. Se é uma cidade que não merece ser visitada, normalmente quem está morando lá também está infeliz.

O desenvolvimento de visitabilidade expõe todo um campo imaterial da busca por competitividade da cidade. Em Vitória, a questão da auto-estima foi muito trabalhada dentro dessa dimensão, inclusive na estratégia de comunicação da cidade. A música, o ritmo característico da cidade, os artistas da cidade, os esportes ali praticados, os roteiros turísticos, a história, os objetos. Isso precisa ser trabalhado para o desenvolvimento da visitabilidade. E a visitabilidade é um fator de realimentação da habitabilidade e da investibilidade. Em Vitória, no início da minha administração, fazíamos festas. As pessoas pediam bandas de fora. Mas tínhamos na cidade a Lei Rubem Braga, que subsidia a primeira produção de livros, CDs, filmes, para estimular uma atividade cultural local que o mercado por si só não teria condição de gerar. Esse incentivo acabou permitindo o surgimento de alguns talentos que se viabilizaram comercialmente. Surgiu um movimento musical em Vitória, com bandas locais muito interessantes. As pessoas passaram a querer as bandas locais, que vendem discos, tocam nas rádios. Hoje, temos as bandas Casaca, Manimal, Macuco, José Maria, Rastaclone, Dead Fish e outras. Foi gerado um movimento favorável, formou-se platéia. Também fizemos um projeto de formação de público para teatro e dança, e de formação de profissionais para teatro e dança.

Essa terceira dimensão do modelo Kotler já tem trabalhos, textos, bem detalhados. No Projeto Qualicidades misturamos um pouco essas três influências teóricas, porque todas têm uma contribuição importante a dar. Fizemos uma pesquisa sobre o que havia de teoria disponível para se compreender o fenômeno das cidades, a fenomenologia das cidades no mundo. Nossa compreensão se deu, portanto, dentro dessa visão mais ampla e, do ponto de vista dos gestores das cidades, é muito útil o modelo.

A Procura de uma Vocação e o Poder Local

Na cidade que patina com baixas taxas de crescimento, abaixo da necessidade para ser auto-sustentável em termos de geração de empregos, o maior problema é encontrar uma vocação econômica. Uma cidade decadente economicamente não pode ter qualidade, não pode ser saudável porque seus filhos têm que se mudar para arrumar emprego. Na maioria absoluta das cidades brasileiras, a vocação econômica é agropecuária, como vimos no capítulo anterior. O papel do poder local para essas cidades é muito maior que numa cidade que já tem uma vocação econômica bem definida.

Em Vitória, criamos a Secretaria de Desenvolvimento Econômico para alavancar os projetos estruturantes da vocação econômica da cidade. É uma cidade portuária, o maior contribuinte de impostos são os portos, que pagam o maior Imposto Sobre Serviços (ISS). É uma cidade industrial, que tem a Companhia Vale do Rio Doce, a Companhia Siderúrgica de Tubarão (CST), indústrias ligadas à área de petróleo e gás, como a Flexibras. É, também, uma cidade de serviços, shoppings, universidades. É uma cidade que tem turismo de negócios, de eventos e um turismo náutico interessante.

O que a Secretaria de Desenvolvimento Econômico fez? Mapeou que tipos de empreendimentos precisavam ser fomentados para alavancar essas vocações já existentes. Fomentou, por exemplo, a criação de um shopping no centro da cidade. Havia uma área não utilizada, ao lado do prédio de uma loja de departamentos que fechou. Era um empreendimento privado, mas a prefeitura lidou com esse projeto como um projeto de interesse público. Ela "fez fomento", como se diz na linguagem "benedense" (dos técnicos do BNDES); investiu nesse empreendimento, atuou quase que como um incorporador. O empreendimento seria uma âncora na revitalização do centro histórico da cidade.

Da mesma maneira, a questão do aeroporto. O aeroporto é federal, da Infraero, mas a cidade fez todo o trabalho de gestão, entrando até com dinheiro. Fizemos as desapropriações do sistema viário em volta da área. A prefeitura identificou a necessidade de um centro de convenções para alavancar ainda mais o turismo de negócios. Fizemos um trabalho junto com *trade* turístico para a cidade entrar como destino de turismo de pacote, que tem mais volume e maior rentabilidade. A função do turismo de pacote é manter uma taxa de ocupação média na rede hoteleira. Não é o melhor ramo do turismo, mas toda cidade que tem alguma visitabilidade trabalha para ter o turismo de pacote visando a completar o nível de ocupação da rede hoteleira, além de viabilizar o crescimento de restaurantes, de casas de entretenimento, lazer etc.

A prefeitura ajudou a criar a Rota do Sol e da Moqueca, junto com as prefeituras do litoral, Vila Velha e Guarapari. Com isso, em 2001, conseguimos fazer um pacote, que foi vendido para agências de turismo do interior de São Paulo, que são responsáveis por mais de 90% da emissão de turistas de pacote. Eles compram a semana turística de sete a dez dias, trabalham com vôos charter. O preço é 30% do que você pagaria pela passagem aérea e pelo hotel separados. Faz-se um esquema com os hotéis, com as agências de turismo e com as empresas aéreas. O cliente fica em Guarapari, Vila Velha ou Vitória. Fizemos um consórcio entre as cidades. Depois, fizemos a Rota do Mar e da Montanha, Vitória com as cidades da serra – Domingos Martins, Santa Teresa, visitas ao Museu do Beija-Flor, do Augusto Ruschi, ao Museu das Orquídeas e Bromélias, e fomentamos o agroturismo e o ecoturismo.

São ações de ativismo governamental a favor do desenvolvimento da cidade. A cidade de Santa Maria de Jetibá, no interior do Espírito Santo, ganhou o Prêmio Prefeito Empreendedor, do Sebrae. Santa Maria de Jetibá é a capital brasileira da agricultura orgânica. É o segundo pólo produtor de ovos do Brasil. A prefeitura atuou levando assessoria técnica, ajudando a montar os canais de comercialização para os pequenos agricultores, reunidos em associações.

A prefeitura tem uma função na economia da cidade extraordinária. Daí a importância de se ter um poder local empreendedor. Ele está ali, operando a favor da alavancagem das vocações ou de novas vocações.

No Espírito Santo, tem sido tradicional o surgimento do extrativismo de granito. O fazendeiro descobre que tem granito na propriedade dele e torna-se industrial de granito. No início, vende o bloco bruto, depois se associa a outros, monta uma serraria para vender o granito laminado, agregando valor. E assim por diante. Várias cidades essencialmente agrícolas passaram a ter indústrias de pedras, de rochas ornamentais.

No livro "Reinventando o Governo", do David Osborne e do Ted Gaebler, tem uma história muito interessante. Nos Estados Unidos, uma pequena cidade, totalmente decadente, contrata um administrador de cidades criativo. Ele faz uma pesquisa e chega à conclusão de que a cidade tinha uma paixão, o beisebol. Era a única coisa que a cidade tinha de destacável – todos eram fanáticos por beisebol. O maior acontecimento local era o jogo de beisebol, entre as duas *high schools* da cidade. Não tinha universidade. Os dois times de beisebol das *high schools* eram rivais. Enfim, a coisa mais importante era o beisebol. O administrador fez um estudo para aproveitar a paixão pelo beisebol e resolveu criar um time profissional na cidade, estatal, de propriedade da prefeitura. Para isso, tiveram que privatizar outros serviços, a cadeia, o Corpo de Bombeiros, para sobrar dinheiro e investir no time de beisebol. Com a emissão de títulos no mercado de capitais, obtiveram financiamento e criaram um time para disputar a Liga Nacional. O time foi bem-sucedido. Na esteira do time, vieram hotéis, *resorts*, clínicas especializadas em beisebol; aficionados de beisebol iam se casar no campo de beisebol. Empresas de material esportivo foram atraídas para a cidade. Fizeram um *cluster* voltado para os negócios do beisebol. Ganharam visitabilidade porque a cidade se tornou a cidade do beisebol. Construíram uma indústria de lembranças, *souvenirs*, a indústria do turismo se desenvolveu. É um *case* de uma cidade que se reestruturou. Criaram uma vocação, um caminho para o desenvolvimento. É a antítese do pensamento liberal. No plano local, tudo depende do poder público. Existe um enorme papel para o poder público no plano local para o desenvolvimento econômico.

E o time teve sucesso. O livro do Osborne e do Gaebler tem outras histórias, mas essa é a minha favorita. Na verdade, a teoria do Philip Kotler e a do Porter têm tudo a ver com o trabalho do Ted Gaebler, seguindo a linha americana da questão da competitividade das cidades. Não deve existir qualquer preconceito sobre o que deva ser feito pelo setor público e pelo setor privado. Se tiver alguém privado para fazer, ótimo, melhor. Mas se não tiver, o governo deve fazer o que for necessário. Principalmente, no caso do desenvolvimento econômico, quando existir vocação.

Às vezes, há uma série de minas de rochas ornamentais e não há via pavimentada para transportá-las. Cabe ao setor público correr atrás e fazer essa estrada para viabilizar o negócio de rochas ornamentais.

Identidade Cultural: A Busca da Marca que Destaca a Cidade

Mais do que nunca, na economia pós-industrial, com bens imateriais, num ambiente em que se convive com um conteúdo informacional muito grande, com mais tecnologia, existe uma importância muito grande da identidade cultural da cidade. A globalização fez o mundo inteiro comer sushi, beber Cola-Cola, comer hambúrguer e comida italiana. Na verdade, a globalização exacerba a importância da identidade local. Se você consegue mostrar a sua identidade, em que você é diferente, em que você é melhor, você se destaca. E se destaca e é comprado pelo mundo.

Essa foi uma linha fundamental do plano estratégico de Vitória: trabalhar a identidade cultural da cidade. Vitória é uma ilha, tem uma forte relação com o mar. Esse é o ícone da cidade. Fizemos todo um trabalho para Vitória se voltar para o mar. Construímos piers, atracadouros, para permitir que as pessoas façam passeios de barco. Não havia empresa de passeio de barco em Vitória, não havia sequer uma escuna. Fomentamos o surgimento de uma empresa chamada Cores do Mar, com duas escunas para fazer passeios. No início, não havia interessados. Então, para viabilizar a empresa, fizemos curso de biologia no manguezal. As crianças iam de escuna, a prefeitura bancava o custo para dar escala no início, até o empresário se estabilizar, até o mercado passar a acreditar, até que os hotéis passassem a mandar as pessoas fazerem esse passeio. Quando era prefeito, fiz muitas vezes. Convidava os formadores de opinião da cidade, jornalistas, advogados, juízes, desembargadores e empresários para fazer o passeio de escuna. A maioria não conhecia a costa oeste de Vitória, o manguezal, nunca tinha observado a cidade pela vista do mar. Isso significou trabalhar um elemento da cultura da cidade: a culinária de peixes e frutos do mar, que são produtos do mangue, valorizando a moqueca, a torta capixaba, a mariscada, feitos nas típicas panelas de barro do Espírito Santo.

A Lei Rubem Braga, que citei anteriormente, é uma política anterior à minha administração de incentivo a projetos culturais, livros, CDs, peças. A decisão sobre quais serão os projetos a serem financiados compete a um conselho formado por representantes da classe artística, e o dinheiro vem de bônus de empresas que pagam ISS. Em vez de pagar ISS, elas compram bônus da Lei Rubem Braga. Assim, centenas de livros de escritores iniciantes, bandas iniciantes, festas da cidade foram financiadas. Viu-se a necessidade de existir artistas locais, mas que o público quisesse, sem chauvinismo. O consumidor de cultura quer um produto cultural do mundo, quer ver tudo. Levei para ser minha secretária de Cultura no primeiro mandato uma produtora cultural do Rio de Janeiro. E disse a ela: "O Rio é a capital cultural do Brasil. Os principais artistas do Brasil, quando ganham projeção nacional, vão morar no Rio. É lá que está a Rede Globo. Vamos fazer com que o Brasil conheça Vitória, conheça o Espírito Santo. E vamos levar para o Espírito Santo o que tem de melhor no mercado brasileiro".

Fizemos alguns trabalhos de formação de platéia, principalmente transformando um prédio da antiga Faculdade de Filosofia, a Fafi, num curso de teatro e dança que forma mão-de-obra; 200 profissionais de teatro e dança por ano. Mesmos os que não se tornam profissionais de dança serão apreciadores, público para os espetáculos. Foi uma quebra de paradigma buscar uma produtora do Rio de Janeiro para mostrar a nossa identidade ao Brasil e ao mundo. E trazer o Brasil e o mundo para Vitória. Éramos muito desconhecidos, como de resto ainda somos.

Foi essa a missão, a diretriz cultural do meu período de governo. Foi muito interessante. Naturalmente, não foi por causa exclusivamente das nossas iniciativas, mas no meu período de governo vivemos um *boom* da área musical. Várias bandas do Espírito Santo estouraram comercialmente, passaram a ter público fiel. As pessoas passaram a querer nas festas da cidade uma banda capixaba. Tem um movimento de bandas de *reggae* enorme na cidade, tivemos a volta das bandas de congo, do folclore tradicional, que estavam praticamente extintas. Passamos a patrociná-las para que a tradição não se perdesse. "Madalena", gravada por Martinho da Vila, é uma toada de congo de um autor desconhecido da Barra do Jucu, Vila Velha. É aquela canção que diz "Madalena, Madalena, você é meu bem querer, eu vou falar pra todo mundo, vou falar pra todo mundo, que eu só quero você". Martinho gravou em ritmo de samba e fez um enorme sucesso. Conseguimos fazer um bom trabalho nessa área de afirmação da identidade cultural local, como parte da competitividade da cidade. A partir daí, surgem negócios, empresas, desde a Cores do Mar com suas escunas até músicos, estúdios de gravação, atração para bares, música ao vivo, dando colorido à cidade. Vitória é uma cidade à qual se chega qualquer dia da semana e há bons lugares para ir.

Há 15 anos, a cidade não tinha um bom restaurante japonês, um bom restaurante espanhol ou francês. Hoje, temos todas as culinárias. Vitória tornou-se conhecida por sua culinária sofisticada. Houve também um movimento que veio da sociedade, não do governo, de consumo de vinhos finos. A Sociedade dos Amigos do Vinho do Espírito Santo, a Soaves, realiza em Domingos Martins, em julho, o maior evento de degustação do Hemisfério Sul, o Encontro Capixaba de Vinhos. Já trouxe diretor-técnico da Casa Rothschild, fez lançamento de chilenos, de vinhos dos Algarves, da África do Sul. O evento dura quatro dias e atrai gente do mundo inteiro, os mais importantes *sommeliers* do Brasil; há sessões de degustação caríssimas, com as melhores marcas do mundo. É também uma feira na qual se fecham negócios. As importadoras estão lá para fechar contratos.

O Espírito Santo é hoje o maior consumidor per capita de vinhos finos do Brasil. Tem muitas empresas situadas na capital que fazem a importação de vinhos finos através do Porto de Vitória, há restaurantes com excelentes adegas. Houve uma popularização do consumo de vinhos finos no rastro da sofisticação da rede de restaurantes.

O restaurante do Brasil que há seis anos é considerado pelo "Guia Quatro Rodas" o melhor restaurante de pescado do país é de Guarapari, o Guaramare. O dono é um macedônio, o Vicente. Ele se casou com uma capixaba e foi para lá. Já temos três faculdades de gastronomia no Espírito Santo. Os restaurantes hoje estão empregando nas cozinhas maîtres, pessoas com nível superior. Não tem mais aquele cozinheiro que aprendeu na prática. Temos o tradicional Senac e os cursos superiores de gastronomia. Isso faz parte desse esforço de construir uma identidade cultural da cidade.

Incentivo Fiscal, Atratividade e Vocação

Vitória não tem qualquer tipo de incentivo fiscal. Ou seja, damos um tratamento linear à atividade econômica. Em meu segundo mandato, chegamos à conclusão de que tínhamos que fazer uma exceção. Fizemos a exceção voltada para a área de economia do conhecimento para empresas de software, internet. Reduzimos temporariamente a alíquota do ISS para atrair essas empresas para lá, dando competitividade a elas em Vitória. Reduzimos ainda o ISS para empresas que se localizassem no centro histórico da cidade, porque a revitalização dessa área também está inserida na questão cultural da cidade. Vitória é a terceira capital mais antiga do Brasil. Foi em Vitória, se podemos chamar assim, que começou a catequização do Brasil, o aculturamento dos índios. A colonização do Brasil começou em Vitória. De Salvador e Recife, no caminho para o sul, os jesuítas chegaram a Vitória. Construíram o Colégio São Thiago e, de lá, saíram para fundar o Rio e São Paulo. Havia São Thiago e São Vicente, na costa de São Paulo, mas os índios do Espírito Santo foram os primeiros catequizados e levados a guerrear com os portugueses. Araribóia era capixaba. Eles eram índios canibais muito violentos, mas provaram ser mais receptivos à mensagem dos jesuítas. Conta a lenda que os jesuítas, quando eles guerreavam e matavam adversários, permitiam o canibalismo.

Pois bem, criamos o incentivo fiscal para as empresas de software. Era um setor importante o suficiente para a gente entender que havia empresas atuando no novo paradigma da economia mundial, a economia do conhecimento. Era preciso criar um atrativo especial.

Vitória foi a primeira cidade do Brasil a ter um site com serviços on-line. O "Vitória On-Line", da Prefeitura de Vitória, entrou no ar em 1997, já com 30 serviços. Foi o pioneiro. Através desse incentivo, a gente procurou incentivar a atração de empresas dessa nova economia. Essa foi a diretriz que procuramos ter, além de explorarmos o fato de Vitória oferecer alta qualidade de vida para esses profissionais, que estão ligados ao mundo pela rede de computadores, podem prestar serviços através da rede e, quando precisam ir a qualquer lugar, bastar tomar um avião. A Índia entrou demais nesse mercado. No Brasil, Blumenau e Joinville, em Santa Catarina, são exemplos de cidades que se especializaram e atraíram atividade econômica nessa área.

Mas em Vitória não estávamos procurando desesperadamente uma vocação econômica, que a capital já tem, bem definida. É só trabalhar agregação de valor onde já estamos presentes, desobstruir canais e consertar os problemas que temos. Porém, o incentivo fiscal cada vez menos decide a questão locacional das empresas. O Espírito Santo tem o Fundap – Fundo para o Desenvolvimento das Atividades Portuárias, que é mais um incentivo financeiro, não propriamente fiscal. A empresa recolhe o ICMS na importação e se qualifica a tomar um empréstimo de até 80% do valor que recolheu, a taxas de juros muito baixas, quase que a devolução do imposto. Outros Estados acabaram fazendo também. No Brasil, só os incentivos fiscais da Zona Franca e da Sudene fazem muita diferença. No caso de Vitória, o que fizemos com o ISS na área de economia do conhecimento foi muito significativo.

O incentivo fiscal é a cereja do bolo, não é o bolo. Se não houver atratividade, não adianta dar incentivo fiscal. Se você tiver atratividade nas estruturas, o incentivo fiscal ajuda a ir mais rápido, ajuda a desempatar uma decisão locacional. Mas não é decisivo nem a peça mais importante. E não pode ser feito indiscriminadamente, tem que ser um processo muito seletivo, com um foco muito grande nas vocações, em alguma coisa que se queira atrair, uma nova vocação que se queira incentivar. É preciso ter muita seletividade, operar com muito cuidado o incentivo fiscal para ele não se generalizar. Senão, perde função, só faz reduzir a arrecadação.

O Financiamento dos Investimentos nas Cidades: Inovação e Ousadia para Superar a Restrição Fiscal

Há uma dimensão na busca do desenvolvimento das cidades que, de certa maneira, se constitui num roteiro que se aplica a qualquer cidade, seja ela dinâmica, estagnada, decadente, seja grande, média ou pequena. É o roteiro da gestão dos recursos financeiros e humanos à disposição da prefeitura para que possam ser alocados.

Por mais indigente que seja a situação do município, não importa o seu tamanho, o prefeito se elege e no dia seguinte tem a responsabilidade de geri-lo. Ele nomeia, demite, gasta, tem autoridade normativa sobre a vida da cidade. Não é como se diz na gíria, "prende e manda soltar", porque o município não tem essa responsabilidade constitucional, mas tem recursos de poder. De alguma maneira, vai usar esses recursos para produzir os melhores resultados possíveis. A primeira tarefa do novo prefeito é administrar esses recursos.

Planejamento, Gestão e Gerência

Uma das poucas lições e referências teóricas de um pensador da esquerda latino-americana nesta área é Carlos Matus, ex-ministro do Planejamento no governo de Salvador Allende, que presidiu o Chile de 1970 a 1973, quando foi derrubado pelo golpe militar liderado pelo general Augusto Pinochet. Matus criou uma fundação chamada Altadir, que funcionava na Venezuela. Ele formou muitos quadros do setor público brasileiro. O mais famoso seguidor dele aqui foi Walter Barelli. Na época, Barelli, que hoje é deputado federal pelo PSDB-SP, estava no Dieese, de onde saiu para criar o Departamento de Planejamento Estratégico da Unicamp.

O Matus tem uma leitura pessoal muito interessante, adaptada ao setor público, das questões estratégicas, do planejamento estratégico situacional, do jogo de atores. Ele gostava de dizer que o verbo planejar se conjuga: "eu planejo", "tu planejas", "ele planeja", mas principalmente "eles planejam". Em síntese, o que ele ensina é que o governante dispõe de recursos de poder financeiros, humanos e regulatórios, e opera num ambiente que tem outros atores atuando. Assim, vai ocorrer uma resultante da ação de todos que estão envolvidos numa determinada situação socioeconômica, político-institucional. Numa cidade, a prefeitura é um ator. Talvez o mais importante, mas não o único. Há ainda as empresas, os empresários, os líderes civis e religiosos e outros atores.

A primeira coisa que um governante tem que fazer é um sistema de planejamento do governo. Não aquele planejamento estratégico do qual falamos no Capítulo I, da Agenda 21 Local. O prefeito deve pensar em seu próprio planejamento, em sua administração; deve estabelecer seus objetivos. Como pretende alocar o tempo, o dinheiro, os recursos de poder que estão sob seu controle?

Matus nos ensina a fazer isso, praticando exercícios de cenários, jogos de atores. Ele introduz um conceito muito importante, do problema semi-estruturado. Para Matus, os problemas de governo não são estruturados. Um problema estruturado tem causa, conseqüência e uma teoria de causalidade, ou seja, se eu fizer isto, acontecerá aquilo por causa disso. Nas decisões de governo, às vezes, há uma conseqüência da qual não se sabe a causa, uma causa para a qual não se sabe direito quais serão as conseqüências. Às vezes, há uma situação para a qual se estabeleceu a causa e a conseqüência, mas não a teoria, o nexo causal.

Governar significa sempre lidar com o imponderável, com o desconhecido, com problemas semi-estruturados, com o conhecimento parcial das coisas. Diante de uma situação problemática, nossa primeira atitude é estudar, conhecer melhor, aprofundar nosso conhecimento, ver como funciona em outros lugares, fazer *benchmarking*. Mas se você quiser estudar até saber transformar todo seu desconhecimento em conhecimento, a vida vai resolver por decurso de prazo suas dúvidas de governo. Portanto, governar tem sempre um processo de tomada de decisão num ambiente de dúvida, de incerteza. Matus diz que o plano é sempre uma aposta – pode-se conhecer algumas das conseqüências da ação, mas todo o alcance da ação você só vai descobrir depois que tomar a decisão. Eventualmente, sobrevêm algumas conseqüências indesejadas ou não previstas.

Matus define planejamento como sendo o raciocínio que precede e preside a ação. Planejar é antes de tudo pensar no que se vai fazer – o que fazer amanhã, esta semana, este mês, este ano, em quatro anos. Significa trazer para hoje o máximo de decisões que puder.

O conceito de estratégico é também decisivo. As decisões estão em níveis de abstração diferentes ou em níveis concretos diferentes. Ao acordar de manhã, decide-se que roupa vestir. É uma decisão operacional. Decide se vai fazer barba ou não, se está na hora de cortar os cabelos e as unhas, se vai tomar café, qual o menu do café, se vai tomá-lo em casa ou no botequim para encontrar pessoas, conversar. Ao longo do dia, você pode decidir o que fazer na hora de fazer. São decisões operacionais.

Mas, o que é o raciocínio estratégico? São as decisões amplas, que orientam as decisões tático-operacionais. Decidir uma profissão é uma decisão estratégica, demora-se anos para ter habilitação numa profissão. Decidir se vai casar ou separar da mulher ou do marido é uma decisão estratégica, não é uma decisão tático-operacional. Não dá para decidir entre casar e comer um sanduíche. A música popular brasileira está cheia de músicas louvando a falta de estratégia: "Deixa a vida me levar, vida leva eu", ou "Não sou eu quem me navega, quem me navega é o mar". É extraordinário viver um dia sem a preocupação de fazer acontecer.

Nas empresas, como nas cidades, você quer fazer acontecer, mas não tem controle sobre todas as variáveis. A técnica de planejamento estratégico situacional, como o Matus a chama, por que é estratégica? Porque se faz a análise da situação não no nível rasteiro do concreto – Que bairros vou visitar? Vou pavimentar? O raciocínio proposto por Matus é sobre a cidade, sobre o governo num nível de abstração maior. As pessoas tomam decisões do tipo fazer um curso, demitir-se do emprego, mudar de cidade, aderir a uma religião, abandonar uma religião, fazer psicanálise, parar de fazer psicanálise a partir de um processo. Emagrecer, aprender inglês e ganhar dinheiro são objetivos que precisam de estratégia para serem alcançados. Tenho um amigo que diz que o brasileiro quer ganhar dinheiro sem trabalhar, emagrecer comendo e aprender sem estudar.

O governar sempre é processo. Aprendi as boas técnicas de gerência com o Antônio Maciel Neto, que foi presidente da Ford e hoje dirige a Suzano Papel e Celulose. Fomos colegas na faculdade, depois no Ministério da Fazenda. Ele é engenheiro de qualidade, um dos primeiros brasileiros certificados pela *American Society for Quality*, coordenou a área de qualificação de fornecedores da Petrobras. O Maciel tinha exemplos ótimos, um deles é o do quarto da bagunça. Todo mundo em casa tem um quarto ou armário da bagunça. Quebrou uma torneira, mas se trocar a carrapeta vai ficar boa, então não joga fora, mas também não conserta: guarda no armário. A cortina que rasgou, o brinquedo que o filho não usa mais, a roupa que não cabe (você guarda porque um dia você vai emagrecer); tudo vai para o armário. E todo mundo pensa a mesma coisa: vou tirar um sábado para arrumar isso tudo. Só que esse sábado não chega nunca. Daqui a pouco, será necessário mais um armário. Depois, um quarto para guardar as coisas inúteis.

Os programas de qualidade total nas empresas têm um dia em que se faz esse sábado, chama-se Cinco S, os cinco sensos: de organização, de ordenamento, de disciplina, de asseio e de utilidade. Organiza-se o ambiente de trabalho, tudo o que não é necessário é posto numa área de descarte, na qual as pessoas da empresa podem procurar coisas das quais estejam precisando. Aquilo fica um certo tempo na área de descarte, depois é vendido.

Quando a Vale do Rio Doce fez o seu dia do Cinco S, dentro do Programa de Qualidade Total, na sede do Rio de Janeiro, estava discutindo a possibilidade de alugar outro prédio. A sede não era mais suficiente para a Vale. Depois que fizeram os Cinco S sobraram três andares. Foram retirados mesas, armários, arquivos, coisas que não serviam mais ou não estavam adequadamente utilizadas.

Os problemas de governo todos se parecem com o quarto da bagunça. São grandes demais para que sejam resolvidos num sábado, ou seja, com uma simples "canetada". As pessoas, geralmente, não têm disciplina e paciência para planejar. Se tivessem, poderiam se organizar assim: hoje vou gastar uma hora e arrumar as roupas. Amanhã, vou arrumar as fotos. Depois de amanhã, vou arrumar os discos, depois será a vez dos brinquedos, utensílios domésticos, livros. Depois de dois meses, a casa estaria toda arrumada. Não tem mais nada quebrado dentro de casa, está tudo funcionando, você vai saber em que lugares as coisas estão guardadas.

Uma vez fui à casa do Maciel. Íamos fazer 20 anos de formados, estávamos organizando uma festa. Falei para ele:

– Bom, vamos ver se alguém tem ainda o convite de formatura.

– Vamos ver se meu programa de qualidade domestica está funcionando bem. Um minuto para achar o convite de formatura, três minutos para achar a cópia do seu discurso de formatura — respondeu o Maciel.

– Você está de gozação comigo? — perguntei.

Ele não estava brincando. Achou o convite de formatura, que tem o nome dos 503 formandos de engenharia de 1979, em um minuto. E menos de cinco minutos, ele achou a cópia do meu discurso. Eu, naturalmente, não tinha mais... Mas ele tinha em seus arquivos pessoais. É só uma questão de organização. Não é uma coisa impossível.

São lições de gestão e gerência. Falei muito do Carlos Matus porque ele tem ensinamentos muito importantes. É um teórico do setor público, ao passo que o Michael Porter, o Philip Kotler e outros são intelectuais do setor privado, das empresas. O Matus fala muito sobre a questão da política e da técnica, junta a política e a técnica. Para ele, o governante tem que ser um técnico-político. O técnico faz conta em relação à conseqüência dos atos: se eu fizer isto vai acontecer o quê? Na maioria das vezes, essa conta é probabilística. Como é um raciocínio semi-estruturado, não é aritmética, não é como um balanço com débito, crédito, partidas dobradas. Na ação de governo, para se fazer essa conta, precisa-se de um bom técnico, de um bom economista, de um bom técnico de políticas públicas. A boa política é costurar o interesse comum, é exercer a liderança sobre o interesse comum. O governante precisa começar se estruturando para resolver o que fazer, dentro da melhor técnica gerencial possível.

Carlos Matus tem um livro chamado *Adeus, Senhor Presidente*, que até pouco tempo estava esgotado. Esse livro é ótimo. Descreve a metodologia do planejamento estratégico situacional, ao mesmo tempo em que conta a história do fracasso de um governo latino-americano que se elegeu prometendo coisas com a melhor das intenções – combater a inflação, reduzir a miséria, enfrentar a guerrilha, diminuir as desigualdades. Passam-se quatro anos, o governo não consegue fazer nada disso e sai pela porta dos fundos, como seu antecessor. No livro, ele mostra a necessidade de combinar a boa técnica com a boa política.

Em toda ação de governo, podem-se gastar recursos de poder ou acumular recursos de poder. Toda vez que se gasta um dinheiro que é escasso, gasta-se em busca de poder. Ao nomear alguém para um cargo, gasta-se recurso de poder. Em toda medida antipática, gasta-se recurso de poder – há conseqüências para a imagem do governante, para seu índice de aprovação. Tudo isso Carlos Matus ensina a fazer.

Por isso, é preciso começar com os recursos de poder que estão à disposição do governante.

Diagnóstico Fiscal, o Começo de Tudo

A primeira grande dimensão do planejamento é a dimensão fiscal, arrecadação *versus* gastos. O prefeito tem que saber se tem capacidade de investimento com recursos próprios. O que arrecada menos, o que gasta com custeio e pessoal, sobra para fazer investimentos? Para fazer uma creche, pavimentar uma rua, construir uma escola, sobra ou não sobra? Do diagnóstico fiscal de entrada e saída tem que surgir um plano para gerar capacidade de investimento com recursos próprios. Nada é mais importante que isso no início da administração de qualquer cidade.

Ao analisar a receita, o prefeito deve-se perguntar: o que posso fazer para aumentá-la? Se aumentar os tributos, pode-se aumentar receita, mas o governante deve estar ciente de que estará gastando recursos de poder. É uma medida extremamente antipática, a opinião pública vai concordar? A inadimplência, a sonegação vai aumentar por que aumentei a alíquota do imposto? O que posso fazer para racionalizar a máquina arrecadadora?

No Espírito Santo, o governo anterior a Paulo Hartung tinha dezenas de sistemas especiais de benefícios fiscais que eram um verdadeiro ralo na arrecadação. Na Prefeitura de Vitória, fizemos logo no início um concurso para fiscal de renda. Reduzimos o número de fiscais, mas aumentamos os fiscais de alto nível, ganhando por produtividade. Acabamos com todos os incentivos fiscais de ISS e de IPTU. Tomamos uma série de medidas na área para gerar capacidade de investimentos com recursos próprios.

Na lado dos gastos, a primeira grande despesa de qualquer governo é a folha de pagamento. Então, é preciso examiná-la: quais são as regras que a regem? Como está a situação do funcionalismo? Hoje, com a estabilidade econômica, quem determina o salário real não é o empregador, é o mercado. O empregador determina o salário nominal, o poder de compra do salário vai depender do dólar. Por isso, não se pode assegurar ganhos em salário real, porque não haverá controle. A brutal desvalorização do dólar entre o primeiro e o segundo governo do Fernando Henrique significou o empobrecimento de pelo menos 50% das pessoas de camadas média e média alta, tendo em vista o encarecimento de itens com conteúdo importado.

Na Prefeitura de Vitória, adotei a seguinte política salarial: os aumentos são de acordo com o salário de mercado. Posso pagar o teto do mercado, o piso ou a média do mercado. Posso ir à frente do mercado ou atrás do mercado, mas minha referência estará sempre no mercado. Portanto, toda questão salarial se estabelece a partir de pesquisa de mercado e a estratégia da prefeitura em relação àquela categoria. Por exemplo, a categoria dos analistas de informática teve aumento de mais de 200%. Era uma profissão que não existia na prefeitura. Mas existia a profissão de magarefe. O magarefe é o profissional que matava o boi no abatedouro municipal. É o matador de boi. Antigamente, as pessoas levavam o gado para ser abatido no abatedouro municipal, sem condições de higiene, não no "frigomato". Além do que no mato não pagaria imposto. Vitória, como a maioria das cidades brasileiras, tinha o abatedouro municipal. A prefeitura também tinha operadores de telex, datilógrafos. Um monte de datilógrafos! E eles não podiam operar computadores, senão seria desvio de função.

Uma política de recursos humanos honesta e bem feita é o primeiro item de gasto que qualquer um tem que fazer. Isso significa uma política salarial que tenha como referência o mercado. E a determinação da performance ideal para que todas as categorias possam ter algum tipo de aumento por produtividade, abono por produtividade.

Em Vitória, conseguimos fazer isso com os fiscais de renda, extensivo a toda a Secretaria de Fazenda e com os procuradores, os advogados que defendem a prefeitura. O servidor público tem uma propensão a estar motivado muito mais que o funcionário de uma empresa privada movida a lucro. Ele tem uma dimensão de idealismo, mas quer ser profissional, quer ter tratamento profissional. E ele tem que saber que não pode confundir profissionalismo com privilégios diante dos demais trabalhadores. Pelo tempo todo de paternalismo, de inflação alta, de empreguismo, há muitos vícios no funcionalismo em todos os níveis. Há inúmeras leis concedendo privilégios. Em Vitória, havia uma lei que dava aos funcionários um aumento de 25% a cada dez anos sem falta. Era um adicional de assiduidade. A primeira conseqüência é que dar falta para alguém era uma punição quase equivalente à pena de morte. Por isso, acumularam-se mais de 2 mil processos de abono de faltas. O controle de ponto era ficção. Ninguém tinha coragem de dar falta e fazer o funcionário perder o adicional.

Esse adicional de assiduidade fazia com que a folha crescesse 11% ao ano, mesmo que não se desse aumento nenhum. O reajuste era dado a quem completasse os dez anos sem faltas, e não necessariamente às categorias que estavam com os salários defasados pelo mercado, não necessariamente àqueles funcionários que estavam sendo mais importantes num dado momento, por alguma razão.

Fiz toda uma política salarial com essa referência no mercado e com produtividade. Mas não consegui implantar a produtividade no magistério. Fiz uma série de estudos, mas não deu tempo de implantar. O magistério, talvez, seja o lugar onde haja mais problemas de relacionamento, incompreensão, politização e partidarização da categoria e dos sindicatos. O professor não está ali para ensinar ciência, português e matemática, mas para ensinar o menino a odiar o neoliberalismo, o prefeito. Uma vez, fizeram uma passeata contra o Bush, a al-Qaeda e contra mim, o prefeito municipal. Realmente...

Em Vitória, as pessoas não acreditam na situação dos professores. O salário médio para 20 horas é R$ 1.200. O piso para quem tem segundo grau é de R$ 600, mas quase todo mundo tem terceiro grau. É quase R$ 1.000 para quem tem terceiro grau. Enfim, é um salário muito acima da realidade de mercado do setor público, muito próximo da realidade do setor privado, que não tem os benefícios do setor público, como estabilidade e Previdência com salário integral.

Fizemos quase 60 reajustes de categorias diferentes ao longo de oito anos. Tínhamos um problema grave em cargos comissionados. O profissional contratado em cargo comissionado gera um grande problema porque tem uma demanda da política de baixa qualidade, que é a de indicação. É necessário reduzir os cargos comissionados aos níveis de assessoria e acabar com os cargos comissionados que funcionam como uma contratação sem concurso público.

A contratação temporária é muito importante para tocar os projetos. O Projeto Terra precisou de 30 engenheiros e arquitetos durante quatro anos. Pode-se contratar para dois períodos de dois anos, porque esses profissionais não vão ficar a vida toda na prefeitura. O projeto tem começo, meio e fim. Comecei a fazer estudos sobre o cargo de gestor. O governo federal criou esse cargo para que se formasse uma elite de dirigentes na máquina pública. Depois das privatizações, ficou difícil encontrar profissionais para os níveis de secretário, subsecretário, diretores de departamento. Um secretário da prefeitura de Vitória tem que ganhar como ganha um diretor de empresa. Esse é o nível de profissional de que se precisa. E não se consegue pagar de forma alguma.

O outro drama, depois da folha, é a Previdência. Consertou a folha, adequou os salários, acertou a negociação anual tendo a pesquisa de mercado como referência, daí é hora de enfrentar a Previdência. Criamos um Instituto Municipal de Previdência e passamos a cobrar 10% dos ativos e inativos. Depois, a cobrança dos inativos caiu. Tudo isso aconteceu no primeiro mês do primeiro mandato. Foi um conjunto de ações do lado da despesa e da receita que gerou capacidade de investimento com recursos próprios. Se essas ações não fossem implementadas, os recursos seriam comidos pelo tempo. Apesar de Vitória ter uma ótima arrecadação, se essa reforma administrativa e previdenciária não tivesse sido feita, no terceiro ano não só estaríamos sem capacidade de investimentos com recursos próprios como teríamos déficits.

A Câmara de Vereadores teve um papel importante. Quando ganhei a eleição, antes de eu tomar posse, o PT colocou-se na oposição. Eles tinham elegido dois vereadores, pessoas com as quais eu tinha ótimas relações e eu fui lá pedir apoio, mostrar a situação e o que íamos fazer. Eles concordaram, votaram a favor das reformas e foram convidados a sair do PT. Um foi para o PSB e o outro para o PPS. Os dois viraram secretários meus: Hélio Gualberto e Luciano Resende.

O PT mostrou uma visão preconceituosa e ignorante em relação ao equilíbrio fiscal. O equilíbrio fiscal é precondição para qualquer governo ter sucesso, e o principal indicador de equilíbrio fiscal é a capacidade de investimento com recursos próprios. Capacidade de investimento com recursos próprios é receita líquida disponível menos os gastos com pessoal, com custeio, serviço da dívida e outras despesas de natureza fixa. É o que sobra para investir.

Se você tiver que perguntar uma única coisa sobre a saúde fiscal de um organismo, de um município, pergunte qual é o percentual da capacidade de investimento com recursos próprios sobre a receita líquida disponível. Esse é o melhor indicador. Se a capacidade de investimento com recursos próprios sobre receita líquida disponível for inferior a 10%, mas for produtiva, estiver entre 3% e 7%, você está diante de um município em equilíbrio fiscal, que tem capacidade de investimento e pode elevá-la com um plano de ação.

Qualquer município pode ter uma capacidade de investimento com recursos próprios sobre receita líquida de dois dígitos, superior a 10%. Se ele está com sua capacidade inferior a 10%, a primeira coisa a se fazer é ampliar essa capacidade de investimento, através de medidas para otimizar a arrecadação e racionalizar a despesa.

O saneamento da folha e o enfretamento da questão da Previdência são medidas para conquistar o equilíbrio fiscal e a capacidade de investimento com recursos próprios.

Em Vitória, na primeira administração de Paulo Hartung, as primeiras medidas para o equilíbrio fiscal estavam vinculadas, no caso da receita, à otimização das legislações de ISS e IPTU para acabar com qualquer regime especial, e à melhora da fiscalização, com o concurso para fiscal. Foram medidas que fizeram melhorar a receita, sem aumentar a alíquota de imposto. Não houve aumento de imposto, mas medidas do lado da receita.

Na minha administração, no primeiro ano do primeiro mandato, tomei outras medidas no sentido de melhorar as receitas. Medidas, pode-se dizer assim, mais avançadas. Por exemplo, a terceirização da cobrança da dívida ativa. Os mecanismos administrativos de cobrança são lentos. Ao repassar para os bancos, foram feitos leilões e a receita melhorou.

No IPTU, tomamos uma medida inovadora, a mudança do critério de avaliação dos imóveis para efeito de cálculo do tributo. Normalmente, usa-se a planta do chamado valor venal, que é um valor para efeito de cálculo de tributo, e aí incide a alíquota. A correção é feita por um indexador tributário qualquer, como a Ufir, que corrige o imposto devido pela inflação passada. Em Vitória, fizemos o IPTU sem correção pela inflação passada. Fizemos uma planta genérica de valores em real. Quanto vale o imóvel em real? Essa avaliação passou a ser feita por um conselho com representantes da sociedade civil, dos corretores de imóveis, das associações do mercado imobiliário. Agora, já está defasado, tem seis ou sete anos. Mas essa avaliação é importante porque há bairros que se valorizam, outros que se desvalorizam. A planta genérica de valores deveria ser um indicador de que a cidade toda se valorizou. Temos a carência disso no Brasil, ainda não temos esse indicador.

Nos Estados Unidos e em alguns outros lugares, existe um secretário eleito para coordenar a avaliação dos imóveis para efeito do cálculo do imposto. A revisão da planta genérica dos imóveis que fizemos naquele momento em Vitória representou um aumento de arrecadação entre 17% e 18% em média. E a alíquota do IPTU na capital capixaba continua sendo uma das mais baixas entre as capitais do Brasil: 0,25% para imóveis residenciais e 0,3% para imóveis comerciais. É muito baixa. A alíquota média em São Paulo está na faixa de 1% e alguns bairros têm alíquotas diferentes, imóveis mais caros têm alíquotas mais altas. Em Vitória, a alíquota é uma só para todos os imóveis.

O IPTU em Vitória é muito barato. Mas para a baixa renda é muito interessante porque a pessoa recebe o carnê do IPTU. Muita gente não tem nenhum documento de propriedade da sua casa, então o carnê do IPTU, com o nome da pessoa, com o endereço dela, é significativo. É um documento emitido pela prefeitura, que tem um valor extraordinário para a baixa renda. Serve como prova de residência para a pessoa fazer um crediário. Todo mundo gosta de receber o carnê de IPTU. Mesmo para quem está isento, ele serve como um documento. É uma ação de valorização da cidadania muito forte.

Nos países desenvolvidos, o IPTU é um grande imposto, o condomínio da cidade. Vitória precisa aumentar o IPTU percentualmente. Isso pode ser feito ao longo do tempo, com calma, porque Vitória tem uma receita muito forte. Não há necessidade, do ponto de vista do equilíbrio fiscal, de aumentar a alíquota desse tributo. Conseguimos rodar com capacidade de investimento com recursos próprios com uma faixa de 17%, 18% e até 20%, um número muito bom, sem mexer na alíquota.

Para uma cidade grande, uma capital, eu diria que entre 10% e 20% é um índice razoável de capacidade de investimento com recursos próprios. Cidades pequenas costumam ter capacidade de investimento com recursos próprios percentualmente maior. Tenho visto cidades com mais de 30%.

Acredito que se deve buscar um número de equilíbrio em torno de 15%. Mas não dá para dizer um número ideal para todo mundo, depende do município, pode-se ter um pouco mais, um pouco menos. Se Vitória fizesse uma correção de alíquota de IPTU, sua capacidade de investimento com recursos próprios sobre a receita líquida poderia subir a mais de 20%. Mas essa é uma decisão política que se tem que tomar.

Quem tiver menos de 10%, tem que tomar providências do lado da receita e da despesa para aumentar para dois dígitos, sair de um dígito e ficar naquela faixa. Quem está com 10%, 11%, 12%, pode melhorar para acima de 15%, 17%, 18% até 20%, um pouco mais. Não dá para fazer uma regra única para todo mundo. Mas esse é um indicador importante para saber se uma cidade está sendo bem gerida.

Antes da administração de Paulo Hartung, a Prefeitura de Vitória nunca tinha tido um orçamento de investimento com R$ 10 milhões por ano para investir na cidade. Todos os investimentos na cidade eram feitos com dinheiro do estado, não do orçamento municipal. A partir da administração de Hartung, começa uma capacidade de investimento com recursos próprios que significa um montante de investimentos para se fazer um programa de macrodrenagem ou de urbanização de um bairro de palafitas, por exemplo.

Dívida do Setor Público e Financiamento para as Cidades

Na administração de Paulo Hartung, conseguimos dinheiro a fundo perdido do governo federal para urbanizar o bairro de São Pedro. Mas não fizemos uma operação de crédito, uma operação de financiamento, a não ser com a Caixa Econômica Federal. Depois de conseguir capacidade de investimento com recursos próprios, a segunda etapa para uma boa gestão municipal, em condições normais, é alavancar essa capacidade de investimento com uma operação de crédito de longo prazo, um financiamento de longo prazo. Ora, como na empresa privada, o investimento é o capital. Uma empresa não compra uma máquina nova, não faz uma fábrica nova pagando à vista. Essa fábrica nova terá 30 anos de vida útil. Então, esse investimento tem que ser financiado com uma operação de crédito, com o tempo da vida útil dessa máquina ou dessa fábrica nova.

No setor público, deveria ser a mesma coisa. Ao construir uma escola que tem vida útil de dez anos, teria que ter um financiamento com esse tempo de vida útil. Uma escola significa um ambiente de custeio. Para funcionar necessitará de professor, merenda. Do ponto de vista da sustentabilidade fiscal do município e da boa gestão financeira, é importante manter uma certa alavancagem. Ou seja, ter capacidade de investimento. Com esse dinheiro, assegura-se a contrapartida para uma operação de crédito para fazer os investimentos identificados no plano estratégico – escola, unidade de saúde, pavimentação de rua, drenagem. Vitória está abaixo do nível do mar, tem que ter estações de bombeamento. Temos três estações de bombeamento para a cidade não alagar quando chove na maré alta, para evitar alagamento. Para isso, é preciso operação de crédito.

Logo no início da minha administração, fizemos o Projeto Terra e procuramos dimensionar todas as obras de infra-estrutura que estavam dentro das 15 poligonais. Estrada, contenção de encosta, reflorestamento, construção de habitações, drenagem, pavimentação, tratamento de esgoto, escola, pré-escola, unidade de saúde; tudo o que deveria ser feito dentro dessas áreas tornou-se um programa de investimento. Fomos atrás de uma operação de crédito para financiá-lo. Chegamos a tentar financiar diretamente com organismos internacionais, mas acabamos conseguindo fechar uma grande operação com o BNDES. O banco criou uma linha de financiamento para os chamados programas multissetoriais integrados. O Projeto Terra conseguiu uma primeira grande operação. E conseguiu aprovar uma segunda operação, que depois acabou bloqueada. É a situação que hoje vivemos no Brasil, de bloqueio de operações de crédito para os municípios, mesmo para os que têm capacidade de investimento, capacidade de endividamento.

O governo federal contabiliza a dívida do setor público através de uma metodologia que soma a dívida da União, dos Estados, das Estatais e dos Municípios. Trata o equilíbrio fiscal do setor público como um todo, não como uma federação, soma-se tudo. E a dívida da União é muito grande, até porque houve a renegociação da dívida dos Estados e dos Municípios, que foi assumida pela União. As metas fiscais brasileiras, a geração de superávits primários, implicam um bloqueio no crescimento da dívida como um todo. Todo espaço de crescimento de dívida é ocupado com o crescimento da dívida mobiliária da União, que avança de acordo com a taxa de juros.

Escrevi uma vez num artigo que a dívida é igual ao colesterol, tem o bom e o ruim, e é decisivo para a saúde das pessoas não confundir o colesterol bom com o ruim. Na dívida do setor público, é da mesma maneira. A Lei de Responsabilidade Fiscal, a LRF, estabelece que o limite de endividamento é uma receita líquida anual, e que não se deve comprometer mais do que 10% da receita líquida com pagamento de dívida. A lei diz ainda que não se deve deixar crescer a dívida mais de 10% de um ano para o outro. Ora, a dívida de longo prazo para financiar investimento, para financiar a formação de capital é colesterol bom. Não deve ser desincentivada, mas sim incentivada. A dívida de um município saudável, com capacidade de investimento com recursos próprios, cuja dívida total é menos de uma receita líquida anual, é um fator de equilíbrio fiscal, de boa qualidade de gestão.

Não é correto do ponto de vista da boa gestão financiar formação de capital com fluxo de caixa corrente. Está errado, você estará subalavancado.

Os municípios ficam com 14% do bolo tributário. Já tiveram 16%, 17%. Eles são responsáveis pela formação bruta de capital fixo do setor público, do investimento agregado de tudo que o setor público faz. Uma parte do que o setor público gasta é custeio, a outra é investimento. Do investimento total que os três níveis da federação – Municípios, Estados e União – fazem, metade quem faz é o município. E o investimento que o município faz é social na veia: escola, pré-escola, unidade de saúde, habitação popular, pavimentação de rua, drenagem, iluminação pública.

A grande carência de investimento que o Estado brasileiro tem é na formação das cidades, é para o desenvolvimento urbano. É o grande problema para o combate às desigualdades, para o combate à pobreza, à indigência. Isso tudo não se resolve com distribuição de cesta básica. A ação de um governo estruturante é o investimento em estrutura urbana. Quem faz isso no Brasil é o município. E está fazendo com recursos próprios, sem operações de crédito.

No artigo que escrevi comparando a dívida ao colesterol, critico a forma como se contabiliza a dívida pública no Brasil e as metas fiscais. A LRF abriu espaço para introduzir um ajuste fiscal com mais qualidade. Num primeiro momento, o ajuste fiscal é sem qualidade mesmo. É um corte linear, o chamado "corte burro". Mas pode-se ir melhorando a qualidade do ajuste separando os organismos do setor público que estão equilibrados dos que estão em fase de conquistar o equilíbrio fiscal.

O município que tem capacidade de endividamento, capacidade de contratar financiamento, de fazer frente a um programa de investimento de médio e longo prazos para enfrentar sua crise urbana, deve ter prioridade. Ele não só não pode ser bloqueado como deve ser incentivado. O governo federal e os governos estaduais deveriam "dar uma cenoura" para que os municípios fizessem isso, assim como os organismos de financiamento também. Mas isso não acontece, "usam o chicote".

Uma Nova Lei Orçamentária

Há duas providências a tomar. Uma diz respeito a algo que já comentei, a regionalização e a integração do orçamento de investimentos de União, Estados e Municípios. Precisamos mudar a Lei Orçamentária no Brasil, de maneira a fazer com que o orçamento de investimentos seja a soma dos orçamentos dos três níveis da federação. O Espírito Santo tem 12 microrregiões. Na Região Metropolitana de Vitória existem sete municípios. Ao fazer seus programas de investimentos de médio e longo prazos, esses sete municípios deveriam decidir as prioridades da microrregião e fazer o planejamento do investimento. Tem aterro sanitário? Tem. Como está a drenagem? Macrodrenagem só Vitória tem, Vila Velha não tem. Se não tiver macrodrenagem, alaga tudo. E habitação, escola, pré-escola, unidades de saúde? Conclui-se, então, que é necessário um investimento de R$ 1,5 bilhão para os sete municípios. Essas prioridades devem ser estabelecidas num processo participativo, com as prefeituras, as Câmaras de Vereadores, com o governo do estado, os órgãos federais, a companhia de saneamento. Uma vez feito o orçamento, ele deve ter força de contrato. As Prefeituras, de acordo com suas receitas, vão custear, suponhamos, 35% desses investimentos. O governo do estado pode entrar com outros 35% e o governo federal, com 30%. Mas desses 35% dos municípios e do estado, uma parte pode ser financiamento. Não precisa ser uma contrapartida só à vista.

O orçamento de investimentos dos municípios é um pedaço desse plano. Como o Espírito Santo tem 12 microrregiões, o orçamento de investimentos do Estado deveria ser a soma dos pedaços dessas 12 regiões. E o orçamento de investimentos da União deveria ser a soma de todos esses orçamentos de investimentos. Vai levar 20 anos para fazer esses investimentos? Não importa o tempo que vai levar, o indicativo é esse: deve-se financiar o investimento urbano com o investimento direto dos orçamentos dos três níveis, com operações de crédito feitas nas agências oficiais do governo federal e nas agências internacionais e também pela banca privada. Se houver garantias, os bancos privados podem tranqüilamente operar.

Nos Estados Unidos, por exemplo, a infra-estrutura urbana, na maioria das vezes, é financiada com títulos, *bonds* municipais emitidos no mercado de capitais para financiar os investimentos. Esses investimentos são para viabilizar novos bairros. Nessas áreas, há uma brutal valorização imobiliária, que garante a lucratividade da operação. Como nos lugares organizados os investimentos em infra-estrutura são feitos antes de os bairros surgirem e não depois, existe um processo de valorização, de enriquecimento da cidade. Depois os impostos serão cobrados sobre uma área que valia um e passará a valer 50. Isso vai gerar mais IPTU. Ou seja, pode-se perfeitamente fazer uma operação dando esse IPTU futuro em garantia.

Mas esses mecanismos de financiamento de investimentos no Brasil estão todos bloqueados. O Brasil não tem um mercado de capitais para financiar investimentos imobiliários, não tem um mercado de capitais onde o setor público possa emitir títulos. Há um debate mundial sobre a criação do Banco Mundial das Cidades, que atenderia principalmente às megacidades, às metrópoles, às cidades que têm mais de 1 milhão de habitantes. A Grande Vitória está dentro desse conceito de metrópole. Recentemente, o Banco Mundial fez uma reunião sobre isso. Existe uma entidade internacional, chamada Rede Metrópole, formada pelas cidades com mais de 1 milhão de habitantes. Quem representa o Brasil na Rede Metrópole é o Rio de Janeiro. A sede dela é em Barcelona, que de resto abriga as sedes de todas as entidades internacionais de cidades. A discussão está acontecendo.

O que precisamos fazer? Por que no Brasil, hoje, estamos somando o colesterol bom com o ruim? Porque no passado usou-se dívida para pagar despesa corrente. Usou-se o superendividamento para financiar o desequilíbrio fiscal. A começar pela própria União. Na época do regime militar, usava-se captação de recursos internacionais para se fazer investimento em energia elétrica. Porém, esses recursos não iam para a geração de energia elétrica, mas para financiar o déficit corrente da União, para fechar o balanço de pagamentos daquele ano. O Brasil não tem credibilidade, não construiu ainda essa credibilidade. Os municípios poderiam ajudar. O município, do ponto de vista do investimento, é a parte mais saudável do setor público. Alguns poucos estão superendividados, mas mesmo estes são mais saudáveis.

O Brasil não tem mais acordo com o FMI, não precisa mais negociar com o FMI. Mas podíamos fazer a contabilidade da dívida, e não é para permitir que os municípios se endividem do jeito que quiserem. Já temos um instrumento, a LRF.

O município de Vitória tem uma receita líquida anual de R$ 700 milhões. Gastamos menos de 5% – hoje deve ser uns 3,5% da receita líquida – para servir à dívida. Alguém que gasta 10% está bem, Vitória gasta 3,5%. A dívida total de Vitória é de R$ 100 milhões. Poderia ir até R$ 700 milhões que ainda estaria nos limites da LRF. A dívida de Vitória poderia crescer 10% ao ano com tranqüilidade, financiando os investimentos de que a cidade precisa. Investimentos viários, em infra-estrutura, equipamentos. Ela é um excelente cliente. Se não estivesse submetida ao risco-Brasil, o mercado de capitais certamente a financiaria.

Isso está sendo discutido hoje no mundo, na questão do Banco Mundial das Cidades. Uma cidade na África, que tem capacidade de investimento, capacidade de endividamento local, mas está num país em guerra, com um risco muito alto, como fazer com que um banco aceite esse risco? E que se consiga buscar no mercado de capitais um financiamento com operações de crédito, com dívida, com todos os produtos financeiros necessários? Através de uma agência internacional que não estaria emprestando o dinheiro, mas bancando os riscos. Seria colocar a cidade de Lagos, capital da Nigéria, para um investidor como se fosse uma cidade americana. O risco-Nigéria seria bancado pela agência internacional.

Dessa forma se estaria dando fluxo ao capital, e não vendendo capital. Estaria protegendo o investidor dos riscos não inerentes à operação em si. A idéia é que os organismos internacionais façam isso pelas cidades, permitindo que elas façam operações de crédito direto.

Há um grande debate também no Brasil. O BID está fomentando, no Brasil, para que muitas cidades façam operações de crédito direto. Ainda não fizeram, mas será um avanço se passarem a fazer. Isso só será possível se houver a mudança de orientação que hoje a política econômica tem no controle do endividamento do setor público. O problema não é o BNDES ou a Caixa Econômica aprovar a sua operação. Quem tem que liberar a sua operação é a famosa fila do Tesouro e do Banco Central. Na verdade, essa é a fila do controle da dívida agregada do setor público para efeito de contabilidade de apuração do superávit primário e das metas.

Um número que o governo brasileiro levanta como bandeira de responsabilidade fiscal e de responsabilidade para com seus credores.

Desarmonia e Falta de Sentido Sistêmico

Podemos avançar. Este governo poderia ter feito isso. Qualquer governo que quiser pode fazer isso. O exemplo que dou é este: uma pequena cidade do interior do Espírito Santo tem uma capacidade de investimento acima de 30%. Na maioria das cidades brasileiras, a dívida como percentual da receita é menos de 10%. Ninguém conseguiu se endividar. A cidade quer comprar um conjunto de máquinas para fazer uma patrulha mecanizada: uma motoniveladora, uma pá carregadeira, uma retroescavadeira e um caminhão. Quatro equipamentos para fazer manutenção de vias, para cavar poços, para fazer sistematização de várzeas. As cidades agrícolas precisam disso. A cidade tem capacidade de endividamento, o Finame poderia fazer? Não pode fazer a operação porque isso aumenta, digamos, em R$ 150 mil, R$ 200 mil a dívida agregada do setor público brasileiro e o risco macroeconômico dos credores. Obviamente, é uma bobagem! O problema é que o mercado financeiro e os credores não conseguem enxergar no meio dos dados da economia brasileira a operação de crédito de Brejetuba, uma pequena cidade do interior do Espírito Santo, para comprar quatro máquinas no Finame por R$200 mil. Essa operação não aumentará o risco macroeconômico do Brasil, nem é uma irresponsabilidade fiscal. Não é uma coisa errada! Bloquear essa operação é um absurdo. E é isso que temos feito no Brasil.

O que chamo de inovação e ousadia é usar mercado de capitais. É conseguir com que os organismos internacionais banquem o risco que não é da cidade. É conseguir montar todas as possibilidades para financiar o investimento urbano nas cidades.

O resumo da ópera é que a urbanização do Brasil não acabou. Temos um déficit de investimentos em urbanização monumental. Estou trabalhando para chegar a um número da necessidade de investimento para completar a urbanização brasileira, seja nas grandes cidades que se urbanizaram de forma muito violenta, muito rápida, seja nos 4.400 municípios agropecuários. O município agrícola, mesmo o mais bem gerido, não consegue ter capacidade de investimento. Mesmo que tenha

12%, 15% de recursos próprios, é sobre uma receita muito pequena. A atividade agropecuária pode gerar riqueza, mas não gera valor adicionado fiscal, não gera tributos. São precisos muitos milhares de hectares plantados e colhidos para dar o imposto de um restaurante, uma padaria, uma farmácia.

Lá também não tem energia elétrica, não pega celular, as vias estão em péssimo estado. Como melhorar a rentabilidade da agricultura? Enfim, como ter dinamismo econômico?

Temos que ter um plano. Primeiro, para fazer com que toda a capacidade de investimento que o Brasil tenha, todo dinheiro da União, dos Estados e Municípios vá para onde é necessário. E onde é necessário? É no investimento para completar o processo de urbanização brasileiro, não em avião para o presidente, não para levar astronauta à estação espacial. As necessidades devem ser identificadas na base, com a participação dos municípios.

E tem que mexer nas emendas parlamentares, nas transferências voluntárias. Quero relembrar o exemplo que já citei, da decisão do Ministério dos Esportes de dar R$ 25 mil para as prefeituras fazerem quadras cobertas. Ora, a Prefeitura de Vitória tem R$ 700 milhões de orçamento, por que precisaria desses R$ 25 mil para uma quadra? Não foi o prefeito que pediu. Por uma tabela, um indicador qualquer, tem um dinheiro no Orçamento da União para o Programa Nacional de Quadras Esportivas.

Em vez de distribuir, temos que integrar de baixo para cima. O orçamento nacional tem que ser a integração das partes. Não deve ser um todo que tenha que distribuir, segundo critérios quaisquer de distribuição.

Essa questão do orçamento de investimentos, um novo governo pode começar a fazer isso desde o primeiro ano. Um novo governo que tenha se elegido com o compromisso de alterar o sistema político brasileiro. Isso tem uma implicação no sistema político brasileiro maior que qualquer regra eleitoral. Isso significa intervir na moeda política, na relação dos entes da federação. É como eu sempre digo: no Brasil, todo mundo quer ser prefeito, até o candidato a presidente da República faz campanha de prefeito.

Essa é a moeda, a relação federativa distorcida que temos. Os municípios não são subordinados ao Governo do estado, nem o estado é subordinado ao Governo Federal, mas é pior: eles são instados a serem subalternos. Ser subalterno é pior do que ser subordinado. Eles são instados a trocar subserviência política por favores, por transferências voluntárias. Nas eleições, o bom candidato a prefeito é o amigo do governador. Quem é o candidato do governador? Todo mundo quer saber quem é o candidato do governador, porque o governador vai arranjar o dinheiro para o prefeito fazer. No Brasil, as instâncias subnacionais de poder sempre foram delegadas, desde o tempo das capitanias.

As pessoas tratam com a maior desfaçatez a necessidade de o governador estar de bem com o presidente porque o presidente tem que tratar bem o estado dele. É uma lógica onde a ação do estado é uma distribuição de privilégios. Não é uma ação republicana, uma ação pública normal, regulamentada. Por isso, o SUS é onde a federação funciona melhor. Lá, o município recebe o PAB, o dinheiro do Saúde da Família, quer ele seja ou não do partido do presidente. O Fundef distribui o dinheiro da educação automaticamente. Não tem que fazer projeto para apresentar no ministério, não tem que ter a emenda do deputado. Depois, o presidente diz: "Vamos ver as emendas dos deputados que estão votando a favor do governo". A irracionalidade alocativa desse tipo de sistema político é brutal. Não é só um problema de corrupção, mas um problema de irracionalidade alocativa.

Faz-se o que não é necessário na frente do que é necessário, num contexto de escassez de recursos. Falta dinheiro e ainda se faz um monte de coisas desnecessárias na frente das necessárias. Adutoras ligando nada a coisa alguma; pontes feitas pela metade, ligando nada a coisa alguma, nenhuma estrada de um lado, nenhuma estrada do outro. Faltam harmonia e sentido sistêmico na ação do poder público no que diz respeito à coisa mais nobre, que é o investimento público.

A primeira questão é recuperar o investimento direto dos três níveis, dando-lhes racionalidade e unificando os orçamentos de investimentos, integrando-os de baixo para cima e não fazendo a distribuição. Deve-se reduzir a autonomia nos três níveis da federação em troca de uma não-autonomia compartilhada. Não quero ter autonomia ou direito de paralisar uma obra que foi começada pelo meu antecessor, uma obra necessária, que está em um programa de investimentos que foi assinado e pactuado e que deve ter força de contrato. Para alterar esse programa de investimentos, tem que ter um rito. Uma vez feito o orçamento de investimento plurianual, que deve ter um horizonte maior ainda que o do atual Plano Plurianual, o PPA, ele deve ter força de contrato. O dinheiro dos três níveis tem que estar disponível para cumprir aquele orçamento.

É assim que funciona na União Européia, e com mais níveis. Há países que têm a cidade, a província, a região, o governo nacional e o governo multipaíses, como a União Européia. Os europeus formam fundos com prioridades para financiar os problemas regionais. Traçam diretrizes, fazem diagnósticos globais e as regiões estagnadas, que ainda precisam financiar a urbanização, têm prioridade.

Para completar a urbanização brasileira, será necessário um percentual altíssimo do orçamento de investimento do país, durante muitos anos. O dinheiro de investimento no Brasil deveria ser prioritariamente para isso: drenagem, pavimentação, pré-escola, escola, unidade de saúde básica, estrada vicinal, pequenas estradas, estrada grande. Isso é urbanização. Depois disso, vêm os portos, os aeroportos. Aliás, como o investimento em aeroportos tem dinheiro carimbado, eles estão indo muito bem. Não estou defendendo pegar o dinheiro do aeroporto para fazer urbanização de favelas. Mas, de qualquer maneira, a prioridade absoluta do orçamento de investimentos nos três níveis – União, Estados e Municípios – deve ser em investimentos para completar a urbanização. Defendo uma vinculação dos três níveis para implantar o Sistema Único de Segurança Pública, o Susp, mas na urbanização, não. Eventualmente, pode-se ter no orçamento de investimentos a construção de um presídio.

Outra coisa é desbloquear, melhorar a qualidade do ajuste fiscal brasileiro. Fazer a LRF funcionar para separar o colesterol bom do colesterol ruim, e incentivar o crescimento do colesterol bom. A cidade que não usou sua capacidade de investimento, sua capacidade de endividamento, tem que ser estimulada a usá-la. Vamos mandar os bancos correrem atrás dessa cidade para que elas contratem operações de crédito para fazerem os investimentos que precisam fazer. Todas as cidades brasileiras têm déficits grandes em investimento urbano. Umas mais, outras menos, mas todas têm.

Se Vitória estivesse num país cujo risco fosse próximo de zero, um país que tivesse uma moeda estável há muitos anos, teria acesso ao mercado de capitais internacional para emissão de títulos para financiar seus investimentos. Mais da metade do investimento das cidades americanas é feito através de títulos obtidos no mercado de capitais. Não são dívidas soberanas, como é o caso da dívida brasileira. Quem comprou o título daquela cidade fica com o risco-cidade.

Minha tese é que com a crescente autonomia das cidades, dos governos locais, a formação de entidades internacionais e o surgimento de mecanismos novos e criativos de financiamentos para investimento nas cidades – compensando os riscos dos países – serão os caminhos que permitirão o desenvolvimento de cidades prósperas. Sem isso, as cidades não poderão enfrentar a pobreza, a favelização, a decadência econômica, com ações locais que não tivessem um guarda-chuva dos governos nacionais.

O Brasil tem 5.564 municípios. Dentre essas cidades, cerca de 500, vamos estimar, são saudáveis financeiramente, vêm-se desenvolvendo. Se fosse possível dar autonomia às relações dessas cidades com os entes financeiros internacionais, isso ajudaria a própria construção de credibilidade do país em seu conjunto, porque as partes mais saudáveis do setor público seriam destacadas. No seu primeiro mandato como prefeito do Rio, Cesar Maia fez uma ação superinteressante e chamou uma agência de análise de risco para analisar as finanças da cidade, como se o Rio fosse uma cidade americana, para efeito de lançamento de títulos do mercado internacional de bônus de cidades. O problema é que a iniciativa foi feita na época do escândalo dos precatórios e esse caminho deixou de ser uma alternativa.

No caso das cidades rurais, a tese do Projeto Qualicidades é que o investimento urbano deveria ser bancado, obrigatória e solidariamente, pela União e pelos Estados. Faz-se um programa de investimento, 10% a 20% serão bancados pelo Município, 40% caberão ao orçamento dos Estados e outro tanto ao Orçamento da União.

Governos Multimunicipais, Consórcios de Cidades e Articulação dos Orçamentos

Uma boa discussão para o Congresso seria a criação de um Estatuto das Cidades Rurais, uma experiência que existe na Europa, e que já citamos neste livro. Deveríamos pensar em atrativos para que grande parte das 4.400 cidades brasileiras que são rurais aderissem a um Estatuto, que traria vantagens para a cidade e também algumas desvantagens. Os vereadores não teriam salários, nem os prefeitos e secretários. O que acontece hoje? O prefeito nomeia o dono da farmácia secretário de Saúde – aí ele se acha o próprio ministro da Saúde da cidade – e nomeia o contador do açougue para ser o secretário de Finanças. Na maior parte das vezes, são pessoas que não conhecem sequer a capital de seus Estados. Não seria muito melhor pôr esse pequeno município como membro de um condado, integrá-lo a outros da mesma região, num governo regional, e contratar um *city manager*, pagando salário de diretor de empresa, do que fazer cinco secretariados? Um administrador desses poderia ganhar R$ 3 mil, R$ 4 mil. Um secretário vai ganhar R$ 1 mil ou até mais que isso para fazer o quê? Isso resulta num poder local de baixíssima resolutividade, sem capital humano. E sem condições de alavancar o desenvolvimento econômico daquele município. A maioria desses pequenos municípios não consegue se alavancar sozinha. Para aderir ao Estatuto, o município teria que se juntar a outros com a mesma vocação – ou com a mesma falta de vocação – para trabalhar conjuntamente, criando uma estrutura multimunicipal. Teria que obrigatoriamente estar ligado a um grupamento de cidades, a um consórcio de cidades, num governo regional.

O multimunicipalismo é fundamental na região metropolitana por causa do transporte, da polícia, do hospital. Para que fazer um hospital numa cidadezinha de 6 mil habitantes? Não pode, tem que ser um só para vários municípios. Se tiver briga de prefeito, pode-se construir o hospital aqui, a escola de ensino médio ali, um presídio acolá, o aterro sanitário adiante. No limite, leva-se a discussão para a Assembléia Legislativa estadual, para um foro maior.

Uma vez tomada a decisão, ela se torna um plano de investimento da região. Cada município contribui com o seu dinheiro, com o pouco que tem. O Estado comparece, mas para fazer o que foi identificado ali. Não vai fazer uma quadra coberta antes de fazer a aterro sanitário, não vai fazer dois hospitais municipais, ambos deficitários, em dois municípios pequenos. É incrível, mas isso acontece no Brasil inteiro, dá vontade de chorar diante da irracionalidade dessa organização.

Nas palestras que faço em universidades, cito sempre Dores do Rio Preto, um município capixaba que conheço muito bem. Fica na Serra do Caparaó. Antigamente, Dores era um distrito de Guaçuí, divisa com Minas Gerais, perto de Espera Feliz. É ali que fica o Pico da Bandeira, mas não se tem acesso a ele pelo Espírito Santo, o acesso é por Minas. Só agora o Estado está construindo uma estrada que permitirá ir ao pico pelo Espírito Santo. Dores do Rio Preto precisa de investimento urbano, de pavimentação de rua, de equipamentos urbanos e de serviços. É barato dar alta qualidade à cidade, mesmo sem duplicar a renda per capita. O problema é que o Brasil trata Dores do Rio Preto e São Paulo da mesma maneira. A mesma institucionalidade que tem em Dores do Rio Preto tem em São Paulo. É um ente da federação, o prefeito tem as mesmas responsabilidades. Se ele não cumprir as obrigações do município, o Ministério Público vai lá. É a mesma prestação de contas para o Tribunal de Contas. Tudo, tudo é igualzinho em Dores do Rio Preto e em São Paulo. É um absurdo!

Em Portugal, cujo regime de governo é parlamentarista, existem três tipos de municípios diferentes: as vilas, as aldeias e as cidades. Todos têm Câmara de Vereadores e prefeito, que é o presidente da Câmara. O prefeito é eleito indiretamente. As cidades em Portugal são 300 e as grandes cidades do país têm freguesias, que são as administrações regionais. Só que lá tem eleição para as freguesias. Tem o presidente da freguesia e o conselho da freguesia, cujos membros são voluntários, sem salário. Tem um poder local que é poder, que é estado, mas não é profissional. Não gera custo, mas gera uma responsabilidade cidadã. Gera uma responsabilidade de cidadania. O prefeito da freguesia manda, administra dinheiro público, presta contas. É uma autoridade.

Nos Estados Unidos, os vereadores de cidades com até 150 mil habitantes não têm salário e o prefeito também não tem. Ele recebe apenas um jeton, uma verba de representação para fazer almoços e jantares. Como na maioria delas o gestor é um gerente de cidade, um profissional, o *city manager*, a estrutura de poder local é leve. Por isso, nos Estados Unidos, há 160 mil cidades e condados. O Brasil tem só 5.568 municípios, mas deveria ter 50 mil estruturas de poder local. Não municípios, e sim estruturas mais leves de poder local.

Sem Racionalidade, Distribuição Desigual

Assim, o estado brasileiro tem baixa capilaridade. Em Mato Grosso, tem um distrito onde moram 1,5 mil, 2 mil pessoas, e que está a 500 quilômetros da sede do município. É claro que não tem nenhuma estrutura de poder local. Tinha que ter um prefeito e uma câmara, sem salário. Não precisa ter Fórum, mas deveria estar ligado a uma estrutura multimunicipal.

Pode chamar de freguesia, condado, João, Manoel, do jeito que a gente quiser. Tenho um texto no qual chamo essa estrutura de poder local mais leve de prefeitura comunitária, mas nem gosto muito desse nome. No Espírito Santo, por exemplo, em vez de 78 cidades seriam umas 150, 180 dessas estruturas, com sete governos regionais. Estou falando de poder local, não de municípios. E nossas grandes cidades, na verdade, não são uma cidade só. São Paulo tem 33 subprefeituras, cada uma delas com mais de 300 mil habitantes. Claro que tem que subdividir. E no Rio de Janeiro, por que a Rocinha, uma verdadeira cidade de 300 mil habitantes, não pode ter um poder local formal? Com prefeito, câmara, uma companhia imobiliária, uma polícia. Por que não? A Rocinha gera impostos, tem capacidade de ter poder local, sim. Não como um município, que só seria aceitável para as cidades de médio dinamismo que estão fora de regiões conurbadas. No Espírito Santo, temos bons exemplos: Cachoeiro de Itapemirim, Colatina, Linhares, São Mateus. No Estado do Rio, Resende. E essas regras não precisam ser feitas em Brasília.

O Estado tem que ter um pouco menos "direito romano". Miami City é do condado de Dade, que reúne 33 cidades com prefeitos, câmaras.

Quando você atravessa a ponte para Miami Beach está em outra cidade. Miami Beach tem uma polícia, Miami City tem outra, e o Condado de Dade ainda outra polícia, a do condado. A polícia de Miami Beach e a de Miami City cuidam só do policiamento ostensivo e do trânsito. Em Key Biscayne, quem cuida do policiamento do trânsito é o Condado de Dade, que recebe de Key Biscayne por esse serviço. Key Biscayne, que foi durante um tempo a área mais valorizada da região, em alguns períodos saiu do Condado de Dade. Nos Estados Unidos, a assembléia de proprietários, que equivale à reunião de condôminos de um prédio, decide se o município vai estar ligado ao condado ou não. Se o município quiser ser independente, pode ser. Key Biscayne saiu do Condado de Dade. É um município de gente rica, mas tem poucos serviços públicos. Então faz com o Condado de Dade um contrato de prestação de serviços para, por exemplo, cuidar dos incêndios. Também pode ligar para o município vizinho, Miami City, e contratar os serviços de jardinagem. O IPTU paga tudo isso, é 1% do valor de cada imóvel. Os cidadãos de Key Biscayne preferiram ficar separados do condado porque o imposto ficava com eles. E começaram a contratar. Já o combate ao mosquito, que é muito importante na Flórida, é tarefa do governo estadual. Eles cobram a tarefa per capita dos municípios, mas o departamento é estadual.

A região oeste do Espírito Santo, por exemplo, não tem escola de ensino médio, precisa de uma. Vai pôr onde? Em Montanha, Ponto Belo, na cidade na qual o prefeito for mais amigo do governador? Se o prefeito cismar e se tiver dinheiro, ele pode fazer a escola e um outro da região pode fazer também. Assim como pode fazer um hospital, e seu inimigo político de outra cidade faz também. Não há qualquer racionalidade. Já o aterro sanitário, ninguém faz. Como é caro demais e não tem escala para um só, ninguém faz. As cidades ficam com os lixões, não têm coleta, é muita desorganização.

Nas regiões metropolitanas, os municípios são todos coladinhos, mas é a mesma coisa: não tem racionalidade, a distribuição é desigual. No caso das grandes cidades, já existem as subprefeituras ou administrações regionais. Mas o ideal seria que elas fossem estruturas eleitas, de forma que a cidade pudesse ter uma descentralização maior, mais capilaridade. Algo como a freguesia portuguesa.

O ideal é que tivéssemos esse governo multimunicipal, um governo metropolitano, que poderia ser eleito indiretamente para cuidar dos problemas que são obrigatoriamente metropolitanos. A começar pelo planejamento urbano, e seguindo por água e esgoto, lixo, transporte coletivo, política habitacional. Com estruturas de poder mais leves, algumas áreas das regiões metropolitanas, que não são municípios, poderiam ter um prefeito, uma Câmara de Vereadores sem salário, para administrar aquele pedaço. Ou seja, dependendo do tamanho da cidade e do seu dinamismo econômico, ela teria uma estrutura de governo mais ou menos pesada. Voltamos à questão da necessidade de revisão do modelo federativo e das estruturas do poder local. O Brasil, com sua dimensão continental, tem 5.568 municípios. A França tem 36 mil; a Itália, que é do tamanho de Pernambuco, tem 8.700.

E quais são as chances que temos de promover esse consórcio das cidades garantindo o nivelamento por cima, ou seja, que o padrão de planejamento urbano seja o da cidade que apresenta mais desenvolvimento? Nesse debate, mais uma vez deve-se usar o SUS como exemplo.

Tudo isso pressupõe racionalidade por parte da instância superior de governo, tendo em vista o nível de qualidade que se pratica. A qualidade da política praticada hoje no Congresso Nacional, o espaço que a racionalidade tem no governo federal, é pequeno, menor que a de muitas cidades, menor do que a de Vitória.

O teorema é este: nenhuma administração pública pode ter mais qualidade que o nível de qualidade da política que a colocou no poder.

Trata-se, portanto, de pensar a reforma do Estado com uma lógica federativa. E é aí que o exemplo do SUS se encaixa. Avançamos muito no SUS, conseguimos levar vários municípios do Brasil para a gestão plena. Melhorou o padrão gerencial, melhorou a lógica de distribuição dos recursos; o modelo de saúde pública descentralizado vem-se aperfeiçoando. O SUS não nivelou por baixo ao descentralizar. Há certo preconceito nas estruturas burocráticas dos governos estaduais e federal. Acham que, em geral, os municípios são mais vulneráveis à política de baixa qualidade, aos vereadores e prefeitos corruptos.

Há um exemplo de Vitória que ilustra bem essa questão da racionalidade. Apresentamos um projeto ao Ministério da Justiça para obter recursos para criar uma guarda metropolitana. O ministério tem programa para consórcios de cidades nesse sentido. Mas o ministério nos devolveu o projeto alegando que não iria ajudar porque na Grande Vitória o único município que queria fazer a guarda era o de Vitória, os outros municípios não queriam. E não nos deram o dinheiro. Ora, o que o governo federal perdeu de vista é que Vitória poderia liderar a criação dessa guarda e, com a experiência do município, justamente nivelar por cima. Seria uma decisão estratégica. Caberia ao governo federal justamente essa racionalidade estratégica, a coordenação, não a execução, que deve ficar a cargo do poder local.

O presidente da República e os deputados federais agem como se fossem respectivamente o prefeito, os vereadores, quando não presidentes de associações de moradores. Eles não têm compreensão da sua responsabilidade estratégica e, não tendo essa compreensão, não formulam, não executam, e há uma enorme dispersão das instâncias de governo. O gasto público é desarticulado, o poder público é desarticulado, o que gera o caos em áreas sensíveis, como a segurança pública. As estruturas multimunicipais de governo só poderão surgir com o nivelamento por cima, ou seja, com coordenação estratégica dos governos estaduais e do governo federal. A lógica de pôr milhares de emendas no Orçamento, de pulverização dos recursos públicos, é absurda. Essa lógica de alocação dos recursos públicos pulverizada, desconexa, é desarmônica e não nos permite consertar nada.

Em alguns artigos já defendi a tese de que a cota-parte do ICMS dos municípios está vocacionada para ser um imposto desse governo de grupos de municípios. É mais eficiente do que tentar fazer com que a distribuição de ICMS seja mais favorável aos municípios de economia mais fraca. É o que acontece, por exemplo, com Cariacica, na Grande Vitória. Vitória fica com 23% do ICMS do Estado, ou seja, da parte que compete aos municípios, que é 25%. Cariacica fica com muito pouco, embora seja, na prática, da mesma cidade, Vitória, para todos os efeitos. As sete cidades que integram a Grande Vitória são a mesma mancha urbana. Que façam, então, um orçamento de investimentos com a cota-parte do ICMS para toda a área, no sentido de tentar acabar os desequilíbrios da Região Metropolitana. O governo estadual põe uma parte do dinheiro, o federal outro tanto, os prefeitos de cada cidade também investem e assim se consegue realizar projetos estruturantes na Região Metropolitana. E pode-se pensar num mecanismo para compensar os recursos que Vitória perderá.

Saneamento: Falta Estratégia e Sobra Confusão

Há muitos anos estamos trabalhando nessa área. Estudamos, lemos, participamos de seminários e vimos que o modelo de água e esgoto no Brasil esta balizado pelo Planasa, o Plano Nacional de Saneamento dos anos 1960. O Planasa, um plano muito grande, foi criado para a época em que as cidades brasileiras começaram a crescer rapidamente. São Paulo crescia 15% ao ano e o grande desafio era pôr água tratada na casa das pessoas, não necessariamente durante todo dia, mas para fazer chegar água tratada às casas durante alguns períodos do dia. Nas favelas que se formavam, havia apenas uma bica d'água no pé do morro, as pessoas pegavam a água em latas e subiam para casa.

O Planasa tinha três elementos centrais de conceito que a meu ver estão esgotados. O primeiro diz respeito a estruturar o serviço de água e esgoto na forma de companhias estatais estaduais. Isso serviu para captar recursos e financiamentos internacionais, fora dos conceitos de endividamento público da administração direta. Esse modelo do período da ditadura se espalhou por todos os setores: elétrico, siderurgia, telecomunicações, fertilizantes, petroquímica. Buscava-se um serviço e não havia setor privado para fazer, então foram criadas as companhias estatais estaduais, como a Cesan (Companhia Espírito Santense de Saneamento), que se formou a partir da transformação do Departamento de Água e Esgoto da Prefeitura de Vitória numa companhia estatal estadual.

A cidade de Vitória tem 455 anos e por quase 400 anos foi alimentada pelas fontes de água da própria ilha. Foi recorrer à captação e ao tratamento de água das bacias dos rios Santa Maria e Vitória no período mais recente. Esse primeiro elemento do Planasa, a estruturação em companhias estatais estaduais, desconsiderou as prefeituras e o poder local. Desconsiderou, principalmente, o embricamento total da infra-estrutura de água e esgoto, da drenagem, da pavimentação, do processo de planejamento urbano habitacional, da criação de novos bairros e tudo mais, estruturando o serviço como o de uma empresa que o vende separadamente, desconhecendo os demais serviços urbanos intrínsecos às cidades. E se existe uma coisa que é absolutamente local são justamente os serviços de água e esgoto.

O segundo elemento do Planasa é a prioridade de distribuição de água potável em detrimento do esgoto. Ou seja, na estruturação do plano, decidiu-se levar a água à favela, mas não consertá-la, não urbanizar a favela. O raciocínio era o seguinte: "Vamos mandar água duas horas por dia para cada casa desta favela. Os moradores vão armazenar isso num barril, numa caixa-d'água, isso é melhor que eles descerem o morro para pegar água, melhor que não ter água do jeito nenhum".

Houve controvérsias técnicas a essa opção na época porque o padrão tecnológico de distribuição de água já consagrado no resto do mundo não era esse. Já não se concebia colocar a água na casa de alguém sem tirar a água servida, porque 80% da água fornecida saem como água servida. Mas pensou-se à época: "Isso nós vamos ver depois, está morrendo gente, criança. Depois a gente vê o problema do esgoto". De fato, muitas vidas foram poupadas com o fornecimento de água tratada às cidades que se adensavam, mas isso gerou um enorme problema, que permanece sem solução.

Na época da implementação do Planasa, havia muita discussão sobre tecnologias alternativas ou intermediárias, porque o custo de colocar a água e tirar a água servida, tratar o esgoto, fazer o sistema completo, encarecia violentamente os investimentos do plano, o que foi visto como inviável. Os técnicos do Banco Mundial e do governo militar entenderam que deveria ser assim. Houve um consenso em relação a isso, mas havia um estudo do governo alemão posicionando-se contra e se propondo a financiar, pelo menos em alguns locais, tecnologias mais modernas, à pressão e vazão constantes, de maneira que não precisasse da caixa-d'água, do reservatório doméstico, e se tratasse a água servida.

O esgotamento do padrão tecnológico do Planasa é sua parte mais invisível, é o que as pessoas menos notam, porque estão acostumadas às caixas d'água. Quando se diz que só existe caixa-d'água no Brasil, poucos acreditam. Estive certa vez em São Paulo para uma palestra a convite da Associação Brasileira de Engenharia Sanitária (Abes); a platéia era de engenheiros sanitaristas, e eu perguntei quem sabia que somente no Brasil existe caixa-d'água. Apenas um senhor idoso, da Sabesp, lembrava-se do debate tecnológico sobre o uso do reservatório doméstico.

Estive em Portugal para conhecer o sistema de Lisboa. A cidade tem 16 caixas-d'água que atendem à região metropolitana toda. O fluxo é constante, o tempo de residência da água no reservatório é de oito a 12 horas. Acredito que hoje, em Vitória, tenhamos mais de dez dias de água estocada nas casas das pessoas. Na minha casa, eu tinha 20 mil litros de água estocada, suficiente para mais de 15 dias, caso "não caísse", como se diz popularmente. É imperdoável fazer estoques, as conseqüências do modelo baseado no reservatório doméstico são gravíssimas.

A primeira conseqüência é que você trata a água, clora, fluoreta na estação de tratamento e manda para um reservatório do qual não se tem controle. Com isso, o trabalho de cloretar e fluoretar é totalmente perdido, é preciso ensinar às pessoas a filtrar e a ferver a água porque ela ficou numa barrica, ficou numa caixa-d'água que pode ter rato morto, mosquito da dengue, e mais um monte de coisa. Do ponto de vista sanitário, há uma perda enorme. Se as pessoas abrem a torneira e bebem, isso é uma prova de que a companhia está prestando um bom serviço.

A segunda conseqüência é que a distribuição por bombas, como é feita hoje, não tem pressão constante. A companhia manda água por algumas horas, com pressão forçada, depois desliga. Gasta-se uma enormidade de energia para poder fazer essas manobras. Isso submete a rede de distribuição a pressões acima do que ela poderia receber, resseca os encanamentos, provoca rompimentos dos canos, o que faz ainda a distribuição ser intermitente: ora não tem água, tem ar, e aí vaza. Os vazamentos são enormes. O desperdício é brutal na distribuição porque ela não é feita por gravidade e sim submetida a um *buster*, a pressões muito altas. Para mandar a água com bomba para uma cota 40 ou 50, embaixo a pressão a que o cano está submetido é muito alta. Ao parar de bombear, entra ar no cano e, com o ar, entram as bactérias. Se tiver algum produto orgânico ali, as bactérias fazem a biodigestão e produzem gás metano, podendo estourar o cano. Com pressão constante em todos os pontos, a vida útil da tubulação é maior, e a distribuição, mais segura.

Por último, há o desperdício. Com a caixa-d'água nunca se sabe se o sistema está vazando. Onde não há caixa-d'água, a percepção é imediata: se parou de sair água na torneira é porque tem vazamento. Aí providencia-se rapidamente o conserto. Aqui, perde-se água tratada por dias, o desperdício é enorme. Em Portugal, a média de tempo de conserto de qualquer vazamento é inferior a duas horas. Eles identificam facilmente porque a rede é toda mapeada, inclusive com cabos de fibra ótica. As 16 caixas-d'água alimentam uma região metropolitana com 2,5 milhões de habitantes, maior que a Grande Vitória, com oito horas de tempo de residência da água no reservatório. A água chega e já é consumida, é um fluxo contínuo. Dois funcionários, de uma sala de controle, administram o sistema e as unidades móveis para consertos. As perdas d'água em Lisboa são de 12%. Aqui, as perdas são de 40%, tem lugar que chega a 60%. Em Cariacica, na Grande Vitória, atinge 70%.

Modelos Compartilhados e Regiões Conurbadas

Não é possível consertar as perdas dentro desse modelo tecnológico do Planasa, baseado nas caixas-d'água e nos *busters*. Vai demorar 30 anos para as cidades brasileiras se livrarem das caixas-d'água, se começar hoje. E não começou hoje, não vai começar amanhã e nem nos próximos dois anos. O Brasil é o país do mundo com maior disponibilidade de águas superficiais, é por isso que nos damos o luxo de desperdiçá-las.

Em Portugal, na região do Algarve, 40% da água provêm do lençol freático, tem que gastar energia para tirar a água do lençol. Na região central da Itália, esse índice é de mais de 60% e, no entanto, o metro cúbico de água tratada no atacado lá é mais barato do que o nosso, é vendido mais barato para o consumidor que o nosso. No governo Fernando Henrique Cardoso, equivocadamente se achou que resolver o problema da água e do esgoto no Brasil era como resolver o problema de siderurgia. Com a siderurgia foi fácil, foi só acabar com a Siderbrás (*holding* das siderúrgicas estatais) e privatizar as companhias. Elas deram um show, funcionou superbem. Na água e esgoto, havia quem achasse que bastava privatizar as companhias estatais estaduais e pronto. Achava-se que o problema era falta de dinheiro: o setor público não tem dinheiro para investir, o setor privado tem, então é só privatizar as empresas.

Só que não é nada disso. Em água e esgoto, precisamos pôr o município como protagonista, estabelecer o marco regulatório e organizar os três níveis da federação. Uma coisa é a captação e o tratamento da água, outra é a distribuição e a terceira é pegar a água servida e tratá-la. Daí, a grande e inútil polêmica entre os Municípios e os Estados, que é fácil de ser revertida com a regulamentação dos serviços compartilhados nas Regiões Metropolitanas. Os municípios de Colatina, Linhares, Cachoeiro de Itapemirim, no Espírito Santo, cada um tem o seu próprio sistema e todos estão muito felizes. O problema são as regiões conurbadas. Na verdade, o grande problema é São Paulo, a disputa pelo poder na Sabesp, a Companhia de Saneamento Básico do Estado de São Paulo, estatal estadual, a segunda maior do mundo, que de fato tem alta tecnologia e recursos humanos muito bons.

Não adianta a Sabesp ser competente se o município não é o protagonista do poder concedente, porque os municípios têm que saber controlar essa concessão. Em Vitória, temos com a Cesan um excelente relacionamento, mas ela não cumpre o papel de concessionária, não está acostumada, não tem contrato para isso. A empresa acha que é um favor ter que tirar a poluição da Praia de Camburi, mas ela cobra a taxa de esgoto e não é multada pelo fato de Camburi não ter balneabilidade. As companhias estaduais são concessionárias monopolistas, fixam tarifas, decidem onde vão investir. Não há solução sem a organização do poder concedente dos municípios em forma de consócios, associados com o próprio estado, mas o município tendo o controle sobre a concessão de um serviço que é claramente municipal.

Na maioria das cidades, é a rede de drenagem que funciona como coletora de esgoto e aí é necessário um debate, porque a tecnologia recomenda fazer a captação e o tratamento e a destinação das águas em sistemas separados. Além do que temos índices pluviométricos altos no Brasil; aqui chove muito. O problema do esgoto da Região Metropolitana de Lisboa foi resolvido com um interceptor oceânico, mas o esgoto se mistura às águas pluviais. O tratamento retira apenas o sólido. Mas lá chove menos, tem muito menos água. Aqui, é preciso dar uma solução de curto prazo, principalmente nas áreas de baixa renda, até que se implante a coleta exclusiva de esgoto para dar o tratamento separado. O caminho será fazer antes um tratamento localizado, condominial, com sistemas compactos.

As antigas administrações municipais do PT tinham bons técnicos sobre essa questão do tratamento do esgoto, mas o Governo Federal petista está misturando o assunto água e esgoto com a forma de contabilização do superávit primário. As companhias estatais estaduais, que têm fonte de faturamento independente de imposto, podem pegar empréstimos para fazer investimentos em água e esgoto, e os municípios não o podem. Ou seja, em vez de repensar o modelo como um todo, por causa do problema macroeconômico do superávit primário, da forma de contabilização da dívida pública no superávit primário, vamos passar por um novo processo de fortalecimento financeiro das companhias estatais estaduais, pondo em segundo plano a tarefa institucional de rever o modelo. Os petistas eram completamente a favor dessa revisão, quando estavam longe do poder federal, mas agora parece que não será esse o caminho.

O terceiro elemento do Planasa, com base no modelo das estatais estaduais, além de todos que eu já mencionei, é o subsídio cruzado. São as áreas adensadas que produzem o grande faturamento dessas companhias, é o consumidor dessas áreas que financia a expansão do serviços para as regiões mais distantes e menos adensadas. Ou seja, a lavadeira de Maria Ortiz, na Região Metropolitana de Vitória, financia a água que vai para uma fazenda no interior do Espírito Santo, por exemplo. O *funding* desses investimentos na expansão da rede é a tarifa das áreas consolidadas, e o maior déficit de investimento é justamente o esgoto dessas áreas adensadas. As áreas menos adensadas sofrem menos por falta de tratamento de esgoto. Nas áreas rurais ou de periferia urbana, há as fossas sépticas, há sistemas de baixo custo, alternativos. A Fundação Nacional de Saúde (Funasa) conseguiu bons resultados no tratamento de esgoto no interior com sistemas de baixo custo, muitas vezes feitos pelo próprio município.

A cidade de Domingos Martins fez dez estações compactas de tratamento de esgotos, a um custo mais baixo. Esse serviço é muito mais caro nas áreas adensadas. Então, na verdade, quem está subsidiando é quem está mais necessitado de investimento. Na hora em que o governo do Espírito Santo pega U$ 60 milhões com o Banco Mundial para fazer um projeto de esgoto na Grande Vitória, esse dinheiro está saindo do estado todo, é o ICMS do estado inteiro que está sendo concentrado nessa área, e isso, de certa maneira, é o que compensa o subsídio cruzado. Mas se os municípios fossem os protagonistas do sistema e fosse possível pactuar programas de investimento mais compatíveis com aquilo que a companhia ou a concessionária faturou naquela região, se fosse possível investir na própria Praia de Camburi, um terço do que a cidade paga de taxa de esgoto, em dois anos lá não teria mais coliforme fecal.

Há ainda a questão do reuso da água. Em Vitória, temos a Companhia Vale do Rio Doce, que é uma grande consumidora de água, e perseguíamos o objetivo de pôr em nosso mapa regulatório a obrigatoriedade de o concessionário fazer o tratamento da água usada pela Vale para que pudéssemos fornecê-la para uso industrial, para regar parques e jardins, para uso em postos de abastecimento de combustível. A água reutilizada traz enormes vantagens ambientais e econômicas. Temos um projeto experimental nas estações do bairro Resistência, na capital.

O paradigma das cidades com qualidade no mundo é o reuso de água e a utilização do resíduo sólido do esgoto para a geração de energia. Vamos discutir isso detalhadamente mais adiante.

Escrevi um artigo no qual eu chamo a caixa-d'água de quebra-mola do saneamento. Disseminou-se a desconfiança: quem vai construir uma casa sem caixa-d'água e sem cisterna? Sabemos que se pode levar 30 anos para mudar esse sistema, mas um dia vamos ter que começar. E o melhor caminho é começar pelos bairros novos, fazer com que eles sejam atendidos por um reservatório único, que não tenham mais *buster.* O padrão da rede de distribuição é outro: as casas serão atendidas diretamente, com 24 horas de pressão constante. O morador poderá tomar água direto da torneira porque ela é clorada e fluoretada e não ficou estagnada numa caixa-d'água sobre a qual não se tem controle. É um outro padrão, outro serviço. O melhor serviço que se pode receber.

Em outros países, há empresas que vendem vários serviços nesse setor. É o caso, na Itália, região do Régio, de uma empresa multimunicipal, estatal, com ações na Bolsa de Valores, lucrativa, que cuida de água, esgoto, lixo, vende vapor, frio e água de dois tipos: a clorada/fluoretada e a de reuso para o vaso sanitário. No Brasil, usamos para o vaso sanitário, para regar jardins, para lavar carros, para tudo, água clorada e fluoretada. É por isso que no Brasil os carros não têm cárie.

Em Vitória, uma das estações de esgoto, a de São Pedro, foi construída pela prefeitura e é por esta operada. Lá, construímos uma estação experimental de polimento do esgoto final, tirando bactérias, os conteúdos nocivos á saúde, através de raios ultravioletas. Já estamos usando a água de reuso nos jardins da cidade. Em Lisboa, para molhar campo de golfe, para molhar o jardim, é preciso comprar água de reuso. O maior incentivo é o preço, o custo menor.

A Vale usa uma água boa, fornecida pela Cesan. Não é clorada, fluoretada, mas é boa demais. A Companhia Siderúrgica de Tubarão (CST) substituiu quase totalmente a água que utiliza por água de reuso, a empresa tem praticamente um circuito fechado de água. Mas a Vale não. Existe um enorme interesse da Vale pela compra da água de reuso das estações de tratamento de Vitória.

E quem tem a concessão em Vitória? Quem vai fazer a empresa para purificar a água e vender para a Vale? A Cesan, o município? Se o município fizer, a Cesan deixa de vender para a Vale, e vai perder dinheiro; há os investimentos que ela já fez lá. Por isso, é necessário exercer, em termos compartilhados, o poder concedente de água e esgoto nas regiões metropolitanas.

A cidade de Cachoeiro do Itapemirim fez uma concessão privada e criou um agente regulador. A chave é o agente regulador. A licitação foi em regime de concessão. Uma empresa privada, a Citagua, assumiu os compromissos de universalização, de política tarifária, de balneabilidade do Rio Itapemirim e dos resultados. Coisa que a Cedae não tem com a cidade do Rio de Janeiro, que a Cesan não tem com Vitória, que a Sabesp não tem com São Paulo. De alguma maneira, é necessário que os municípios sejam sócios dessas empresas, que elas se transformem em empresas multimunicipais, que sejam divididas para operar por bacias.

A região da Grande Vitória mais os municípios que estão a montante do Rio Santa Maria e do Rio Jucu – são dez municípios – representam o filé mignon do setor de água e esgoto do Espírito Santo. Com a nova Lei das Águas os municípios que geram água vão cobrar de quem usa essa água. A Cesan vai ter que pagar onde faz a captação da água. Os agricultores vão ter que pagar pela água que usam dos rios. O Brasil tem o maior potencial de água superficial do planeta, praticamente não há lugar em que seja preciso furar, tirar água do subsolo e mandar para casa das pessoas. Na Europa toda, não tem água superficial suficiente para uso humano. Aqui, vivemos com essa situação perdulária, absurda.

Não se trata de ser contra as companhias estaduais. Algumas, como a Cesan, são muito boas, e Vitória está satisfeita com ela. O problema é o modelo, que não é sustentável. A Sabesp tem inúmeros conflitos com a Prefeitura de São Paulo, como obras embargadas, ruas que a empresa escavou e não pavimenta. E a prefeitura não participa da discussão tarifária, da prioridade dos investimentos.

A Necessidade de um Novo Marco Regulatório

As estatais estaduais serviram para fazer a captação do Banco Mundial nos anos 1960, com o Planasa, e até hoje o Banco Mundial está preso a esse tipo de modelo. Quem passa pela Linha Vermelha, a caminho do Aeroporto Internacional do Rio de Janeiro, vê as obras – que até pouco tempo estavam paradas – daquela que será a maior estação de tratamento de esgoto do mundo. Esse foi um dos problemas que esse modelo nos deixou: com milhões de hectolitros de esgoto para tratar, as soluções têm que ser igualmente enormes, a um custo estratosférico. Se a coleta e o tratamento forem sendo feitos bairro por bairro, com estações menores, compactas, podem-se usar tecnologias mais simples e mais baratas. A despoluição da Baía de Guanabara vai demandar bilhões de dólares ao longo de dezenas de anos.

O Ministério das Cidades precisa realizar um diagnóstico da situação da água e do esgoto de todo país para organizar um novo mapa regulatório. Para os organismos internacionais de financiamento, as companhias estatais estaduais, até pelo fato de se terem originado nos anos 1960, significavam mais segurança que o poder público direto. E nós estamos andando para trás, porque não há uma política no sentido da organização desse mapa regulatório. Nada impede que um estado, uma região, faça seu mapa regulatório, mas vai ficar remando contra a maré. Em Vitória, por exemplo, poderíamos ter feito um mapa regulatório e assinado um contrato com a Cesan, que pode até sublocar para uma empresa local que aporte recursos. Mas, pelo tamanho desse problema no Brasil, é necessária uma diretriz nacional, uma fonte de financiamento. O recurso já existe, está lá no caixa, mas, por causa da necessidade macroeconômica, esse dinheiro está sendo esterilizado e nada se investe. O que é pior no caso da água e do esgoto, comparativamente às estradas, que estão um caos, é que para o saneamento não falta apenas o dinheiro para investir. Falta modelo, falta estratégia.

Não só o Brasil não tem estratégia para a água e o esgoto, somente formulação pulverizada, como há falsos conceitos disseminados. A Sabesp tem excelentes profissionais, mas não há visão de uma estratégia nacional. A questão não é acabar com as companhias estatais estaduais. Elas têm múltiplas maneiras de interagir com o poder local, capacitar o poder local para lidar com esse problema de maneira tecnológica e institucionalmente correta.

O Modelo Multimunicipal Português

Vai levar muito tempo até que as cidades brasileiras construam redes de coleta de esgoto separadas das redes de drenagem, que limpem os canais. Nos subúrbios do Rio de Janeiro, vão dizer que é impossível que um dia existam rios, córregos e canais livres da contribuição do esgoto. Mas de onde vem esse esgoto? Da água que a companhia entrega na casa da pessoa, que após o uso é recolhida e, mesmo que não seja esgoto a céu aberto, que seja recolhida por um sistema de tubulações, vai ser jogada num córrego, num canal, que vai bater depois num rio maior e na praia.

Existem experiências internacionais que podem ser feitas imediatamente. Quando se instala um shopping ou um condomínio residencial, deve-se exigir a instalação do sistema de tratamento de esgoto, de maneira que tenha um efluente que possa ser jogado na rede fluvial com certas características.

O melhor modelo que eu conheço é o de Portugal, que é multimunicipal. Existe o Grupo Águas de Portugal, federal, que atende a um grupo de municípios e que forma empresas nas quais as cidades têm 49% do capital e o governo central português, 51%. E os serviços são divididos: uma coisa é a produção da água bruta, outra a adução, o transporte da água depois de tratada até os reservatórios dentro da cidade. Os reservatórios estão situados numa cota que proporciona pelo menos três metros de coluna d'água de pressão constante para que a distribuição seja feita por gravidade. Da caixa-d'água da cidade em diante é com a prefeitura. A prefeitura paga ao atacadista de água por metro cúbico. Daí em diante, entra o sistema que distribui a água para a casa das pessoas. A prefeitura cobra das pessoas o que elas consomem. A maioria das casas não tem hidrômetro, o consumo é medido por estimativa de consumo, número de pessoas ou tamanho da residência.

A manutenção da rede de distribuição é da prefeitura. A distribuição é uma coisa tipicamente municipal: quebra rua, conserta rua. A briga clássica das prefeituras com as companhias de saneamento no Brasil é por causa disso. Recentemente, o Banco Mundial financiou o sistema de saneamento na periferia de Buenos Aires com essa lógica do Planasa, de colocar a água primeiro e depois pensar na coleta de esgoto. Buenos Aires está vivendo hoje um grande problema, o Rio da Prata está totalmente poluído. Colocaram água tratada, agora tem esgoto poluído.

O que fizeram em Portugal? Foram anos com as praias do Tejo poluídas, assim como as de Cascais. Eles fizeram um linhão, uma tubulação enorme, que mistura o esgoto com a drenagem e leva tudo para uma estação, para peneirar e tirar os resíduos sólidos. Dali vai para um emissário submarino cinco quilômetros mar adentro. Isso resolveu o problema do esgoto em Lisboa.

Infelizmente, no Brasil, ainda não resolvemos o problema da mudança do paradigma da distribuição de água através de reservatórios domésticos e isso se tornou um problema de saúde pública. A dengue é filha da caixa-d'água, pode haver a volta da malária por causa do mosquito da dengue.

Transformamos o país num enorme mercado consumidor de água mineral, ninguém toma água da torneira.

A Questão Ambiental e os Resíduos Sólidos

A Secretaria de Meio Ambiente de Vitória foi criada na administração petista do Victor Buaiz, antes da administração do Paulo Hartung. A secretaria desenvolveu primeiramente um trabalho voltado para a educação ambiental, para os problemas de reflorestamento dos morros de Vitória, ambientalmente degradados pela ocupação desordenada. Foi criada a Feira do Verde, até hoje o principal evento ambiental envolvendo municípios do Estado. Vários secretários de Meio Ambiente de Vitória tiveram cargos na Anamma, a Associação Nacional de Órgãos Municipais de Meio Ambiente, com destaque para Jarbas de Assis Ribeiro, que foi secretário de Meio Ambiente nas minhas duas gestões, além de ter sido secretário do Paulo Hartung e também secretário de Meio Ambiente do Estado.

Quando eu assumi a Prefeitura de Vitória, fizemos um trabalho no sentido de criar o Código Municipal de Meio Ambiente, trazendo para o município o processo de licenciamento ambiental. Hoje, o licenciamento ambiental de grande parte das atividades é feito pelo município.

Temos um grande problema na cidade de relacionamento com a Vale do Rio Doce e a CST em relação à qualidade do ar. Houve uma significativa melhora da qualidade do ar, embora ainda haja muita emissão de partícula sólida. Atualmente, temos monitoramento da qualidade do ar em toda a Grande Vitória. Sabe-se, por meio desse monitoramento, que a principal causa da poluição do ar de Vitória é a construção civil, mais do que o pó de minério. Mas, de qualquer maneira, existem investimentos das duas empresas e acordos, em termos de ajuste de conduta, junto ao Ministério Público. Estamos numa rota de melhoria na convivência da cidade com as duas principais empresas poluidoras do ar de Vitória.

Além disso, criamos um sistema de monitoramento da poluição sonora, conhecido como Disque-Silêncio. Temos um sistema de licenciamento para efeito de ruído em locais com música ao vivo, shows, igrejas, festas. A norma municipal baseia-se na norma federal, uma norma técnica. E tem a fiscalização municipal, os agentes do Disque-Silêncio, que vão aos lugares – ou são chamados – e fazem a fiscalização. O monitoramento da poluição sonora em Vitória deu muita polêmica , muita polêmica! Mas está funcionando. A legislação municipal e a equipe de fiscais do silêncio permanecem até hoje. Há respeito a esse trabalho, embora haja a polêmica, principalmente quando os fiscais chegam a festas de autoridades e igrejas, que acham que podem ter um tratamento diferenciado.

Construindo Cidadania: de um Lixão para um Novo Bairro

Uma questão que sempre teve grande destaque em Vitória, dentre as questões ambientais, é a do resíduo sólido, do lixo. Até bem pouco tempo, o lixo era jogado no lixão do bairro de São Pedro, no mangue. Uma parte da invasão de São Pedro, do aterro do mangue, fez-se com o lixo produzido na capital. Aquilo gerava um espetáculo horrendo de pessoas pobres, crianças, disputando o lixo com urubus e ratos. Uma realidade chocante, que foi retratada num documentário que rodou o Brasil todo, chamado "Lugar de Toda Pobreza", feito pelo cineasta capixaba Amylton de Almeida.

Quando o Papa João Paulo II veio pela primeira vez ao Brasil, a Conferência Nacional dos Bispos do Brasil, a CNBB, queria selecionar uma favela brasileira ou um lugar muito pobre para o Papa visitar. A CNBB ficou entre a favela de Alagados, em Salvador, e São Pedro, em Vitória. O triste prêmio foi para São Pedro. O Papa rezou a missa ao lado do lixão. Tem uma cruz lá até hoje, feita por um artista plástico, ao lado do que hoje é uma igreja. O bairro se chama Nova Palestina, justamente para lembrar a visita do Papa. Hoje, esse bairro está completamente urbanizado, como já falamos neste livro quando abordamos o Projeto Terra.

O começo da transformação foi através de um tratamento decente ao lixo em Vitória, com a implantação de uma usina de separação, no lugar onde era o lixão, ainda na administração de Hermes Laranja, que antecedeu Victor Buaiz. Na verdade, pegaram as pessoas que trabalhavam como catadores de lixo do lixão para fazer a separação do que podia ser reciclável numa esteira. E o lixo orgânico, a parte orgânica era transformada em adubo.

Esse sistema está em vigor até hoje, com algumas modificações. O que se faz lá é uma coisa que não aconselho ninguém a fazer, a começar pela destinação do resíduo sólido. Uma vez misturado o lixo molhado com o lixo sólido, a separação se transforma numa atividade insalubre, que não rende o que custa, o reciclado não paga a operação de separação do lixo seco do lixo molhado numa usina como a que temos em Vitória. É uma operação deficitária. Depois, ainda tem que retirar o lixo orgânico, levar para um aterro sanitário. Separa-se o que é reciclável, tira-se alguma coisa para a compostagem e o resto tem que ser levado para o aterro. O papel molhado, por exemplo, não serve mais para a reciclagem. Temos um aterro sanitário privado, licenciado pelos órgãos ambientais, que atende a capital, Vila Velha e Cariacica, onde está localizado. Em Vitória, a coleta é diária, inclusive nos morros.

Acredito que o melhor modelo é fazer o aterro sanitário, dentro das normas ambientais, para um grupo de municípios, por razões de escala. Esse é um dos investimentos mais importantes para os municípios. Deveria ser uma exigência da União e dos Estados: os municípios que não têm aterro sanitário, que imediatamente o façam através de um consórcio. O Estado ou a União podem dar a contrapartida. Na verdade, a União e o Estado não deveriam fazer qualquer investimento no município antes de o aterro sanitário ser feito, nada é mais prioritário para a cidade do que ter uma solução ambientalmente correta para os resíduos sólidos. Dentre essas soluções, a mais barata, a mais acessível, é o aterro sanitário.

Hoje, a usina de São Pedro já não faz mais a compostagem porque tem mau cheiro, atrai urubus, e não vale a pena. Não temos agricultores em Vitória, o agricultor de Domingos Martins não vai à capital buscar a compostagem da usina. Durante algum tempo, nós a usamos nos jardins públicos de Vitória, mas a produção era muito maior da que conseguíamos usar e resolvemos parar com a produção da compostagem.

À medida que se conseguir, através da educação ambiental, fazer a separação do lixo seco e do molhado nas casas, pode-se introduzir a coleta em dias alternados: um dia coleta-se o lixo seco, no outro o lixo molhado, com contêineres adequados instalados nos bairros.

Nos países desenvolvidos, com a mão-de-obra cara do jeito que é, o sistema de coleta é semanal, com separação por meio de contêneires, nos bairros, do lixo seco e do lixo molhado. O lixo seco vai para uma usina de separação, sem contaminação, sem produção de chorume, sem mau cheiro. É só separar plástico, vidro, metais, e vender. Essa operação é rentável, e nela pode ser posta a cooperativa de catadores. Esse material reciclável pode ser beneficiado, até mesmo com produção artesanal. A lata de alumínio, por exemplo, quando não vai para a reciclagem da indústria, pode prestar-se à produção de panelas artesanais de alumínio grosso. Há disso pelo Brasil inteiro. São feitas em fundições de fundo de quintal e vendidas em feiras. É uma panela muito boa. Eu, que sou um bom cozinheiro, recomendo.

Mas uma vez que se juntou o lixo, não devia mais separar. Essa é experiência que temos em Vitória. E agora, como desativar essa usina de separação? Muita gente já trabalha lá há anos. Porém, mais cedo ou mais tarde, terá que ser desativada.

Em resíduo sólido, a primeira questão é como incentivar as pessoas a separá-lo. Hoje, mesmo com coleta diária em Vitória, as pessoas não colocam o lixo do lado de fora na hora certa. O Código Ambiental estabelece o tempo máximo que o lixo deve ficar na rua, ou seja, a hora em que as pessoas são obrigadas a colocá-lo para fora de casa, de acordo com o horário em que o caminhão vai passar na rua. O certo é pôr na calçada uma hora antes de o caminhão passar. Mas em bairros mais nobres, como a Praia do Canto, o caminhão não pode passar durante o dia. Tem muito comércio, causa transtornos. Então, ele passa às 20 horas. Os faxineiros dos prédios vão recolhendo o lixo dos apartamentos, que os moradores retiram das unidades de manhã, quando saem para trabalhar, e a última coisa que esse empregado faz, antes de tomar banho para ir embora, é recolher o lixo da lixeira do prédio e pôr na rua. Isso acontece por volta das 18 h. Ou seja, é muito difícil. O bairro mais nobre da cidade acaba ficando com o lixo nas ruas mais de duas, três horas.

Mesmo o lixo que fica no contêiner acaba incentivando o catador, que rasga o saco e retira do lixo o que tem valor de mercado. Mesmo conseguindo conscientizar a população para a necessidade de colocar o lixo na rua na hora certa, o ideal é incentivar a separação e fazer a coleta seletiva. Separando, a coleta pode ser feita em dias alternados, e a coleta do material reciclável pode ficar a cargo das cooperativas de catadores.

Em Vitória, fizemos isso num bairro. Demos uniformes para os catadores, criamos uma cooperativa. Há experiências dessas em muitos lugares do Brasil. Coletar o lixo reciclável pode dar um bom dinheiro. Se você tiver um galpão para compactar, separar os plásticos diferentes, os metais diferentes, pode ser uma atividade rentável. Um catador de uma cooperativa em Vitória ganha mais do que gari contratado pela empresa que faz a coleta terceirizada.

Talvez seja viável oferecer benefícios ao bairro que aderir a esse sistema. Por exemplo, no bairro que tiver separação, o dinheiro que for economizado ficará no próprio bairro para obras, para atividades culturais e sociais. Ou isso pode ser deduzido da taxa de IPTU. Porque o sistema atual é muito caro, exige a separação do lixo molhado do seco. Nos programas de geração de renda, pode ser feita a separação do lixo reciclável, do lixo seco e, num galpão, pode-se ter uma fábrica de panela, de interruptores, de vassouras, até de artefatos de vidro. O lixo molhado tem que ir direto para o aterro sanitário.

Lixo e Geração de Energia

A outra questão interessante de trabalhar é a geração de energia. Vitória tem uma peculiaridade, que é sediar duas grandes empresas consumidoras de energia, a Vale e a CST. Hoje, há tecnologias avançadas, termoelétricas a lixo. Fui a uma feira ambiental na Alemanha e conheci a tecnologia *Termo Select*. Que não é a única nesse campo, diga-se de passagem. A *Termo Select* trabalha com a queima do lixo orgânico. O vapor tem uma primeira etapa, a pirólise. Depois, vai para um forno com bicos de oxigênio, cuja temperatura chega a 2.000°C. Não sobra absolutamente nada. Tudo que é silicato vira vidrinho, bolinhas de metal, vapor d'água e gás de pirólise enriquecido, com hidrogênio e metano. Esse gás pode ser queimado numa caldeira ou numa turbina a vapor para produzir energia. Essa tecnologia funciona também com lixo industrial numa certa proporção. Pode funcionar só com lixo urbano e com lixo industrial, lixo de derivados de petróleo, escória de siderurgia, pneus e outras coisas mais.

Fizemos muitos estudos sobre isso. Estávamos desenhando uma licitação para saber quem tinha interesse em montar uma usina como essa. No caso de Vitória, poderíamos usar o lixo de Cariacica e Vila Velha, que estão na Baía de Vitória e poderiam transportar o lixo em barcaças, tirando o trânsito de caminhões de lixo, fazendo a usina termoelétrica onde hoje está situada a usina de separação no bairro de São Pedro.

O princípio é esse: queima tudo, vira energia elétrica. Como vai a 2.000ºC, não tem o problema das térmicas, que é a geração e emissão de gás butano e metais pesados. Os incineradores de lixo estão sendo fechados no Brasil inteiro, mas essa tecnologia não é incineração, é transformar a matéria orgânica toda num gás que é queimado. No final, fica CO_2 e água. Resta um resíduo mínimo, as bolinhas. A sílica e o vidrinho são muito bons para fazer cimento de alta resistência, concreto de alta resistência, para ser usado em aeroportos, por exemplo. As bolinhas de metal vão para a reciclagem normal de metais.

Ambientalmente, é muito correta essa tecnologia. O problema é o custo. O custo de capital é muito caro. Os equipamentos não são muito complicados, mas precisariam ser adaptados para o Brasil. Do ponto de vista da engenharia, não é complicado fazê-la no Brasil, mas vai ter que "engenherar". O Brasil perdeu muita capacidade de "engenherar". Tínhamos, antigamente, grandes empresas de engenharia, não temos mais. Fizemos muito isso na fase de substituição de importações na área de petroquímica, mas não fazemos mais.

Na crise energética, no apagão, sugeri ao governo fazer um programa nacional de térmicas a lixo nas 17 Regiões Metropolitanas do Brasil. Isso exige o mínimo, uma escala mínima. Um módulo tem 300 toneladas por dia, mais ou menos o que Vitória produz. Vitória, Vila Velha e Cariacica poderiam fazer juntas uma usina de três módulos de 300 toneladas por dia. Teríamos energia para abastecer a Vale, a CST e iluminar os três municípios. E ainda sobra um pouco. Ficaríamos auto-suficientes em energia e iluminação.

O Espírito Santo é ponta de linha, importa energia muito cara de Itaipu. O estado precisa construir térmicas. Vão ser construídas térmicas a gás no Espírito Santo de qualquer maneira, mas precisa ter muito gás. A alternativa pode ser a energia do lixo, uma vez feito um estudo nacional, um programa nacional. Mas precisamos de um estudo sério. Isso está sendo usado no mundo inteiro, na China, no Japão. O Brasil tem muito espaço.

Já vimos que, na ponta do lápis, não tem nada melhor do que o aterro sanitário, que é mais barato e bastante eficiente. Porém, o aterro sanitário produz metano num trabalho de biodigestão anaeróbica dentro do aterro, as bactérias agem e produzem metano, o CH_4, que é quatro vezes pior para a camada de ozônio do que o CO_2. Um aterro velho é muito bom para extrair metano. São Paulo tem, mas Vitória não tem aterros velhos. O aterro sanitário de lá ainda é novo, vai demorar a produzir CH_4. Porém, com 900 toneladas diárias de lixo, em vez de colocar no aterro sanitário, que só vai produzir metano em não sei quanto tempo, queimar numa usina com tecnologia *Termo Select*, não haverá produção de metano, só CO_2 e água. É uma usina que suprime emissões danosas ao meio ambiente, e a construção da usina poderia ser custeada com créditos de carbono.

Acho que no futuro, num primeiro momento, deve-se implantar o sistema de destinação do lixo onde ele ainda não existe. O número de cidades brasileiras que tem destinação final para lixo ainda é pequeno. A maioria das pequenas cidades ainda vive do lixão a céu aberto, sem tratamento adequado. É só ver que Vitória, uma capital, convivia há 30 anos com lixão a céu aberto.

E isso é obviamente municipal. Como falei na questão da harmonização do orçamento de investimentos, é caro para o pequeno município fazer, portanto ele tem que se juntar a outros.

Essa parte da destinação final do lixo quem fazia em Vitória, antes da minha administração, era a Secretaria de Serviços, que cuidava também dos parques e jardins. Na minha gestão, passei tudo para a Secretaria de Meio Ambiente. O profissional de meio ambiente tem uma formação adequada para cuidar do problema.

E aí tivemos a revolução do paisagismo de Vitória. Quando eu assumi, a cidade tinha uns 8 mil metros quadrados de jardins públicos. Deixei-a com quase 300 mil metros quadrados de jardins públicos e 15 parques. Temos dois viveiros para produzir mudas para a cidade, mais de 120 mil mudas por mês são consumidas pelo paisagismo de Vitória, que criou um novo paradigma para o Espírito Santo. Fomos premiados em dois eventos internacionais de paisagismo, um no Rio de Janeiro e outro na Espanha. Fizemos tudo com o pessoal da Secretaria de Meio Ambiente: desenvolvemos espécies locais, espécies de restinga, do ecossistema do Espírito Santo, para adaptar ao paisagismo. Vitória é superorgulhosa de seu paisagismo. Sem contar que os jardins públicos de Vitória fizeram economia com o lixo que era jogado na rua. Calculamos que com as lixeiras – Vitória não tinha lixeira na rua! – e o paisagismo reduzimos em 40% o volume de lixo das ruas.

O paisagismo e a varrição das ruas passaram a ser destaque, e integraram-se à personalidade da cidade. Se o sujeito jogar uma lata de refrigerante pela janela do carro numa rua de Vitória, a probabilidade de ele não ser da cidade é de quase 100%. Fizemos uma campanha e chegamos a um resultado muito positivo, nosso sistema é muito eficaz. O paisagismo e a varrição passaram a ser feitos pela Secretaria de Meio Ambiente e Serviços. Criamos uma série de inovações, como o Papa-móvel, uma coleta específica para quem quer jogar fora geladeira, fogão, coisas grandes. Esses móveis são reciclados e doados a famílias que foram assentadas pelo Projeto Terra. Criamos a Estação Bota-fora para as pessoas colocarem entulhos, principalmente nas áreas em que a cidade está-se expandindo.

Acreditávamos que os ambientalistas não deveriam ficar só como fiscais das agressões dos outros. Eles tiveram também a tarefa de aumentar o estoque de sustentabilidade da cidade, e não apenas assegurá-lo, através do licenciamento ambiental e do policiamento das empresas.

O serviço de coleta de lixo é terceirizado em Vitória, como na maioria, talvez em quase todas as grandes cidades do país. Essa é a melhor maneira, paga-se por tonelada, os padrões estão estabelecidos, não há maiores segredos. É uma discussão vencida a questão da terceirização nessa área. Em São Paulo, houve muita controvérsia na gestão da Marta Suplicy, que adotou um sistema de concessão. Estudei para fazer isso em Vitória também, mas não chegamos a implantar. O estudo era muito controverso. Como em São Paulo houve problema, colocamos um freio e não fizemos a licitação de concessão. Mas acho que o caminho é chegarmos ao sistema de concessão, que é melhor para a cidade. Nossa cultura para isso ainda é problemática. Há muita desconfiança de parte a parte.

Enfrentamos dificuldades para fazer concessão em coisas mais simples, como os quiosques à beira-mar, restaurantes dentro de parques, teleférico com restaurante em torre de televisão. Para levar o setor privado a ter confiança de que vai colocar seu dinheiro no investimento e vai ser de fato concessionário, não é simples. Fica a desconfiança de que não haja continuidade e respeito ao contrato nas administrações seguintes; essa desconfiança é precificada na hora de fazer a concessão.

Por que a concessão é melhor? Hoje, por exemplo, o que arrecadamos de taxa de lixo, que é cobrada junto com o IPTU, não cobre o custo do serviço. Cobre metade do custo do sistema de lixo e varrição que a cidade tem. Se incluir o paisagismo cobre menos ainda. Se o serviço for feito por uma empresa terceirizada e o cidadão ligar o valor que paga ao benefício que recebe, isso terá efeito sobre a economia da cidade. A prefeitura não consegue cobrar da cidade os serviços que presta, que acabam sendo custeados com as outras fontes normais. Como Vitória tem um bom orçamento, faz-se um serviço muito caro e se cobra menos da metade da população. No longo prazo, tem que ir acertando esses usos e fontes.

É a mesma coisa do setor de transportes. Quem paga o setor de transportes é o usuário. A tendência de longo prazo é o serviço de coleta, de destinação final de resíduo sólido, ser 100% colado a uma receita carimbada para isso.

A concessão ajuda a fazer com que seja cobrado da população o preço correto. É um serviço igual a qualquer outro. Se produzo lixo, vou pagar para ter a destinação final ambientalmente correta. Há experiências em outros países de cidades que impõem taxas até para a destinação final aos fabricantes de embalagens.

Apêndice

Índice Qualicidades de Dinamismo – IQD para Cidades de Sete Estados Brasileiros

Na classificação das cidades, foi usado o crescimento do PIB municipal, obtido através do valor adicionado fiscal, e o crescimento da população municipal, ambas informações levantadas pelo IBGE para o período de 1999 a 2003. Combinando esses dois índices, chegamos ao **Índice Qualicidades de Dinamismo**, que é expresso na fórmula raiz quadrada do crescimento da população vezes o crescimento da economia.

Fizemos até agora a classificação para 7 (sete) estados brasileiros, e vamos continuar estudando. Todas as tabelas estão no *site* do Projeto Qualicidades - www.qualicidades.com.br. Apresentamos, a seguir, alguns desses resultados.

ESPÍRITO SANTO

Os 20 municípios com os melhores Índices - IQD

MUNICÍPIOS	ÍNDICE QUALICIDADES DE DINAMISMO
Jaguaré	1,75018
Presidente Kennedy	1,69417
Itapemirim	1,59460
Serra	1,46633
Viana	1,44383
Atilio Vivacqua	1,44085
Linhares	1,42305
Aracruz	1,35574
Anchieta	1,33833
Cachoeiro de Itapemirim	1,31242
São Mateus	1,30863
Vitória	1,30072
Vila Velha	1,27001
Piúma	1,26996
Cariacica	1,25134
João Neiva	1,24408
Marechal Floriano	1,24150
Sooretama	1,24143
Conceição da Barra	1,24043
Fundão	1,20791

GOIÁS

Os 20 municípios com os melhores Índices - IQD

MUNICÍPIOS	ÍNDICE QUALICIDADES DE DINAMISMO
São Simão	3,4178
Cavalcante	2,1802
Flores de Goiás	2,1716
Água Fria de Goiás	2,1258
Mozarlândia	2,0894
Perolândia	2,0873
Montividiu do Norte	2,0076
Chapadão do Céu	1,9903
Catalão	1,9579
Mundo Novo	1,9510
Bom Jesus de Goiás	1,9471
Alexânia	1,9436
Senador Canedo	1,9245
Cabeceiras	1,9228
Padre Bernardo	1,8959
Aparecida do Rio Doce	1,8548
Vila Propício	1,8280
Cristalina	1,8200
Urutaí	1,8143
Abadia de Goiás	1,8071

MINAS GERAIS

Os 20 municípios com os melhores Índices - IQD

MUNICÍPIOS	ÍNDICE QUALICIDADES DE DINAMISMO
Berilo	2,9131
Ijaci	2,7366
Iturama	2,1113
Sarzedo	1,8981
Urucuia	1,8690
São José da Varginha	1,8348
Volta Grande	1,8233
Campo Florido	1,7334
Ressaquinha	1,7331
Matias Barbosa	1,7000
Santa Maria de Itabira	1,6681
Itamarati de Minas	1,6655
São João das Missões	1,6645
Nova Serrana	1,6450
Brumadinho	1,6324
Córrego Fundo	1,6319
Juatuba	1,6112
São Tiago	1,6074
Uruana de Minas	1,6057
Angelândia	1,5937

RIO GRANDE DO NORTE

Os 20 municípios com os melhores Índices - IQD

MUNICÍPIOS	ÍNDICE QUALICIDADES DE DINAMISMO
Porto do Mangue	2,0699
Galinhos	1,9829
Tibau do Sul	1,9501
Baraúna	1,8177
Tibau	1,7487
Ielmo Marinho	1,7322
Parnamirim	1,6959
Governador Dix-Sept Rosado	1,6828
Serra do Mel	1,6800
Macau	1,6707
Ipanguaçu	1,6553
Touros	1,6095
Upanema	1,5777
Espírito Santo	1,5713
Afonso Bezerra	1,5649
Serrinha	1,5618
Santana do Matos	1,5555
Tenente Laurentino Cruz	1,5381
Macaíba	1,5320
Passa e Fica	1,5128

RIO DE JANEIRO

Os 20 municípios com os melhores Índices - IQD

MUNICÍPIOS	ÍNDICE QUALICIDADES DE DINAMISMO
Porto Real	3,2779
Rio das Ostras	2,6971
Macaé	2,4324
Armação dos Búzios	2,3912
Casimiro de Abreu	2,2288
Cabo Frio	2,1324
São João da Barra	2,0580
Carapebus	2,0420
Campos dos Goytacazes	1,9947
Quissamã	1,9201
Tanguá	1,4910
Itaguaí	1,4896
Duque de Caxias	1,4426
Rio das Flores	1,3479
Seropédica	1,3377
Cachoeiras de Macacu	1,3288
Resende	1,3254
Areal	1,3222
Paraíba do Sul	1,3115
Angra dos Reis	1,3087

SÃO PAULO

Os 20 municípios com os melhores Índices - IQD

MUNICÍPIOS	ÍNDICE QUALICIDADES DE DINAMISMO
Guararema	2,3408
Uru	2,1877
Itaju	2,1251
Guarantã	2,0515
Bento de Abreu	2,0207
Cordeirópolis	1,9565
Brejo Alegre	1,9448
Paulínia	1,8738
Areias	1,8337
Orindiúva	1,8167
São Sebastião	1,7838
Louveira	1,7820
Motuca	1,7627
Clementina	1,7466
Cubatão	1,7436
Campos Novos Paulista	1,7377
Onda Verde	1,7352
São João de Iracema	1,7323
Paulistânia	1,7312
Iaras	1,7224

SERGIPE

Os 20 municípios com os melhores Índices - IQD

MUNICÍPIOS	ÍNDICE QUALICIDADES DE DINAMISMO
Canindé de São Francisco	7,9325
Pirambu	4,2540
Divina Pastora	2,2993
Rosário do Catete	2,2682
Carmópolis	2,1380
Japoatã	1,9403
Siriri	1,7983
Santana do São Francisco	1,7661
Japaratuba	1,7061
São Domingos	1,6971
Brejo Grande	1,6593
Itaporanga d'Ajuda	1,6400
Poço Redondo	1,5225
Maruim	1,5006
Nossa Senhora do Socorro	1,4913
Santo Amaro das Brotas	1,4843
São Francisco	1,4725
Barra dos Coqueiros	1,4645
Nossa Senhora de Lourdes	1,4430
São Cristóvão	1,4410

Índice Qualicidades de Ruralidade – IQR

O Índice Qualicidades de Ruralidade (IQR) é outro indicador criado pelo Projeto Qualicidades, utilizado para classificar os municípios do estado do Espírito Santo, escolhido para estudo de caso, com referência ao dinamismo rural.

O IQR relaciona o Valor Agregado (VAA) do Setor Agropecuário no PIB Municipal com peso 5 (cinco), a Mão-de-obra Ocupada (MO) nesse setor com peso 3 (três) e a População Rural (PR) do Município com peso 2 (dois), conforme abaixo:

$$IQR = \frac{5\ VAA + 3\ MO + 2\ PR}{10}$$

A partir desse índice os municípios foram classificados como urbano-industriais/terciários, urbano-industriais, agro-urbanos e agro-rurais, como segue:

Urbano-industriais/terciários e **urbano-industriais** são os municípios com o IQR igual ou inferior a 20 e classificados como aqueles municípios que se caracterizam por terem unidades locais com maior característica urbana. Dentre estas duas categorias são identificados os municípios **urbano-industriais/terciários** com o IQR igual ou inferior a 10, e que possuem forte presença dos setores industrial e/ou de comércio e serviços e os **urbano-industriais** com IQR superior a 10 e igual ou inferior a 20, com presença dos setores industrial e/ou comércio e serviços.

Agro-urbanos e agro-rurais são os municípios cujo IQR situa-se acima de 20 e que foram considerados como tendo unidades locais com características ainda rurais. Os **agro-urbanos**, com IQR acima de 20 e igual ou inferior a 30, possuem atividades agroindustriais, de comércio e serviços que vêm lhes tirando as características de unidades locais estritamente rurais ou economicamente dependentes da agropecuária, agregando papel de cidades-pólo na região/microrregião em que se inserem. Os municípios **agro-rurais**, cujo IQR é superior a 30, são aqueles marcadamente agropecuários, com características rurais, isto é, municípios do campo.

A tabela a seguir mostra os municípios do estado do Espírito Santo classificados, segundo metodologia acima descrita, pelo seu dinamismo e segundo suas características: agro-rurais, agro-urbanos, urbano-industriais e urbano-industriais/terciários.

Classificação dos municípios do estado do Espírito Santo, segundo o Índice Qualicidades de Ruralidade (IQR)

MUNICÍPIOS AGRO-RURAIS				
MUNICÍPIO	Valor Agregado Agropecuária (Peso 5)	Mão-de-obra Ocupada Agropecuária (Peso 3)	População Rural (Peso 2)	Média Ponderada
BREJETUBA	72,32	86	85	78,96
SANTA MARIA DE JETIBÁ	59,74	74,8	83,26	68,96
SANTA LEOPOLDINA	57,78	75,3	77,37	66,95
LARANJA DA TERRA	53,37	80,7	71,92	65,28
IBITIRAMA	51,94	76	66,91	62,15
VILA VALÉRIO	47,25	79,7	70,5	61,64
RIO BANANAL	51,96	66,1	72,14	60,24
DIVINO DE SÃO LOURENÇO	42,64	78	63,93	57,51
VILA PAVÃO	34,3	78,2	74,8	55,57
DOMINGOS MARTINS	34,37	71,1	81,13	54,74
ÁGUIA BRANCA	37,19	69,4	73,45	54,11
MUNIZ FREIRE	41,17	70,2	62,14	54,07
ITARANA	37,48	71	70,04	54,05
IRUPI	43,2	66,6	61,68	53,92
MUCURICI	56,15	51,6	46,27	52,81
SOORETAMA	52,76	58,1	37,5	51,31
ALFREDO CHAVES	39,88	65,2	58,43	51,19
CONCEIÇÃO DO CASTELO	38,99	64,9	57,8	50,53
ITAGUAÇÚ	43,65	60,7	51,16	50,27
PINHEIROS	58,82	42,4	35,45	49,22
AFONSO CLÁUDIO	35,3	62,2	55,13	47,34
PANCAS	25,78	71,1	55,17	45,25
ÁGUA DOCE DO NORTE	31,91	60,6	48,82	43,9
MARILÂNDIA	29,16	60,5	55,37	43,8
DORES DO RIO PRETO	27,5	66,7	39,95	41,75
SÃO DOMINGOS DO NORTE	23,31	59,9	59,99	41,62
ALTO RIO NOVO	25,8	63,2	45,52	40,96
ECOPORANGA	34,09	49,4	45,09	40,88
SANTA TERESA	26,61	56,2	52,89	40,74
VARGEM ALTA	23,41	48,1	71,77	40,49
BOA ESPERANÇA	34,8	52,7	32,78	39,77
IBATIBA	19,27	66,4	44,15	38,38
SÃO ROQUE DO CANAÃ	20,6	54,1	57,23	37,98
IUNA	19,3	61,5	46,7	37,44
MARECHAL FLORIANO	19,72	52,3	57,88	37,13
MANTENÓPOLIS	19,47	63,7	37,87	36,42
PRESIDENTE KENNEDY	11,48	53,9	72,18	36,35
PONTO BELO	37,2	43,7	22,29	36,17

MUNICÍPIO	Valor Agregado Agropecuária (Peso 5)	Mão-de-obra Ocupada Agropecuária (Peso 3)	População Rural (Peso 2)	Média Ponderada
MUNICÍPIOS AGRO-RURAIS				
CONCEIÇÃO DA BARRA	39,06	35,1	27,36	35,53
MONTANHA	37,21	38,7	24,91	35,2
ICONHA	22,76	40,5	55,2	34,57
MIMOSO DO SUL	20,01	48,7	48,18	34,25
GOVERN. LINDEMBERG	39,74		70,79	34,03
VENDA NOVA DO IMIGRANTE	29,9	43,6	27,31	33,49
APIACÁ	26,03	44,2	29,56	32,19
JAGUARÉ	11,89	60,2	39,26	31,86
RIO NOVO DO SUL	17,02	41	49,41	30,69
MUNICÍPIOS AGRO-URBANOS				
BARRA DE SÃO FRANCISCO	13,56	45,5	44,45	29,32
CASTELO	16,09	40,6	44,03	29,03
ALEGRE	17,49	42,1	36,32	28,64
JERÔNIMO MONTEIRO	22,21	38,5	29,73	28,6
MUQUI	17,39	40,9	36,69	28,3
NOVA VENECIA	15,36	43,6	35	27,76
ATILIO VIVACQUA	10,94	34,7	48,44	25,57
SÃO JOSE DO CALCADO	11,95	44,9	28,71	25,19
SÃO MATEUS	22,9	29,8	21,91	24,77
PEDRO CANÁRIO	25,5	33,3	8,1	24,36
BAIXO GUANDU	12,32	39,9	27,86	23,7
GUACUI	13,4	37,9	24,77	23,02
SÃO GABRIEL DA PALHA	10,37	35,5	30,89	22,01
ITAPEMIRIM	5,04	30,3	42,63	20,14
MUNICÍPIOS URBANO-INDUSTRIAIS				
FUNDÃO (RMGV)*	15,96	25,1	14,62	18,43
IBIRACU	6,4	25,4	29,99	16,82
MARATAÍZES	8,01	27,4	22,37	16,7
JOÃO NEIVA	5,01	22,5	34,63	16,18
ANCHIETA	1,05	27,2	27,99	14,28
LINHARES	7,93	22,2	17,49	14,12
COLATINA	3,41	23,5	12	11,16
ARACRUZ	3,01	18,6	15,4	10,16
MUNICÍPIOS URBANO-INDUSTRIAIS/ TERCIÁRIOS				
BOM JESUS DO NORTE	3,57	11,1	10,32	7,18
GUARAPARI (RMGV)*	3,62	10,5	5,58	6,08
PIUMA	1,78	12,4	5,5	5,71
CACH. DE ITAPEMIRIM	1,23	7,1	8,73	4,49
VIANA (RMGV)*	1,67	7,3	6,73	4,37
CARIACICA (RMGV)*	0,33	2,8	3,39	1,68
SERRA (RMGV)*	0,13	2,1	0,41	0,78
VILA VELHA (RMGV)*	0,1	1,3	0,32	0,5
VITÓRIA (RMGV)*	0	1,1	0	0,33

Fontes: *Instituto Jones dos Santos Neves, SEAG – Secretaria de Estado da Agricultura.*
** Região Metropolitana Grande Vitória.*

Conclusão

O Projeto Qualicidades e este livro, não os considero o fim da jornada, mas o alicerce sobre o qual estamos construindo o Instituto Qualicidades, que será voltado para o aprofundamento das questões sobre as cidades.

No desenvolvimento do Projeto Qualicidades, três aspectos que debati com a equipe desde o início dos trabalhos ficaram claros. O primeiro – e é nossa tese central – que o Brasil somente conseguirá enfrentar os grandes problemas de seu desenvolvimento político, econômico, social e ambiental quando eles passarem a ser vistos pela ótica das cidades, forem enfrentados por elas e, como resultante de suas ações, forem eliminados.

Para que isso aconteça, defendo que a construção de um novo pacto federativo deve anteceder as reformas política, tributária e do Judiciário, sob pena de continuarmos com os imensos problemas hoje enfrentados pelas cidades. E esse novo pacto poderá ser iniciado com a regulamentação do Artigo 23 da Constituição brasileira.

O segundo aspecto enfoca o fato de que não é possível tratar e manter estruturas de poder local em megacidades, como São Paulo, e em grandes cidades, como várias capitais brasileiras, manter estruturas de cidade do interior do país que possui em torno de cinco, seis mil habitantes.

Para as cidades menores, faz-se necessário a criação de governos multimunicipais e consórcios de cidades que, em parceria, utilizem investimentos com vistas à construção de hospitais e aterros sanitários, por exemplo, para atender à população de várias localidades. Este é o caminho correto, lógico e eficaz.

Possuir mais localidades com poder local mais leve, com vereadores não remunerados, sem o peso dos gastos com o Executivo, Legislativo e Judiciário, como é hoje, será o caminho para o estabelecimento de mais capilaridade para o poder central através das cidades, aumentando o desenvolvimento urbano no Brasil.

Para isso, devemos entender que, no Brasil, temos cidades com três tipos de dinamismo: as com alto dinamismo urbano, as com dinamismo no setor urbano da atividade econômica (indústria e serviços) e as com dinamismo agropecuário, que é a grande maioria.

Por sua vez, as com dinamismo agropecuário se subdividem em quatro tipos: cidades cuja economia tem alto rendimento agropecuário; as de economia de subsistência, com baixo rendimento agropecuário; as que viraram pólos de comércio e serviços ou com desenvolvimento industrial voltado para um produto específico, e aquelas com atividades turísticas como o ecoturismo ou o agroturismo.

Para esse grande grupo de cidades brasileiras, o que proponho é a criação do Estatuto da Cidade Rural, à semelhança do Estatuto da Cidade, voltado para as cidades maiores ou turísticas. Também há a necessidade de uma nova Lei Orçamentária que crie a obrigatoriedade do estabelecimento de programas de investimento urbano de maneira solidária e obrigatória entre a União, os estados e esses municípios.

O terceiro aspecto que se mostrou acertado ao longo da discussão do Projeto Qualicidades foi a necessidade de que o poder local atue de maneira sistêmica, atacando os problemas como moradia, escolas, unidades de saúde, geração de trabalho e renda e saneamento básico ao mesmo tempo em determinadas regiões dos municípios, para a construção de cidades com alta qualidade de vida. Porém, não tudo de uma vez, por inexistência de recursos suficientes a curto prazo, e sim dentro de um cronograma que pode até ultrapassar várias gestões de poder local, mas que tenha ritmo compatível com a capacidade de investimento das localidades, razão pela qual proponho uma nova Lei Orçamentária, que permita a junção dos orçamentos de investimento da União, estados e municípios.

O Projeto Qualicidades e este livro são dirigidos a todos os membros do poder local, aos estudiosos sobre o desenvolvimento das cidades e àqueles que buscam melhorias para as localidades onde vivem. Eles são também a base para o aprofundamento das discussões sobre as cidades, particularmente as brasileiras, e de construção do Instituto Qualicidades, um *locus* para debates, encontros e cursos sobre como deve se dar o desenvolvimento de cidades com alta qualidade de vida sustentável, além de manter o *site* www.qualicidades.com.br para consulta e troca de experiência entre os interessados.

O Instituto Qualicidades estabelecerá intercâmbios com as várias entidades nacionais e internacionais congêneres, manterá uma publicação anual sobre o desenvolvimento das cidades e a criará um curso de gestão de cidades, com base na experiência do Cideu – Centro Ibero-americano de Desenvolvimento Estratégico Urbano da Espanha.

Espero, dessa maneira, estar contribuindo para a construção de um Brasil melhor.

DADOS TÉCNICOS

FORMATO: 16 x 23

MANCHA: 12 x 19

CORPO: 11

ENTRELINHA: 13

FONTE: Palatino Linotype

TOTAL DE PÁGINAS: 232

Esse livro foi impresso no papel 66 x 96, 80g Pólen.

Fabricado pela Suzano Bahia Sul Papel e Celulose S.A.

Impresso por:

Edil
Artes Gráficas

Tel/Fax: (21) 2159 7979
E-mail: edil@edil.com.br